Kai Ruffing
Wirtschaft in der griechisch-römischen Antike

# Geschichte kompakt

Herausgegeben von
Kai Brodersen, Martin Kintzinger,
Uwe Puschner, Volker Reinhardt

Herausgeber für den Bereich *Antike*:
Kai Brodersen

Beratung für den Bereich *Antike*:
Ernst Baltrusch, Peter Funke,
Charlotte Schubert, Aloys Winterling

Kai Ruffing

# Wirtschaft in der griechisch-römischen Antike

Die Deutsche Nationalbibliothek verzeichnet diese Publikation
in der Deutschen Nationalbibliografie;
detaillierte bibliografische Daten sind im Internet über
http://dnb.d-nb.de abrufbar.

© 2012 by WBG (Wissenschaftliche Buchgesellschaft), Darmstadt
Die Herausgabe des Werkes wurde durch
die Vereinsmitglieder der WBG ermöglicht.
Gedruckt auf säurefreiem und alterungsbeständigem Papier
Umschlaggestaltung: schreiberVIS, Seeheim
Satz: Lichtsatz Michael Glaese GmbH, Hemsbach
Redaktion: Eva Simone Scheuermann
Printed in Germany

**Besuchen Sie uns im Internet: www.wbg-wissenverbindet.de**

ISBN 978-3-534-22836-2

Elektronisch sind folgende Ausgaben erhältlich:
eBook (PDF): 978-3-534-72790-2
eBook (epub): 978-3-534-72791-9

# Inhaltsverzeichnis

**Für Fabrizio**

# Geschichte kompakt

*In der Geschichte, wie auch sonst,*
*dürfen Ursachen nicht postuliert werden,*
*man muss sie suchen.* (Marc Bloch)

Das Interesse an Geschichte wächst in der Gesellschaft unserer Zeit. Historische Themen in Literatur, Ausstellungen und Filmen finden breiten Zuspruch. Immer mehr junge Menschen entschließen sich zu einem Studium der Geschichte, und auch für Erfahrene bietet die Begegnung mit der Geschichte stets vielfältige, neue Anreize. Die Fülle dessen, was wir über die Vergangenheit wissen, wächst allerdings ebenfalls: Neue Entdeckungen kommen hinzu, veränderte Fragestellungen führen zu neuen Interpretationen bereits bekannter Sachverhalte. Geschichte wird heute nicht mehr nur als Ereignisfolge verstanden, Herrschaft und Politik stehen nicht mehr allein im Mittelpunkt, und die Konzentration auf eine Nationalgeschichte ist zugunsten offenerer, vergleichender Perspektiven überwunden.

Interessierte, Lehrende und Lernende fragen deshalb nach verlässlicher Information, die komplexe und komplizierte Inhalte konzentriert, übersichtlich konzipiert und gut lesbar darstellt. Die Bände der Reihe „Geschichte kompakt" bieten solche Information. Sie stellen Ereignisse und Zusammenhänge der historischen Epochen der Antike, des Mittelalters, der Neuzeit und der Globalgeschichte verständlich und auf dem Kenntnisstand der heutigen Forschung vor. Hauptthemen des universitären Studiums wie der schulischen Oberstufen und zentrale Themenfelder der Wissenschaft zur deutschen, europäischen und globalen Geschichte werden in Einzelbänden erschlossen. Beigefügte Erläuterungen, Register sowie Literatur- und Quellenangaben zum Weiterlesen ergänzen den Text. Die Lektüre eines Bandes erlaubt, sich mit dem behandelten Gegenstand umfassend vertraut zu machen. „Geschichte kompakt" ist daher ebenso für eine erste Begegnung mit dem Thema wie für eine Prüfungsvorbereitung geeignet, als Arbeitsgrundlage für Lehrende und Studierende ebenso wie als anregende Lektüre für historisch Interessierte.

Die Autorinnen und Autoren sind in Forschung und Lehre erfahrene Wissenschaftlerinnen und Wissenschaftler. Jeder Band ist, trotz der allen gemeinsamen Absicht, ein abgeschlossenes, eigenständiges Werk. Die Reihe „Geschichte kompakt" soll durch ihre Einzelbände insgesamt den heutigen Wissensstand zur deutschen und europäischen Geschichte repräsentieren. Sie ist in der thematischen Akzentuierung wie in der Anzahl der Bände nicht festgelegt und wird künftig um weitere Themen der aktuellen historischen Arbeit erweitert werden.

Kai Brodersen
Martin Kintzinger
Uwe Puschner
Volker Reinhardt

# Vorwort

Der Anstoß, in der Reihe „Geschichte kompakt" einen Band der Wirtschaftsgeschichte der Antike zu widmen, ging von Kai Brodersen aus. Er ermunterte mich dazu, die dem Projekt innewohnende Herausforderung anzunehmen und die Wirtschaftsgeschichte eines Zeitraums von rund 1000 Jahren auf knapp bemessenen Raum darzustellen. Ihm sei hierfür wie auch für die redaktionelle Betreuung des Bandes herzlichst gedankt.

Es ist eine angenehme und schöne Pflicht, allen denen zu danken, ohne deren Unterstützung die Fertigstellung des Buches nicht möglich gewesen wäre. Großen Dank schulde ich Reinhold Bichler und Hans-Joachim Drexhage, die sich der mühevollen Arbeit unterzogen haben, frühere Versionen des Manuskripts kritisch zu lesen und zu kommentieren. Die Angehörigen des Seminars für Alte Geschichte der Philipps-Universität Marburg haben mich auf vielfältige Weise unterstützt. Herzlicher Dank hierfür sei Ingrid Brusius-Eigl, Kerstin Droß-Krüpe, Vera Kowalewski, Florian Krüpe, Patrick Reinard und Yvonne Wagner abgestattet. Es ist und bleibt ein Privileg, in der angenehmen Atmosphäre dieses Seminars arbeiten zu dürfen. Besonderen und herzlichen Dank schulde ich auch Rüdiger Butz-Braun, der auf meine bohrenden Fragen zur Geologie und Bodenkunde geduldig Auskunft gab. Daniel Zimmermann habe ich für die Betreuung des Manuskripts seitens der WBG, für seine Geduld und für die Lektorierung des Buches herzlich zu danken. Nicht zuletzt schulde ich wie stets meiner Frau für ihre Geduld, ihr Verständnis und ihre Unterstützung größten Dank.

Gewidmet sei dieses Buch einem großen Fan der Römer und der Antike: meinem Sohn Fabrizio.

Marburg, im Mai 2011                                      Kai Ruffing

# Abkürzungsverzeichnis

| | |
|---|---|
| AE | L'Année épigraphique, Paris 1888 ff. |
| CIL | Corpus Inscriptionum Latinarum. |
| DNP | Der Neue Pauly, Stuttgart – Weimar 1996 ff. |
| HGIÜ | K. Brodersen, W. Günther, H. H. Schmitt, Historische griechische Inschriften in Übersetzung Bd. 1–3, Darmstadt 1992–1999, Sonderausgabe in einem Band 2011. |
| I. Pan. | A. Bernand, Pan du désert, Leiden 1977. |
| IG | Inscriptiones Graecae. |
| ILS | H. Dessau, Inscriptiones Latinae Selectae, Berlin 1892–1916. |
| Inv. | J. Cantineau u. a., Inventaire des inscriptions de Palmyre, Beirut-Damskus 1930 ff. |
| P. Bingen | H. Melaerts (Hrsg.), Papyri in Honorem Johannis Bingen Octogenarii, Leuven 2000 (Studia Varia Bruxellensia ad Orbem Graeco-Latinum Pertinentia 5). |
| P. Polit. Iud. | K. Maresch, J. M. S. Cowey, Urkunden des Politeuma der Juden von Herakleopolis (144/3–133/2 v. Chr.), Wiesbaden 2001 (Pap.Colon. XXIX). |
| RE | Paulys Real-Encyclopädie der classischen Altertumswissenschaft, 1893–1980. |
| SB | Sammelbuch griechischer Urkunden aus Aegypten, 1913 ff. |
| SEG | Supplementum Epigraphicum Graecum, 1923 ff. |
| Syll.[3] | W. Dittenberger, Sylloge Inscriptionum Graecarum, Leipzig [3]1915–1924 (ND Hildesheim 1982). |
| TUAT NF | B. Janowski, B. Wilhelm, Texte aus der Umwelt des Alten Testaments, Neue Folge, Gütersloh 2004 ff. |

# I. Einleitung

Die Wirtschaftsgeschichte der Antike erfreut sich – nicht zuletzt vor dem Hintergrund aktueller Entwicklungen in den letzten Jahren – wieder einer breiteren Aufmerksamkeit in den Altertumswissenschaften. Ausdruck findet dieses Interesse vor allem in der englischsprachigen Welt, beispielsweise in der 2007 veröffentlichten *Cambridge Economic History of the Greco-Roman World* und dem im Werden begriffenen *Oxford Handbook of Economies in the Classical World*. Die *Economic History* behandelt das Thema auf rund 950 Seiten, das *Handbook of Economies* wird ihm in seinem Umfang wohl nicht wesentlich nachstehen. Umso kühner erscheint es, das gleiche Thema – die Wirtschaft der griechisch-römischen Antike – nunmehr in dem hier vorgegebenen Rahmen abzuhandeln. Die vorgegebene Knappheit des Umfangs brachte es zwangsläufig mit sich, hier nicht den Versuch zu wagen, analog zu den genannten Werken gleichsam ein Destillat der dort anzutreffenden Informationsfülle vorzulegen. Vielmehr wird hier der Versuch vorgenommen, einen auf das Wesentlichste konzentrierten Überblick vorzulegen und gleichzeitig einen Einstieg in eine vertiefende Beschäftigung mit der faszinierenden Materie der antiken Wirtschaftsgeschichte zu ermöglichen. Dieser Intention sind Gliederung und Vorgehensweise geschuldet, die hier nun zur Anwendung kommen.

Aufgrund der knapp zu haltenden Darstellung werden zu den einzelnen Kapiteln ausführliche Literaturhinweise gegeben, die es Leserinnen und Lesern ermöglichen sollen, eine gegebene Thematik vertiefend zu studieren. Bewusst werden dabei deutschsprachige Literatur und entsprechende Publikationen in englischer, französischer und italienischer Sprache aufgeführt. Dies geschieht nicht nur, weil es sich bei diesen Sprachen um die traditionellen Fachsprachen der Altertumswissenschaften handelt, sondern auch deswegen, weil die wissenschaftliche Herangehensweise in den verschiedenen Sprachräumen auf unterschiedlichen historiographischen Traditionen beruht, die sich gegenseitig befruchten.

Chronologischer und räumlicher Schwerpunkt der Betrachtungen ist die griechisch-römische Antike von der griechischen Archaik bis etwa in die Regierungszeit Diokletians. Diese selbst auferlegte Beschränkung in Zeit und Raum ist sicherlich problematisch, da die griechisch-römische Welt in regem wirtschaftlichen Kontakt mit den sie umgebenden Völkern und Kulturen stand und sowohl die Hellenen als auch später die Römer ihre Herrschaft über Räume etablierten, deren strukturelle Bedingungen sich gänzlich von der eigenen Welt unterschieden. Solches gilt selbstverständlich für alle sogenannten ‚Randvölker'. Insbesondere wäre eine Einbeziehung der altvorderasiatischen Welt mit ihren zahllosen Quellen zur Wirtschaftsgeschichte von Interesse gewesen, zumal beispielsweise die Wirtschaft Babyloniens im 1. Jahrtausend v. Chr. einen Bereich darstellt, der zur Zeit intensiv erforscht wird. Aufgrund der intensiven Interaktion mit Hellenen und Römern beziehungsweise der italischen Welt gilt dasselbe unter veränderten Vorzeichen für die Phönizier/Punier. Um auf beide Bereiche aufmerksam zu machen, wurden im Literaturverzeichnis einige einschlägige Veröffentli-

chungen zu beiden Themengebieten angeführt. Eine chronologische Beschränkung bis in die Hohe Kaiserzeit findet ihre Berechtigung in den sich
in der Tetrarchie und der anschließenden Ära Konstantins vollziehenden
strukturellen Veränderungen, obwohl sich auch hier Kontinuitäten aufzei-
gen lassen und gerade der Spätantike eine intensive Aufmerksamkeit der
Forschung entgegengebracht wird. Die rigorose Abtrennung einer ,Hohen
Kaiserzeit' von der ,Spätantike' bleibt nicht unproblematisch, ist aber in der
Forschung üblich und wurde somit auch hier vorgenommen.

Gliederung      Nach einigen systematischen Kapiteln folgt die thematische Gliederung
der üblichen Epocheneinteilung in der Alten Geschichte, obgleich diese in
der Regel der politischen Geschichte, nicht der Strukturgeschichte folgt. Gerade im Falle der Wirtschaftsgeschichte ist nicht nur diese selbst und die
Diskussion in der Forschung von Interesse, sondern auch und gerade der
wissenschaftsgeschichtliche Hintergrund der Forschung von großem Be-
lang. In einem ersten Schritt wird daher die Forschungsgeschichte kurz zu
skizzieren sein. In einem nächsten Schritt sind die verschiedenen Quellengattungen und ihre Aussagemöglichkeiten für die Wirtschaftsgeschichte in
der gebotenen Kürze zu beleuchten. Da Wirtschaft, Landschaft und Klima
mit dem Menschen als Akteur in einem engen Wechselverhältnis stehen,
finden sich Ausführungen hierzu im nächsten Kapitel. Schwerpunkte liegen
in diesem Kapitel auf dem griechischen Kernland sowie der Apenninen-
Halbinsel, obgleich auch hier selbstverständlich sehr viel mehr über Geographie und Klima des gesamten Mittelmeerraumes und derjenigen Gebiete, die zum *Imperium Romanum* gehörten, zu sagen wäre. Mit der Demographie und dem demographischen Regime wird dann eine weitere wesentliche Voraussetzung für die Wirtschaft behandelt. In der gebotenen
Kürze folgen daraufhin einige Worte zu Technik und Energie sowie zum
Transportwesen und den verkehrstechnischen Gegebenheiten. Dies sind Bereiche, die die Rahmenbedingungen der Wirtschaft desgleichen wesentlich
beeinflussten. Nach einer Behandlung der Wirtschaft in den homerischen
Epen und bei Hesiod erfolgt ein chronologischer Überblick über die Ökonomie in den einzelnen Epochen. Schwerpunkte liegen dabei auf dem Klassischen Griechenland und der Römischen Kaiserzeit. Verbunden werden
diese beiden Kapitel mit Ausführungen zu der Wirtschaft in hellenistischen
Königreichen und der römischen Republik. Seine Rechtfertigung findet ein
solches Vorgehen zunächst einmal in den – trotz der sich ändernden politischen Rahmenbedingungen – zahlreichen wirtschaftlichen Kontinuitäten im
griechischen Kernland und der Inselwelt sowie in der Unmöglichkeit, in irgendeiner Form einheitliche Wirtschaftsstrukturen im Hellenismus auszu-
machen. Vielmehr wird in dem Kapitel zur Wirtschaft der hellenistischen
Zeit versucht, einen exemplarischen Einblick in die komplexen Vorgänge
zu liefern, die aus dem Zusammentreffen einer makedonisch-hellenischen
Herrschaft über Babylon und Ägypten resultierten. Die Betrachtung der römischen Wirtschaft setzt mit der Republik ein, obgleich es freilich angebracht gewesen wäre, hier auch die römische Wirtschaft in der Zeit der
etruskischen Dominanz über die Stadt zu behandeln beziehungsweise sich
die Strukturen des alten Latium näher anzusehen. Auch die Konzentration
auf Rom erfolgt aus dem schon oben genannten Motiv, die griechisch-römische Welt in den Mittelpunkt der Betrachtungen zu stellen. Die Ökonomien

auf der Apenninen-Halbinsel, mit denen das frühe Rom interagierte, waren vielfältiger als es hier zum Ausdruck gebracht werden kann. Die gegenüber der Republik ausführlichere Behandlung der Kaiserzeit ist nicht nur der erheblichen Ausdehnung des Reiches in dieser Zeit und dem Quellenreichtum dieser Epoche geschuldet, sondern auch der Tatsache, dass die Hohe Kaiserzeit einen unbestreitbaren Höhepunkt der wirtschaftlichen Entwicklung der antiken Welt bildete. Ferner wohnt gerade dieser Epoche – in Zeiten einer gemeinsamen europäischen Währung und eines europäischen Wirtschaftsraumes mit seinen zahlreichen Verästelungen – eine hohe Bedeutung als Argument und Bezugspunkt in zeitgenössischen Diskussionen und Konzepten inne. Auf diese wird immer wieder verwiesen, sei es, dass das *Imperium Romanum* als historischer Vorläufer einer wirtschaftlichen Globalisierung vereinnahmt wird, sei es, dass es als Vorläufer der gesamten westlichen Welt, gerade in wirtschaftlicher Hinsicht, angesehen wird. Die Überblicksdarstellungen der einzelnen Epochen sind im Grundsatz stets nahezu gleich aufgebaut. Nach einigen Bemerkungen zur sozialen Gliederung der jeweiligen Gesellschaft wird zunächst der Bereich der landwirtschaftlichen und handwerklichen Produktion thematisiert. Anschließend wird auf die Arbeitsorganisation und ihre institutionellen Grundvoraussetzungen eingegangen. Daraufhin stehen die Distribution von Waren und der Handel sowie der Bereich der Dienstleistungen im Mittelpunkt der Erörterung. Darüber hinaus wird auf das Verhältnis von Staat und Wirtschaft eingegangen. Eine Gesamtcharakteristik der behandelten Epoche bildet den Abschluss eines Kapitels.

# II. Forschungsgeschichte

Forschungsdebatten

Geschichtsschreibung bedeutet stets eine Deutung der Vergangenheit aus der Gegenwart heraus. Diese an sich banale Feststellung hat gerade für die antike Wirtschaftsgeschichte Konsequenzen, da die zeitbedingten Sichtweisen und Konzeptionen und die später zur Anwendung kommenden Modelle zu einigen, teils sehr heftigen Kontroversen in der Forschung geführt haben. Diese Kontroversen werden als ‚Jahrhundertdebatte' bezeichnet; auf diese wurde implizit oder explizit in den meisten Publikationen Bezug genommen. Jede Beschäftigung mit der antiken Wirtschaftsgeschichte setzt demzufolge die Kenntnis der Forschungsgeschichte voraus, ohne die ein angemessenes Verständnis der jeweiligen Sekundärliteratur schlicht unmöglich ist. Die bislang geäußerten Positionen mit ihren zeitgenössischen Gebundenheiten und den zur Anwendung kommenden Interpretationsmodellen und den individuellen Grundannahmen leisten einen wesentlichen und unverzichtbaren Beitrag für den Wissenschaftler, der sich mit wirtschaftsgeschichtlichen Fragen beschäftigt. Nur in der Auseinandersetzung mit der Forschungsgeschichte, den jeweiligen Grundannahmen beziehungsweise den für die Analyse wirtschaftlicher Begebenheiten in der Antike angewandten Modellen, die sich teilweise erheblich voneinander unterscheiden, kann man zu eigenen Positionen gelangen und die eigenen Grundannahmen kritisch hinterfragen beziehungsweise sich derselben bewusst werden. Möglicherweise führt die Beschäftigung mit der älteren Forschung auch dazu, sich bewusst gänzlich anderen Modellen – die beispielsweise aus den Nachbardisziplinen stammen – zuzuwenden, um sie auf antike Gegebenheiten zu übertragen. Die antike Wirtschaftsgeschichte wird dabei selbstverständlich nicht im luftleeren Raum betrieben, sondern folgt grundsätzlich in ihren Fragestellungen und in der Anwendung von theoretischen Modellen den Tendenzen der historischen beziehungsweise althistorischen Forschung.

Forschung im 18. und 19. Jh.

Den Beginn deutschsprachiger wirtschaftsgeschichtlicher Forschung zum Altertum markiert die mehrbändige 1793–1796 veröffentlichte Arbeit von ARNOLD HERMANN LUDWIG HEEREN, der eine Gesamtdarstellung der Alten Welt vorlegte, sich dabei insbesondere auf Altvorderasien und Griechenland konzentrierte und dabei bemerkenswerterweise die römische Welt aussparte. 1817 legte AUGUST BOECKH eine Arbeit zur Staatshaushaltung Athens vor. Erst im Jahr 1869 folgte eine weitere Monographie zur Wirtschaftsgeschichte aus der Feder von BERNHARD BÜCHSENSCHÜTZ, die das archaische und klassische Griechenland in den Mittelpunkt stellte. Die früh zu beobachtende Fokussierung auf die griechische Welt in der deutschsprachigen Forschung ist mit der allgemeinen Griechenbegeisterung dieser Zeit zu erklären, in der man sich als Deutscher den Griechen wesensverwandt und vergleichbaren Zeitläuften ausgesetzt fühlte.

Bücher-Meyer-Kontroverse

Im Jahr 1893 legte dann der Ökonom KARL BÜCHER eine Arbeit zur Entstehung der Volkswirtschaft vor und charakterisierte die antike Wirtschaft als eine geschlossene Hauswirtschaft, die von einer „mittelalterlichen Stadtwirtschaft" und von der modernen Volkswirtschaft abzuheben sei. Sein

Standpunkt, der nicht nur den deutlichen Unterschied zwischen der antiken Wirtschaft und der Wirtschaft seiner Zeit herausstellte, sondern auch die ‚Primitivität' der antiken Wirtschaft betonte, führte zu einer harschen Reaktion in der altertumswissenschaftlichen Fachwelt, der EDUARD MEYER 1895 deutlichen Ausdruck verlieh. Im Gegensatz zu BÜCHER betonte MEYER die ‚Modernität' der antiken Wirtschaft. Damit war die ‚Bücher-Meyer-Kontroverse' geboren, die in einen größeren Forschungsstreit mündete, der zwischen den sogenannten ‚Primitivisten' und den ‚Modernisten' ausgefochten wurde. Diese intensiv geführte Debatte, die in der Forschung auch als die ‚Jahrhundert-Debatte' bezeichnet wird, gab mehrmals dazu Anlass, die Erforschung der antiken Wirtschaft als ein „akademisches Schlachtfeld" zu bezeichnen.

Der jeweilige Standpunkt, den die Kämpfer auf diesem Schlachtfeld einnahmen, hing nicht zuletzt von dem Forschungsgegenstand und von der Quellengattung ab, mit denen sich die Forschenden insbesondere beschäftigten. Bezeichnenderweise nahm etwa ULRICH WILCKEN bereits 1899 Partei für MEYER. Als Begründer der Papyrologie in Deutschland und aufgrund seiner immensen Vertrautheit mit den Urkunden aus dem ptolemäischen und römischen Ägypten fiel es ihm schwer, eine primitivistische Sicht der Dinge zu entwickeln. Der ‚Modernismus' gewann Boden durch die Arbeiten des russischen Althistorikers MICHAIL IWANOWITSCH ROSTOVTZEFF, der ohne jeden Zweifel als eine herausragende Forscherpersönlichkeit auf dem Gebiet der antiken Wirtschafts- und Sozialgeschichte zu gelten hat. ROSTOVTZEFF, der aufgrund der russischen Revolution eine sehr bewegte Vita mit Stationen in England und in den USA hatte, machte intensiven Gebrauch von allen Quellengattungen abseits von denjenigen, die bis dahin im Vordergrund der Betrachtung von der antiken Wirtschaft gestanden hatten. So machte er insbesondere Inschriften, Papyri, Münzen und archäologische Funde und Befunde zur Grundlage seiner Deutung. Unter seinen zahlreichen Arbeiten ragen insbesondere zwei Werke hervor: Seine 1926 erstmals publizierte Wirtschafts- und Sozialgeschichte des Römischen Reiches, die 1957 in zweiter Auflage erschien und Übersetzungen in das Deutsche und das Italienische erfuhr, sowie seine desgleichen in andere Sprachen übersetzte Sozial- und Wirtschaftsgeschichte der hellenistischen Welt. Auch wenn seine Sichtweisen nach dem heutigen Stand der Forschung gewiss in zahlreichen Punkten zu modifizieren beziehungsweise gänzlich neu zu bewerten sind, bleiben diese beiden Monographien hinsichtlich der Fülle der verarbeiteten Quellen und Forschungsliteratur sowie hinsichtlich der angestrebten Vollständigkeit der Darstellung bis heute unerreicht. MICHAIL IWANOWITSCH ROSTOVTZEFF sah sowohl in der hellenistischen als auch der römischen Welt einen von einer *Bourgeoisie* getragenen Kapitalismus am Werke, der eine immense Entwicklung von Handel, ‚Industrie' und Agrarwirtschaft erlaubte.

Einen primitivistischen Standpunkt vertrat hingegen JOHANNES HASEBROEK in seiner 1928 veröffentlichten Arbeit zu Staat und Handel in Griechenland. Seine Ansichten sind dabei deutlich von den Positionen des Soziologen MAX WEBER beeinflusst. HASEBROEK betonte die grundlegende Andersartigkeit zwischen der griechischen Welt bis zum Hellenismus und den modernen Nationalstaaten; vor allem unterstrich er das Fehlen einer staatlichen Wirt-

Modernisten vs. Primitivisten

schaftspolitik. Im Sinne MAX WEBERS unterschied er den *homo politicus* der griechischen Welt deutlich vom *homo oeconomicus* in Mittelalter und Neuzeit.

**Neue methodische Ansätze**      Unbehagen in Hinblick auf die Etikettierungen ‚Modernismus' und ‚Primitivismus' führte offenkundig den Amerikaner TENNEY FRANK zu einer gänzlich anderen Herangehensweise. Im Rahmen eines schließlich sechs Bände umfassenden Surveys der Wirtschaft der Römischen Republik und des Römischen Kaiserreichs, den er zwischen 1933 und 1940 herausgab, suchte er die Wirtschaft der betreffenden Zeit ohne Theoretisierungen zunächst einmal unter Berücksichtigung aller Quellengattungen zu erfassen. Der Diskussion um eine etwaige Modernität oder Primitivität der Wirtschaft entzog er sich auf diese Weise. Völlig außerhalb der Jahrhundert-Debatte stand ferner der Gießener Althistoriker FRITZ MORITZ HEICHELHEIM, der 1938 eine Gesamtdarstellung der antiken Wirtschaft vorlegte. HEICHELHEIM, der von den Nationalsozialisten zur Emigration gezwungen worden war, ging in methodischer Hinsicht gänzlich neue Wege, indem er für seine Analyse das Instrumentarium der Nationalökonomie anwandte und sich daher der ‚Wirtschaftsstile' als Grundlage seiner Analyse bediente. Alle von ihm benutzten Kategorien von Wirtschaftsstilen (Hauswirtschaft, Stadtwirtschaft, Landschaftswirtschaft, Volkswirtschaft) sah er in der Antike als verwirklicht an. Der Arbeit HEICHELHEIMS, die in den 1950er und 1960er Jahren auch in das Englische übertragen wurde, war in der altertumskundlichen Forschung keine große Wirkung beschieden. Allerdings kam der Wirtschaftsstil als Analysegrundlage für historische Gesellschaften in den Wirtschaftswissenschaften insbesondere durch die Forschungen von BERTRAM SCHEFOLD in den 1990er Jahren beziehungsweise zu Beginn dieses Jahrhunderts wieder zu Ehren.

**Neo-Primitivismus**      Ende der 1960er und zu Beginn der 1970er Jahre wurde wieder verstärkt auf den ‚Primitivismus' zurückgegriffen, der als ‚Neo-Primitivismus' beziehungsweise als ‚Cambridger Schule' bis zum Ende des 20. Jahrhunderts für weite Teile der Altertumswissenschaften zur (explizit so verstandenen) Orthodoxie wurde. Von der Wirtschaftsgeschichte aus drang diese explizite oder implizite Grundannahme auch in andere Bereiche der altertumskundlichen Forschung vor. Es waren die Arbeiten von ARNOLD HUGH MARTIN JONES zur Spätantike, insbesondere aber die von MOSES I. FINLEY, den man als einen der einflussreichsten Altertumswissenschaftler des 20. Jahrhunderts bezeichnen darf, die den ‚Neo-Primitivismus' zu einer neuen Orthodoxie werden ließen. Seine Positionen entwickelte er insbesondere unter dem Einfluss der Arbeiten des schon genannten MAX WEBER sowie des ungaro-amerikanischen Historikers und Anthropologen KARL POLANYI. Besonders einflussreich wurde wiederum die 1973 erstmals veröffentlichte, im Jahr 1985 in zweiter, erweiterter Auflage erschienene *Ancient Economy*, die zahlreiche Übersetzungen erfuhr. Grundlegende Positionen FINLEYS waren: Das Nichtvorhandensein der Wirtschaft als eigenständiger Bereich der Gesellschaft und die Beschränkung der Oberschichten auf das Eigentum von Land. Ferner die geringe Bedeutung des Handels insbesondere über den Landweg, der in der Hand von sozial inferioren Individuen gewesen sei. FINLEY geht außerdem von der Fundamentalität der Sklavenarbeit aus. Er konstatiert das Fehlen eines Konzeptes von Arbeit als sozialer Funktion, das Nichtvorhandensein technologischen Fortschritts, fehlende Marktorientierung und Vorherrschen von Subsistenzwirtschaft. Die Dominanz sozialer gegenüber ökonomischen Erwägungen beim Treffen wirtschaftlicher Entscheidungen, das Vorherrschen einer nicht produktiven, ausschließlich erwerbsorientierten Mentalität sowie schließlich das Fehlen von Wirtschaftspolitik gehören ebenfalls zu FINLEYS Thesen. Seine Positionen, die er auf die griechische und die römische Welt anwandte, hatte FINLEY insbesondere durch Spezialuntersuchungen zur griechischen Wirtschafts- und Sozialgeschichte der vorhellenistischen Welt entwickelt, in deren Fokus wiederum insbesondere die literarischen Quellen standen. In seinem Gefolge suchte RICHARD DUNCAN-JONES zu Beginn der 1970er Jahre die Primitivität der Wirtschaft des Römischen Reiches, die er mit der eines Entwicklungslandes verglich, mit quantitativen Analysen auch auf der Grundlage inschriftlicher und papyrologischer Zeugnisse nachzuweisen. FINLEYS Positionen machte sich in weiten Teilen auch THOMAS PEKÁRY in seiner 1976 publizierten Überblicksdarstellung zur antiken Wirtschaft zu eigen. PEKÁRY modifizierte dabei jedoch die Positionen FINLEYS insofern, als er das Fehlen einer einheitlichen antiken Wirtschaftsstruktur betonte und sich gegen das Anwenden vorgefertigter Modelle auf noch gar nicht diesbezüglich aufgearbeitetes Quellenmaterial wandte. Auch der italienische Gelehrte FRANCESCO DE MARTINO warnte in seiner 1979 erschienenen, später ins Deutsche übertragenen Wirtschaftsgeschichte des alten Roms vor einem rigiden Schematismus und formulierte Positionen jenseits von Primitivisten und Modernisten.

Die intensive Beschäftigung mit der epigraphischen Überlieferung führte dann in der Mitte der 1990er Jahre HARRY PLEKET zu einer kontroversen Auseinandersetzung mit dem Neo-Primitivismus. Ausgehend von der Beobachtung, dass die Vertreter des Primitivismus vor allem zeigten, was die antike Wirtschaft nicht sei, ging PLEKET im Rahmen seiner Abhandlung der römischen Wirtschaftsgeschichte einen neuen methodischen Weg, indem er diese mit der Wirtschaft anderer vormoderner Gesellschaften, insbesondere mit der frühneuzeitlichen Gesellschaft Europas verglich. Wenig später legte HANS KLOFT einen Überblick zur antiken Wirtschaftsgeschichte vor. Er begann ebenfalls von den Positionen FINLEYS abzurücken, indem er im Gegensatz zu den Neo-Primitivisten die Wirtschaft beziehungsweise Teilbereiche derselben in der Antike als bekanntes Konzept betrachtete. Ferner richtete er sein Augenmerk auf die Interdependenzen zwischen der Wirtschaft und den anderen Bereichen der antiken Lebenswelt, die er als ‚Potenzen' definierte. Zu diesen Potenzen rechnete er den Raum, Bevölkerung, Technik, Staat und Recht, Religion, Kultur und Mentalität.

*Neue Wege der Forschung*

Insgesamt betrachtet wurden seit den 1990er Jahren – um im Bild des akademischen Schlachtfelds zu bleiben – vermehrt Angriffe auf primitivistische Grundpositionen geführt. Zudem wurden in der Forschung nuanciertere Sichtweisen formuliert und man begann, von der unseligen ‚Primitvismus'-‚Modernismus'-Debatte abzurücken, obgleich deutlich primitivistische Sichtweisen weiterhin ihre Befürworter fanden. HERBERT GRAßL betrachtete die antike, insbesondere aber die reichsrömische Wirtschaft in einem im Jahr 2004 erschienenen Aufsatz als Marktwirtschaft. Insbesondere die Wirtschaft des *Imperium Romanum* wurde von anderen Forschern durchaus wieder als (prae-)kapitalistisch beziehungsweise gar als ‚protoindustriell' charakterisiert. Da aber diejenigen, die die primitivistische Sicht der Dinge

*Substantivisten/ Formalisten*

nicht teilten, nicht als ‚Modernisten' betrachtet werden konnten, wuchs offenkundig das Bedürnis in der Forschung, die Positionen um den Charakter der antiken Wirtschaft(en) neu zu etikettieren. Dies nahm dann Ende der 1990er Jahre PAUL CARTLEDGE vor, der die Positionen in dieser Forschungskontroverse nunmehr unter den Bezeichnungen ‚Substantivisten' und ‚Formalisten' subsumierte. Die ‚Substantivisten', die sich dem Gegenstand auf erkenntnistheoretischer Ebene näherten, träten dabei das Erbe der Primitivisten an, während die ‚Formalisten' das begriffliche Instrumentarium der modernen Wirtschaftswissenschaften auf die antike Wirtschaft anzuwenden trachteten.

**Neue Institutionen-ökonomik**

Formalistische Annäherungen an die antike Wirtschaft dominieren in der neueren Zeit. Gleichwohl hatte bereits in den 1980er Jahren der amerikanische Wirtschaftswissenschaftler MORRIS SILVER insbesondere die Anwendung der **Transaktionskosten-Theorie** auf antike Gegebenheiten in Altvorderasien, dann aber auch in der mediterranen Welt in den Mittelpunkt seines Schaffens gestellt.

**E** | **Transaktionskosten-Theorie**

Die Transaktionskosten-Theorie oder Transaktionskostenökonomik ist Bestandteil der Neuen Institutionenökonomik. Sie beleuchtet hauptsächlich die Effizienz von Institutionen (siehe dazu unten) bei der Abwicklung von Geschäften. Sie widmet sich insbesondere den Kosten, die bei der Anbahnung eines Geschäftes entstehen. Hierzu zählen Informationen über Käufer, Preise und über die Qualität von Ware, die beschafft werden muss. Nach erfolgter Transaktion entstehen wiederum Kosten bei der Kontrolle über die Einhaltung der bei der Geschäftsanbahnung ausgehandelten Bedingungen. Grundannahme der Transaktionskosten-Theorie ist das allen Individuen innewohnende Bestreben, die Transaktionskosten zu minimieren, welches aber gleichzeitig nur in begrenztem Umfang rationalen Handlungsmustern verpflichtet ist. Eine wesentliche Rolle spielen also Institutionen, die im Mittelpunkt der Aufmerksamkeit der Neuen Instituutionenökonomik stehen. Unter den Institutionen sind Regeln menschlichen Verhaltens zu verstehen, die das Zusammenleben einer Gesellschaft überhaupt erst ermöglichen und damit auch das Regelwerk für das wirtschaftliche Leben in diesen bilden. Institutionen können durch Gesetze oder andere formale Regeln definiert werden, können aber auch in Traditionen und Sitten bestehen. Ohne diese Regeln und Gesetze wäre etwa der Gebrauch von Geld nicht denkbar. Die Neue Institutionenökonomik stellt die Analyse der Einflüsse von Institutionen auf das Wirtschaftsleben und ihren Wandel in den Mittelpunkt der Aufmerksamkeit und ist daher auch besonders geeignet für die Untersuchung historischer Gesellschaften und ihrer Wirtschaft. Demgegenüber stellt die Neoklassik die Verteilung von Gütern auf den Konsumenten und die bestmögliche Bedürfnisbefriedigung in den Mittelpunkt. Besondere Bedeutung hat dabei der Mechanismus von Angebot und Nachfrage. Die Neoklassik ist die Nachfahrin der klassischen Lehre, die das wirtschaftliche Handeln des Individuums in den Mittelpunkt stellt. Dieses wiederum basiert in der Hauptsache auf dem Eigennutz desselben. Gesellschaftlicher Nutzen kann in dieser Sicht der Dinge nur durch Konkurrenz erreicht werden. Wesentlich sind Produktion und Angebot, nicht aber Konsum und Nachfrage. (nach Gablers Wirtschaftslexikon)

Diese Theorie erfreut sich in der aktuellen Forschung großer Beliebtheit. Gleiches gilt für die Neue Institutionenökonomik, zu der die Transaktionskostenökonomik zu rechnen ist, und – in weit geringerem Maße – auch die neoklassische und klassische Position. Dementsprechend wurde in der jüngst erschienenen *Cambridge Economic History of the Greco-Roman World* auch ein dezidiert formalistischer Ansatz gewählt. Gleiches gilt auch für die grundlegende Arbeit zur Wirtschaft der griechischen Polis-Welt von ALAIN BRESSON, der einen brillanten Überblick zu diesem Thema liefert.

Die Neue Institutionenökonomik hat zur Zeit also die meisten Anhänger. Gleichwohl wird dieselbe nicht als eine neue Orthodoxie betrachtet, sondern sie ist ein theoretischer Ansatz, der Analysemodelle für die antike Wirtschaft liefert, und zwar auf einer möglichst breiten Quellengrundlage unter idealerweise gleichberechtigter Miteinbeziehung aller Überlieferungsstränge. Darüber hinaus wurden jüngst auch andere theoretische und methodische Ansätze an die antike Wirtschaftsgeschichte herangetragen. PEREGRINE HORDEN und NICHOLAS PURCELL unterstrichen in einer großen Monographie die Fragmentierung der mediterranen Welt in kleine und kleinste räumliche Einheiten und betonten dementsprechend die Wichtigkeit der ‚Konnektivität', die diesen Einheiten zu eigen war und die eine wesentliche Bedingung für deren Ökonomie gewesen sei. Leitfaden der Analyse war hier das Ausmaß, in dem Orte durch Verkehrslinien verbunden sind. ULRICH FELLMETH suchte die aus der Geographie stammende Standortfaktorentheorie für die römische Wirtschaftsgeschichte fruchtbar zu machen. Demgegenüber trachtete PETER FIBIGER BANG neue Wege zu gehen, indem er im Rahmen der vergleichend arbeitenden ‚cross over history' die Wirtschaft des Römischen Reiches mit derjenigen Indiens unter den Mogulen verglich. Schließlich suchen ALAN BOWMAN, ANDREW WILSON und andere die Performanz der Wirtschaft des Römischen Reiches durch die Anwendung von quantifizierenden Methoden zu erfassen. Generell ist ein starkes Wiedererwachen des Interesses an der antiken Wirtschaftsgeschichte in den letzten Jahren zu beobachten, das wohl nicht zuletzt durch die Irrungen und Wirrungen der gegenwärtigen Zeitläufte bedingt ist.

Die scharfe Debatte um den Charakter der antiken Wirtschaft zwischen zwei Denkschulen scheint damit der Vergangenheit anzugehören. Ganz im Gegenteil ist momentan eine Pluralität des Zugangs zu dieser faszinierenden Materie zu konstatieren. Jeder Beitrag liefert wichtige Einsichten und Erkenntnisse und gibt damit jedem einzelnen Forschenden Anlass, seine eigenen Positionen im Lichte solcher Erkenntnisse zu überdenken und sich gegebenenfalls neu zu positionieren. Ferner ist im Gegensatz zu der älteren, vor allem primitivistisch orientierten Forschung der Grundkonsens erkennbar, die antike Wirtschaft nicht als monolithische Entität insgesamt charakterisieren zu wollen, sondern epochenspezifisch innerhalb der alten Welt zu arbeiten und dabei insbesondere auch regional und zeitlich unterschiedliche Konjunkturen in den Epochen zu verorten. So geht man etwa in der zeitgenössischen Forschung selbstverständlich davon aus, dass einzelne Zeitabschnitte der Antike ein wirtschaftliches Wachstum sahen, ein Sachverhalt, der noch von der primitivistischen Orthodoxie auf das nachhaltigste bestritten worden war. Auch ist man sich einig, möglichst alle Stränge der Überlieferung in die eigenen Überlegungen miteinzubeziehen. Dies gilt umso mehr, als sich die zur Verfügung stehende Quellenbasis dank der stetigen Neupublikation von inschriftlichem, papyrologischem, archäologischem und numismatischem Material ständig verbreitert. Darüber hinaus eröffnen sich durch die Heranziehung naturwissenschaftlicher sowie foren-

Andere aktuelle
theoretische Ansätze

Pluralität
des Zugangs

**13**

sischer Methoden – etwa in Gestalt von Pollenanalysen, petrographischen und metallurgischen Untersuchungen, Archäometrie, anthropologischen und pathologischen Untersuchungen an menschlichen Überresten, Daktyloskopie und anderem mehr – stetig neue Aussagemöglichkeiten.

# III. Quellen zur antiken Wirtschaftsgeschichte

Quellen

Wie bereits angedeutet, steht für die Analyse der Wirtschaft antiker Gesellschaften ein breiter Quellenfundus zur Verfügung, der durch naturwissenschaftliche Untersuchungen bereichert wird. Je nach Untersuchungsgegenstand, Zeit und behandeltem Raum variieren die zur Verfügung stehenden Überlieferungsstränge erheblich. Die Art der Quellen bedingt dann auch in gewisser Weise die Fragestellung, die überhaupt an das Material herangetragen werden kann. Eine Amphore etwa sagt zunächst wenig über die Wirtschaftsmentalität bestimmter Schichten aus, kann aber im Idealfall aufgrund petrographischer Analysen und/oder Beschriftungen Auskunft über Handelswege beziehungsweise sogar über die Organisation des Handels geben. Dabei erfordert beispielsweise die Einbeziehung der Verbreitung bestimmter Amphorentypen gänzlich andere methodische Erwägungen als eine Analyse auf der Grundlage literarischer Quellen.

Griechische Literatur

Gerade die literarische Überlieferung ist in Bezug auf die Interpretation für wirtschaftsgeschichtliche Fragestellungen äußerst komplex. Nahezu jedes literarische Genus ist für wirtschaftsgeschichtliche Fragen fruchtbar zu machen, was selbstverständlich insbesondere für die aus der Antike überlieferten ökonomischen Schriften gilt. Auf die Letzteren wird unten noch zurückzukommen sein, auf den Rest der literarischen Quellen und die sich ergebenden Probleme sei hier kurz exemplarisch eingegangen. Auf der einen Seite transportieren die Werke antiker Literatur selbstverständlich strukturgeschichtliche, also wirtschafts- und sozialgeschichtliche Realien. Auf der anderen Seite handelt es sich aber stets um Literatur, die dementsprechend bestimmten gattungsspezifischen Eigenarten und Stilmerkmalen gehorcht. Außerdem verfolgte der jeweilige Autor stets spezifische Darstellungsabsichten und hatte sich mit seinen literarischen Vorbildern auseinanderzusetzen. Solche Intentionen, die Gattungsspezifika und die intertextuellen Bezüge gilt es zu vergegenwärtigen, um sich dann über den Aussagewert einer gegebenen Textstelle Gedanken zu machen. So ist es beispielsweise ein Gattungsspezifikum einer Komödie des Aristophanes, Dinge zu überzeichnen, um komische Effekte hervorzurufen. Dementsprechend können von ihm berichtete Begebenheiten nicht von vornherein für bare Münze genommen werden, auch wenn sie sich auf typische Begebenheiten des athenischen Lebens beziehen, denn ohne die Verankerung in den Realien der Lebenswelt seines Publikums kann keine Komik entstehen. Dennoch kann das Werk des Aristophanes zum einen nutzen, wenn dezidiert strukturgeschichtliche Realien untersucht werden, zum anderen, wenn in die spezifische Vorstellungswelt des Dichters und die hieraus resultierende Konstruktion soziologischer Typen – etwa des Händlers – eingedrungen werden soll. Realien und Literalisierung von Stoffen gehen dabei öfters eine eigentümliche Mischung ein, wie die folgende in den Historien Herodots geschilderte Begebenheit zeigt.

**Über das Fehlen von Tonkrügen in Ägypten**
Herodot, Historien 3,6,1–2
Aus ganz Griechenland und aus Phönizien werden zweimal im Jahr Tonkrüge voll mit Wein nach Ägypten eingeführt und man kann sozusagen von der gesam-

ten Ladung nicht einen einzigen mit Wein gefüllten Tonkrug sehen. Manch einer mag fragen: welchen Gebrauch machen sie von ihnen? Und ich werde dies sagen. Jeder Ortsvorsteher muss aus seiner Stadt alle einsammeln und die Tonkrüge nach Memphis bringen, die Einwohner von Memphis müssen sie mit Wasser befüllen und in die wasserlosen Teile von Syrien bringen.

Diese Maßnahme habe wiederum der Perserkönig Kambyses direkt nach der Eroberung Ägyptens befohlen, um einen Landzugang hierher zu gewinnen. Nun hat man den Weinhandel zwischen der griechischen Welt beziehungsweise den Städten Phöniziens und Ägypten als reale Gegebenheit zu betrachten, zumal dieser durch eine Zollabrechnung aus dem fünften vorchristlichen Jahrhundert dokumentarisch bestätigt ist (Kuhrt, Persian Empire, Kap. 14 Nr. 10). Diese Realie wird in dem genannten Kontext allerdings dazu genutzt, die Begebenheit um die Sammlung aller Tongefäße und ihre Verbringung in die Wüste, die Kambyses und seine Herrschaft in Ägypten charakterisieren soll, zu authentifizieren. Dabei stellt die Kambyses zugeschriebene „Bewässerungsaktion" nur eine Begebenheit dar, die den Despotismus des in Ägypten ungeliebten Herrschers veranschaulichen soll. Literalität und Bezug zu älteren literarischen Werken demonstriert Herodot wiederum durch seine äußerst negative Bewertung des Handels. So zeichnet er in den Historien Handel und Händler als Gegenbild zur Existenz des Kriegers: Handel führe zur Verweichlichung, denn er trage neben der Musik dazu bei, aus Männern Frauen zu machen (Hdt. 1,155,4). Diese äußerst negative Konnotation des Handels stellt wiederum ein Erbe der homerischen Epen dar. Hieraus aber den Umkehrschluss ziehen zu wollen, dass die Verarbeitung eines literarischen Motivs aus einem älteren Text, der als nahezu absolute Autorität gilt, Aufschluss über die diesbezügliche Geisteshaltung in der griechischen Welt gibt, ist zumindest nicht unproblematisch.

**Lateinische Literatur**    Die im Vorangehenden gemachten Aussagen über die der Interpretation literarischer Quellen der griechischen Welt innewohnenden Problematiken gelten selbstverständlich auch für die lateinische Welt. So findet sich etwa in einer Komödie des Plautus ein Zwiegespräch, in dem es um den Kauf eines Sklavenmädchens für den Preis von 30 Minen geht (Plaut. Curc. 335–349). Nun werden die Komödien des Plautus häufiger als Quelle für die römische Republik herangezogen. Dagegen ist zunächst schon die Verarbeitung griechischer Stoffe durch Plautus einzuwenden. Ferner wird der Preis in Minen angegeben, also in griechischer und nicht römischer Terminologie. In diesem Fall wird man demzufolge gut daran tun, den Auskünften der Komödie nicht allzu viel Quellenwert für die Zeit der römischen Republik beizumessen. Unter anderen Vorzeichen kann man auch gegenüber Auskünften der lateinischen Ethnographie Vorbehalte formulieren, wie die folgende Begebenheit aus der Germania des Tacitus zeigt.

**Q**    **Über den Gebrauch des Geldes bei den germanischen Stämmen**
Tacitus, Germania 5, 4–5
… obgleich die [sc. dem römischen Gebiet] benachbarten [sc. Germanen] Gold und Silber wegen ihres Gebrauchs beim Handel einen Wert beimessen und gewisse Formen unseres Geldes anerkennen und besonders schätzen. Die im Inneren Lebenden gebrauchen in einfacherer und älterer Weise den Tauschhandel. […] Das Silber schätzen sie auch mehr als das Gold, nicht aus einer Geisteshal-

tung heraus, sondern weil eine Anzahl von Silbermünzen leichter für die zum Nutzen gereicht, die mit verschiedenem und billigem Zeug handeln.

Nun wird niemand den grenzüberschreitenden Handel zwischen den freien Germanen und Individuen aus dem Römischen Reich bestreiten wollen. Auf der anderen Seite konstruiert der Autor hier aber auch kulturelle Unterschiede zwischen den Germanen, die aus dem Kontakt mit den Römern resultierten. Dieser wirtschaftliche Kontakt führe zu einer Verderbnis, der die moralische und sittliche Überlegenheit derjenigen Germanen gegenüber gestellt wird, die eines solchen Kontakts entbehren. Diese Konzepte sind freilich dem literarischen Genus der Ethnographie und literarischen Vorläufern wie vor allem Herodot geschuldet. Wiederum gibt es also zugrundeliegende strukturgeschichtliche Realien, die freilich in einen wertenden Kontext gebracht und damit moralisch verargumentiert werden. Auf der anderen Seite beinhalten die literarischen Texte selbstverständlich auch wertvolle Ausführungen zu grundlegenden Realien, etwa wenn der Dichter Statius in seinen *Silvae* die Aufgaben des höchsten kaiserlichen Funktionärs in Sachen Finanzverwaltung darstellt (Statius, *Silvae* 3,3,86–105). Dennoch aber gilt es bei der wirtschaftsgeschichtlichen Analyse literarischer Quellen stets den Vorbehalt der Intentionalität, der Literalisierung des Stoffes sowie des zeitlichen Kontextes des Autors vor Augen zu haben. Denn aufgrund dieser Punkte entfernen sich die Aussagen der literarischen Welt allzu oft weit von vermutbaren strukturgeschichtlichen Realien.

Dies gilt in gleicher Weise für das ökonomische Schrifttum der griechischen und lateinischen Literatur. Das Schreiben über die Ökonomie entwickelte sich in der Antike zu einem eigenen literarischen Genre. Dabei ist unter ‚Ökonomie' nicht das zu verstehen, was heute landläufig mit dieser Begrifflichkeit bezeichnet wird. Dieselbe leitet sich aus dem griechischen Wort *oikonomía* her, welches wiederum aus dem griechischen Wort *oikos* – Haus, Haushalt – und dem Wort *nemein* – unter anderem teilen, zuteilen, weiden, dann auch verwalten – zusammengesetzt ist. Die *oikonomía* beschäftigt sich also mit der Verwaltung des Haushalts. Hinweise auf diesen Themenbereich finden sich bereits seit den homerischen Epen. Die erste uns gänzlich überlieferte Schrift über die Haushaltsführung haben wir indes dem Athener Xenophon zu verdanken. Jener verfasste sein Werk, den *Oikonomikós*, als sokratischen Lehrdialog. Hierbei handelt es sich um ein literarisches Genre, in dem der Autor den Philosophen Sokrates in ein Gespräch mit einer oder mehreren anderen Personen treten lässt. Auf diese Weise lässt der Verfasser vor allem dem von Sokrates Gesagten eine besonderes hohe Autorität zukommen. Seit Platon stellte das imaginierte Gespräch die hauptsächliche literarische Form philosphischer Erörterung dar. Mit der Anwendung dieser Form erhob Xenophon also die Lehre von der rechten Haushaltsverwaltung in den Rang einer philosophischen Disziplin. Zentrales Ziel des Autors war es dabei, den Haushalten das Erzielen eines Überschusses zu ermöglichen. Hierdurch sollten die ihren Unterhalt in der Landwirtschaft erwirtschaftenden Haushalte, auf die Xenophon sich bezieht, in die Lage versetzt werden, ihre Verpflichtungen gegenüber dem Staat – der *polis* – und gegenüber den Göttern zu erfüllen. Als besonders wichtig für dieses Ziel betrachtete er die Sorge, die der Eigentümer beziehungsweise sein Verwalter der Leitung des

Griechische ökonomische Schriften

Haushalts angedeihen ließ. Während seine Überlegungen hier also den privaten Haushalten galten, machte sich der Athener in einer anderen Schrift – den *Poroi* – Gedanken, auf welche Weise man die Einnahmen des athenischen Staats vermehren könnte.

Darüber hinaus sind die unter dem Namen des Philosophen Aristoteles laufenden *Oikonomiká* überliefert. Diese wurden aber vermutlich nicht von Aristoteles selbst, sondern von Schülern desselben verfasst. In dieser pseudo-aristotelischen ökonomischen Schrift wird im ersten Buch die Führung des Privathaushalts behandelt, während das zweite Buch die Haushaltsführung des Königs, des Satrapen und die Wirtschaftsführung der Polis sowie die von Privatpersonen behandelt. Das dritte Buch, das lediglich in einer mittelalterlichen lateinischen Version vorliegt und nachklassisch ist, behandelt ausführlich die ethischen Pflichten und die Arbeitsverpflichtungen von Eheleuten. Damit sind schon die – uns überlieferten – Hauptwerke der griechischen ökonomischen Literatur vor der Eroberung von weiten Teilen der hellenischen Welt durch die Römer genannt. Zu diesen tritt noch ein Teil eines philosophischen Werkes des Philodemos, der aufgrund seiner Zugehörigkeit zu einer anderen Philosophen-Schule gänzlich andere Sichtweisen als Xenophon und Aristoteles entwickelte. Ein Buch aus seinem Werk „Über schlechte Neigungen und die entgegengesetzten Tugenden und ihre Eigentümlichkeiten und das Umfeld" ist der rechten Haushaltsführung gewidmet. Anders als seine Vorgänger lehnt Philodemos für den Philosophen den übermäßigen Gelderwerb beziehungsweise einen allzu großen Aufwand für die Erwirtschaftung von Gewinnen ab.

**Lateinische ökonomische Schriften**     Im Bereich der lateinischen Literatur ist zunächst die Schrift über den Ackerbau (*de agricultura*) des Marcus Porcius Cato („d. Ältere") zu nennen. Seine Schrift über den Ackerbau ist als eine Anleitung für den Grundeigentümer zu verstehen. Jener sollte in die Lage versetzt werden, sein Landgut je nach vorherrschendem Anbauprodukt und Standort rentabel zu bewirtschaften. Cato setzte sich dabei zwar auch mit griechischen Vorbildern auseinander, brachte aber vor allem Eigenes ein. Dabei verband er althergebrachte Praktiken und Techniken mit den Errungenschaften auf dem Gebiet von Technik und Organisationsformen seiner eigenen Zeit, die von dem Aufstieg Roms zur bestimmenden Macht der Mittelmeerwelt geprägt war. Sein Nachfolger auf dem Gebiet des ökonomischen Schrifttums war Marcus Terentius Varro, ein Zeitgenosse Caesars. Sein Werk über die Landwirtschaft (*rerum rusticarum libri tres*) umfasste drei Bücher. Das erste derselben handelte auf einer sehr theoretischen Ebene über den Ackerbau, das zweite, praxisorientiertere Buch über die Viehzucht und das dritte schließlich über die Weidewirtschaft. Auch Varros Ziel bestand darin, Ratschläge zur rationellen, ertragsteigernden Führung landwirtschaftlicher Betriebe und damit zur Mehrung der Gewinne zu geben. Die Kaiserzeit hatte mit dem aus dem heutigen Spanien stammenden Lucius Iunius Moderatus Columella einen Literaten, der ein umfangreiches Werk über die Landwirtschaft verfasste. Sein Werk (*de re rustica*) ist das vollständigste und sachkundigste, das zu diesem Themenbereich aus der Antike überliefert ist. Er behandelte dabei alle wesentlichen Bereiche der Landwirtschaft, thematisierte den Einsatz von Sklaven und – wie es zum Genre gehört – die Eigenschaften des Gutsverwalters (*vilicus*) und der Gutsverwalterin (*vilica*).

Allgemein liefern die ökonomischen Schriften selbstverständlich wertvolle Einsichten in Realien und geben Aufschluss über vermutbare Realitäten, beispielsweise in der Betriebsführung. Gleichwohl gilt auch hier, dass sie als ein literarisches Genre mit spezifischen Eigentümlichkeiten zu betrachten sind, einbezüglich der ihnen innewohnenden Intentionalität und Literalität. Ferner lieferten sie die Vorstellungen von einem Idealzustand, der sich nicht notwendigerweise mit den Realitäten beziehungsweise mit den vermutbaren Realitäten decken musste. Dasselbe gilt für den sozialen Bezugspunkt, wandten sich die Autoren doch meist an Oberschichten, deren Lebensstil und Wirtschaftsweise sich fundamental von den unteren Schichten unterschied. — *Aussagemöglichkeiten*

Schließlich ist noch kurz über die Rechtskodifikationen, und zwar insbesondere über die Digesten, zu reden. Auch diese stellen eine äußerst wichtige Quellengruppe dar, die sich gerade in der letzten Zeit größerer Aufmerksamkeit in der Forschung erfreut. Aber auch ihre Interpretation ist nicht ohne Probleme. So sind etwa die Digesten eine Sammlung klassischer Schriften, die von Juristen aus der Hohen Kaiserzeit stammen und im Jahr 533 n. Chr. zusammengestellt worden sind. Bei der Sammlung handelt es sich um Auszüge aus Lehrmeinungen dieser Juristen, die zu bestimmten Themen zusammengetragen wurden. Diese Schriften wurden von einer Kommission gesichtet, die die überlieferten Texte zum Teil emendierte, also nach Ansicht der Bearbeiter verbesserte. Dementsprechend gewinnt man aus diesem Sammelwerk einerseits wertvolle Informationen beispielsweise über kaiserliche Verfügungen. So ist in ihnen beispielsweise ein Reskript von Marc Aurel und Commodus bezüglich der Waren aus dem Osthandel überliefert, die einer Verzollung anheimfallen (Dig. 39,4,16,7). Dieser Liste darf man eine überregionale Geltung zusprechen, obgleich auch hier sich manches Detailproblem ergibt. Häufiger haben die anzutreffenden Regulierungen der Kaiser aber auch lediglich einen regionalen Bezug, der nicht ohne Weiteres verallgemeinert werden darf. Ohne Zweifel sind aber die Rechtsammlungen von höchster Bedeutung gerade für eine sich an der Neuen Institutionenökonomik orientierenden Wirtschaftsgeschichte, stellt doch gerade diese die der Wirtschaft zugrunde liegenden Regeln in den Fokus ihrer Aufmerksamkeit. — *Rechtstexte*

Freilich gilt es wiederum nicht allein die griechische und lateinische Literatur bei einer Betrachtung der Wirtschafts- und Sozialgeschichte vor Augen zu haben. Hinzu tritt etwa das Alte Testament der Bibel, das auch relevante Informationen beinhaltet. Insbesondere ist aber an die Mischna und den Talmud zu denken, die beide wertvolle Einsichten in die Wirtschaft Palästinas liefern. — *Andere literarische Quellen*

Einen mehr oder minder ungefilterten Zugang liefern dokumentarische Quellen in Gestalt von Inschriften und Papyri. Für weite Teile der antiken Welt sind die Inschriften dabei nahezu der einzige dokumentarische Zugang zur antiken Wirtschafts- und Sozialgeschichte. In der Hauptsache handelt es sich bei den Inschriften um Texte in griechischer und lateinischer Sprache. Gleichwohl sind für wirtschaftsgeschichtliche Fragestellungen beispielsweise in Bezug auf das antike Syrien auch Texte in anderen Sprachen oder zweisprachige Urkunden heranzuziehen. Ein diesbezüglich besonders instruktives Beispiel ist der sogenannte ‚Torzolltarif von Palmyra', bei dem — *Inschriften* es sich um eine griechisch-palmyrenische Bilingue handelt (TUAT NF 1, 281–292). Dieselbe liefert beispielsweise wichtige Auskünfte über den Warenverkehr zwischen der Umgebung von Palmyra und der Stadt selbst. Je nach untersuchter Zeit und untersuchtem Raum stehen dem Betrachter Texte in unterschiedlichem Ausmaß zur Verfügung. Dies hängt zunächst mit verschiedenen äußeren Faktoren zusammen. So haben Inschriften auf Stein eine erheblich größere Chance, bis in die heutige Zeit überliefert zu werden als solche auf Bronzetafeln oder gar Texte auf Holz. Bei den Texten auf Stein spielen wiederum die jeweiligen Gesteinssorten eine Rolle für die Überlieferung eines Textes. Gesteine, die zu Kalk gebrannt werden können, sind beispielsweise größeren Fährnissen der Überlieferung ausgesetzt als solche, bei denen dies unmöglich ist. Vergängliche Textträger – insbesondere Holz – können wiederum lediglich unter spezifischen Bedingungen der Bodenbeschaffenheit überliefert werden. Ein beredtes Zeugnis hierfür sind beispielsweise die Holztäfelchen aus dem Kastell Vindolanda in Nordengland, die dank der Feuchtigkeit und der spezifischen chemischen Zusammensetzung des sie umgebenden Erdreichs nicht verrotteten und heute noch lesbar sind. In diesen findet sich eine Fülle von wirtschaftsgeschichtlichen Informationen, die aufgrund der Textsorten – Abrechnungen, Briefe – auf Stein gar nicht zu erwarten sind, so etwa in Bezug auf die Ernährungsgewohnheiten der dort stationierten Soldaten.

**Q** **Brief aus Vindolanda**
Britannia 26 (1997), 324
Masclus seinem König Cerialis zum Gruß. Bitte befehle, was wir nach Deinem Willen morgen tun sollen. [...] Die Kameraden haben kein Bier. Bitte befehle, dass welches geschickt werde. Rückseite: An den Präfekten Flavius Cerialis vom Decurio Masclus.

*Epigraphische Kultur*    Ein weiterer Grund für die regional sehr unterschiedliche Dichte der Überlieferung ist die jeweilige ‚epigraphische Kultur‘ eines gegebenen Ortes oder Raumes. Unter dem Begriff ‚epigraphische Kultur‘ (*epigraphic habit*) werden die jeweiligen spezifischen Bedingungen subsumiert, die in einem gegebenen Raum und zu einer gegebenen Zeit abhängig von den jeweiligen politischen und sozialen Umständen überhaupt zur Setzung einer Grabinschrift oder auch anderer Textgattungen führten. Alles dies zusammengenommen hat zur Folge, dass manche Orte nur zu bestimmten Zeiten überhaupt in unserer Überlieferung präsent sind. Nicht zuletzt trägt dazu aber auch der unterschiedliche Forschungsstand bei, der von Ort zu Ort hinsichtlich der Intensität deutliche Unterschiede aufweisen mag. Rein quantitativ betrachtet stellen in der griechischen Welt das fünfte und das vierte vorchristliche Jahrhundert die Blütezeit der epigraphischen Kultur dar. Nimmt man die römische Welt in Augenschein, ist im gesamten Römischen Reich die Hohe Kaiserzeit, also im Grundsatz das 1.–3. Jahrhundert n. Chr., als Höhepunkt der epigraphischen Kultur zu sehen.

*Griechische Inschriften*    Den Überlieferungsschwerpunkt in der griechischen Welt schlechthin bildet Athen, wozu die sich im 5./4. Jahrhundert dort entwickelnde Demokratie erheblich beigetragen hat, brachte diese Verfassungsform doch in erheblichem Ausmaß eine Publikation von Volksbeschlüssen, Abrechnungen, Inventarlisten und anderem mehr mit sich, die sich auch im privaten Bereich

niederschlug. So machen die Inschriften denn auch einen erheblichen Anteil an der Rekonstruktion der Wirtschaftsgeschichte des klassischen Athens
aus. Damit liegt also nicht nur der Fokus der literarischen Überlieferung,
sondern auch derjenige der epigraphischen Überlieferung in dieser Zeit eindeutig auf Athen. Gleichzeitig bildet die epigraphische Überlieferung aber
auch das Hilfsmittel im Rahmen der schriftlichen Überlieferung, um sich
der Wirtschaft anderer Regionen der griechischen Welt anzunehmen, die in
der literarischen Tradition bestenfalls am Rand erwähnt werden. Ein diesbezügliches Beispiel ist eine spätklassische Inschrift aus dem thrakischen Ort
Pistiros (SEG XLIII 486), die Details über das Zusammenleben zwischen
Hellenen und Thrakern sowie den Handel zwischen denselben erkennen
lässt. Auf der Grundlage literarischer Quellen wären diese Kontakte schlicht
im Orkus der Geschichte verschwunden. Wertvolle Einblicke in das Wirtschaftsleben liefern auch auf Bleitäfelchen geschriebene Briefe.

**Privatbrief aus Berezan**
HGIÜ 27
O Protagores, Dein Vater sendet Dir (folgendes): Ihm geschieht Unrecht durch
Matasys, denn dieser macht ihn zum Sklaven und hat ihn seines Lastschiffes
{oder: seiner Ladung} beraubt ...

Q

Als weiteres Beispiel für die großen Aussagemöglichkeiten, die der epigraphischen Überlieferung innewohnen, sei eine Urkunde aus Eleusis genannt,
in der Getreidegaben an Demeter und Kore aufgeführt werden. Aufgrund
dieser Urkunde ist die Berechnung der Getreideerträge Attikas und der von
Athen dominierten Gebiete möglich (IG II$^2$ 1672). Die besondere Bedeutung der epigraphischen Überlieferung wird schließlich auch durch das Beispiel der Insel Delos dokumentiert, deren Wirtschaft man insbesondere für
die hellenistische Zeit aufgrund des Inschriftenbestands detailliert rekon-
struieren kann. In der hellenistischen Welt treten dann noch Urkunden in
der Sprache der jeweiligen Völker hinzu, die in die sich etablierenden makedonischen Reiche einverleibt wurden. Beredtes Zeugnis über den hohen
Aussagewert einheimischer Quellen legen etwa die neubabylonischen Keil-
schrifturkunden ab, die wertvolle Einsichten in die Wirtschaft von Kernge-
bieten des Seleukidenreichs bieten.

Das gerade zu den griechischen Inschriften Gesagte gilt unter anderen
Vorzeichen selbstverständlich auch für die lateinische Epigraphik. Hier gilt
es zunächst zwischen der Zeit der Republik und der Kaiserzeit zu unterscheiden. Denn von den rund 300.000 bekannten lateinischen Inschriften
stammen lediglich etwa 1 % aus der Zeit von den Anfängen Roms bis zur
Ermordung Caesars im Jahr 44 v. Chr. Erst unter der Herrschaft des Augustus
steigt die Zahl der Inschriften sprunghaft an und hat ihren Höhepunkt im
1./2. Jahrhundert n. Chr. Seit der späten Severerzeit, also am Ende des ersten
Drittels des 3. Jahrhunderts n. Chr., geht die Zahl der Inschriften dann zurück. Mit Fug und Recht ist Augustus daher als Begründer der imperialen
Epigraphik bezeichnet worden. Sein Beispiel machte Schule, zunächst in
Italien und dann auch in den Provinzen. Da das Römische Reich in zwei
große Sprachräume geteilt war, nämlich einen westlichen lateinischen und
einen östlichen griechischen Bereich, ist es für diesen Zeitraum angebracht,
von einer reichsrömischen Epigraphik zu sprechen, die sich sowohl mit den

Lateinische
Inschriften

lateinischen als auch den griechischen Inschriften beschäftigt. Nicht zu vergessen ist dabei die Existenz indigener Sprachen, die sich auch in Inschriften niederschlugen. Epigraphische Zeugnisse beleuchten nahezu jedes Thema der Wirtschafts- und Sozialgeschichte, angefangen bei Preisen für verschiedene Güter über die staatliche und städtische Finanzverwaltung bis hin zu Arbeitsverträgen und sonstigen Rechtsurkunden, die spezifische Informationen zur Wirtschaft enthalten. Die sozialen Gruppierungen und Schichten, die in den Inschriften sichtbar und in ihrem wirtschaftlichen Handeln unmittelbar erkennbar werden, sind vielfältiger als in der literarischen Überlieferung, die meist einen Fokus auf der Oberschicht hat. Spezifische Überlieferungsbedingungen erlauben es wiederum öfter, auch in den Bereich der wirtschaftlichen Alltäglichkeiten vorzustoßen. Das Beispiel Vindolanda ist oben schon genannt worden. Bleitäfelchen aus dem römischen Britannien führen ebenfalls in den Bereich wirtschaftlicher Alltäglichkeiten, etwa wenn es um den Kauf eines Waldes und um die daraus resultierenden Verwicklungen geht.

**Q** | **Prozessprotokoll aus London vom 14. März 118 n. Chr.**
AE 1994, Nr. 1093
Im zweiten Konsulat des Imperator Traianus Hadrianus Caesar Augustus und im Konsulat des Gnaeus Fuscus Salinator, am Tag vor den Iden des März. Als man zu der gegenwärtigen Sache gekommen war – dem Wald (mit Namen) Verlucionium, mehr oder minder 15 Arepennia (1,84 ha) groß, der sich in (dem Gebiet) der Stadt der Cantiacer in der Dorfgemarkung DIBUSSU[–] befindet, mit den Erben des NN und mit den Erben des Casennius Vitalis und der Vicinalstraße als Nachbarn und von dem L. Iulius Bellicus sagt, dass er ihn für 40 Denare gekauft habe, so wie es im Kaufvertrag steht – hat Lucius Bellicus bezeugt, dass er …

Fluchtafeln/Graffiti

Sowohl wirtschafts- als auch mentalitätsgeschichtlich bemerkenswert sind die überlieferten lateinischen Fluchtafeln, ein Befund, der auch für diese Quellengattung in der griechischen Welt zutrifft. Eine besondere, äußerst ergiebige Textgattung bilden auch die Graffiti. Der Wand kam in der antiken Welt eine besondere Bedeutung als Beschreibstoff zu. Dies gilt nicht nur für Texte, die man so oder ähnlich auch heute noch an entsprechenden Örtlichkeiten finden kann. Die Wand war darüber hinaus das Medium, durch das man beispielsweise Pachtanzeigen bekannt machte. Oder aber man benutzte diesen Schriftträger für Abrechnungen. Das bisher Gesagte gilt insbesondere für das 79 n. Chr. durch einen Ausbruch des Vesuvs zerstörte Pompeji. Graffiti mit wichtigen wirtschaftsgeschichtlichen Informationen finden sich darüber hinaus in Dura Europos, einer am Euphrat gelegenen Stadt, die im Jahr 256 n. Chr. durch sassanidische Truppen unter Schapur zerstört und hierdurch gleichsam in einer Momentaufnahme der Forschung zugänglich wurde. Die von dort überlieferten Graffiti geben Auskunft über die landwirtschaftliche Produktion und den Handel in der Region des mittleren Euphrats. Sowohl Stadt als auch Region sind aber in der literarischen Überlieferung gleichsam inexistent, jedenfalls soweit es wirtschaftsgeschichtliche Fragestellungen betrifft. Den Inschriften kommt damit allgemein eine immense Bedeutung für die Wirtschaftsgeschichte zu, liefern sie doch gleichsam unmittelbaren Zugang zu nahezu jedem Aspekt wirtschaftlichen Lebens in der Antike.

Dies gilt in noch größerem Maße und mit erheblich größerem Reichtum an Details für die papyrologische Überlieferung. Unter diesem Begriff werden in der Hauptsache die Papyri und Ostraka aus Ägypten, soweit sie in lateinischer oder griechischer Sprache verfasst sind, subsumiert. Diese Definition alleine greift zu kurz, denn zum einen sind auch andere Schriftträger – etwa Knochen oder Holz – Gegenstand der Papyrologie als Grundwissenschaft der Alten Geschichte. Zum anderen finden sich Papyri zwar in besonders hohem Maße in Ägypten, da der heiße, trockene Wüstensand dort ideale Überlieferungsbedingungen für die Texte schuf, aber auch andere Regionen der antiken Welt liefern zunehmend Texte auf Papyrus beziehungsweise auf Pergament. Dies trifft in besonderem Ausmaß für den vorderasiatischen Raum zu, in dem das bereits genannte Dura Europos sowie die Region am mittleren Euphrat einen gewissen Überlieferungsschwerpunkt bilden. Darüber hinaus beschränkt sich die Sprache der einschlägigen Texte nicht auf das Griechische und das Lateinische, sondern in Ägypten sind insbesondere für die ptolemäische Zeit (3.–1. Jh. v. Chr.) auch die in demotischer Sprache abgefassten Texte von besonderer Wichtigkeit, mit denen sich die Nachbardisziplin der Ägyptologie befasst. Auch in Ägypten selbst ist die Überlieferungssituation der Texte sowohl in räumlicher als auch in chronologischer Hinsicht alles andere als einheitlich. Die griechisch-sprachigen Urkunden – das heißt die nicht literarischen Texte – setzen mit der Einbeziehung des Landes in den Machtbereich von Alexander III. („dem Großen") im Jahr 333 ein; allerdings setzt der Strom der Überlieferung in größerem Umfang erst unter den Ptolemäern und hier insbesondere im 3. Jahrhundert v. Chr. ein und beginnt mit der arabischen Eroberung in den Jahren 639–641 zu versiegen, obgleich sich noch Urkunden aus dem 8. Jahrhundert n. Chr. finden. Innerhalb der Epoche der Ptolemäer (323–30 v. Chr.) stammt der Großteil der Urkunden aus dem 3. Jahrhundert v. Chr., während die Anzahl der Texte im 2. und 1. Jahrhundert v. Chr. jeweils deutlich zurückgeht. Die Einverleibung in das Römische Reich im Jahr 30 v. Chr. geht wiederum mit einer Steigerung der Anzahl der überlieferten Texte einher. Im römischen Ägypten (30 v. Chr.–284 n. Chr.) bildet das 2. Jahrhundert n. Chr. den Höhepunkt der Überlieferung. Im 3. Jahrhundert n. Chr. geht die Anzahl der Texte zurück, ist aber noch deutlich höher als in den darauf folgenden Jahrhunderten. Kurzum: Die Hohe Kaiserzeit ist in den Urkunden am besten dokumentiert, in der ptolemäischen Epoche ist das dritte vorchristliche Jahrhundert am besten überliefert. Betrachtet man die regionale Verteilung der Texte, finden sich gleichfalls bestimmte Schwerpunkte der Überlieferung. Besonders gut ist die Überlieferungslage in Mittelägypten, in dem wiederum der Fayum, eine im Westen des Nils liegende Oase im Süden des Moiris-Sees, am besten dokumentiert ist. Hinsichtlich der Zahl der Texte folgen hierauf die im Süden hiervon liegenden Gaumetropolen Herakleopolis, Oxyrhynchos und Hermopolis. Das Delta hingegen ist in den Urkunden kaum repräsentiert, der Süden Ägyptens wiederum liefert in der Hauptsache Ostraka – also Scherben – als Textträger. Damit sind die Aussagemöglichkeiten dieser Quellengruppe zunächst einmal regional begrenzt. Auf der anderen Seite aber liefern die Urkunden aus Ägypten einen derartigen Reichtum an Zahlenmaterial und Fakten, dass auf ihrer Grundlage Modelle entwickelt und Aussagen getroffen werden können, denen auch eine

*Papyri*

allgemeinere, paradigmatische Bedeutung zukommt. Mehr noch: Gerade die papyrologische Überlieferung liefert ständig neue, bemerkenswerte, manchmal gar Aufsehen erregende Texte. Letzteres war etwa der Fall, als eine Urkunde publiziert wurde, die die wirtschaftlichen und steuerlichen Privilegien zum Inhalt hatte, die Kleopatra VII. einem Gefolgsmann des Marcus Antonius einräumte.

**Q**

**Privilegierung des Cascelius (?) durch Kleopatra vom 23.2.33 v. Chr.**
P. Bingen 45 = TUAT NF 2, S. 383
(3. Hand) Ich habe erhalten im Jahr 19, zugleich Jahr 4, am 26. Mechir. (1. Hand) An Ptolemaios. Wir haben dem Quintus Cascelius und seinen Erben gestattet, jährlich 10.000 Artaben Weizen auszuführen und 5.000 Koische Keramien Wein einzuführen, wobei von niemandem eine Abgabe eingetrieben werden soll noch irgendwelche anderen Aufwendungen. Wir haben ihm ferner die Steuerfreiheit für alle Grundstücke, die er in der Chora besitzt, gewährt, wofür weder für die Dioikesis noch für unser Fiskalkonto oder das unserer Kinder für alle Zeit auf irgendeine Weise etwas eingetrieben werden wird. Es sollen aber auch all' seine Pächter belastungs- und steuerfrei sein, wobei von keinem etwas eingetrieben werden soll, weder die in den Gauen zu gegebener Zeit ausgeschriebenen Veranlagungen, noch zu den zivilen oder militärischen Unterhaltskosten; ebenso soll auf dieselbe Weise frei von persönlichen Verpflichtungen und frei von Steuern und Requirierungen sein das Vieh für die Aussaat und die Lasttiere für den Transport des Getreides und die Schiffe. Es soll nun geschrieben werden an die, die es betrifft, damit sie im Wissen (um diese Verfügung) entsprechend verfahren. (2. Hand) Es soll geschehen.

Die Urkunde zeigt die Aussagemöglichkeiten, die der papyrologischen Überlieferung innewohnen können. Jeder Aspekt des wirtschaftlichen Lebens wird durch die Urkunden berührt. Abrechnungen geben Auskünfte, die von alltäglichen Einkäufen bis hin zur komplexen Buchhaltung landwirtschaftlicher Großbetriebe reichen. Tausende von Privatbriefen liefern einen Einblick in alltägliches wirtschaftliches Gebaren. Verträge über Käufe und Verkäufe unter anderem von Tieren, Häusern, Grundstücken, Sklaven liefern nicht nur spezifische Daten wie etwa Preise oder Größen von Flächen, sondern geben auch Aufschluss über das Ausmaß, in dem in einer antiken Gesellschaft Eigentum wechselte. Pacht- und Arbeitsverträge zeigen zusammen mit den bereits genannten Abrechnungen, welche Strategien Landeigentümerinnen und -eigentümer der Bewirtschaftung ihrer Güter zugrunde legten. Archive, die größere Gruppen von Urkunden in sich vereinen, zeigen solche Strategien detailliert auf. Königliche beziehungsweise statthalterliche Erlasse demonstrieren die Eingriffe der jeweiligen Staatlichkeit in die Wirtschaft. Ehe- und Scheidungsvereinbarungen beleuchten die wirtschaftlichen Dimensionen des Zusammenlebens von Mann und Frau; Zollhausabrechnungen und Torzollquittungen demonstrieren nicht nur staatliches Bemühen, aus dem Wirtschaftsleben Einkünfte zu generieren, sondern geben auch über den Warenverkehr beziehungsweise über Transporthäufigkeiten oder Belastbarkeit von Transporttieren Auskunft. Durch verschiedene Typen von Urkunden wird auch das Streben der jeweiligen Staatlichkeit nach Erfassung der Menschen deutlich. Diese Texte sind beispielsweise für demographische Fragestellungen, die für jede Beschäftigung mit der Wirtschaft grundlegend sind, von höchstem Wert, finden sie doch in unserer sonstigen Überlieferung keinerlei Parallele. Kurz: Keiner anderen Quellengattung wohnt ein derartiger Detailreichtum inne, der die Rekonstruktion alltäglichen Lebens und der strukturellen wirtschaftlichen Gegebenheiten erlaubt.

Bedeutsam für die Analyse der Wirtschaft sind selbstverständlich auch die numismatischen Quellen, also die Münzen. Sie sind die wesentliche Quelle für die antike Geldgeschichte, obgleich nicht nur Münzen als Geld betrachtet werden können, da es in der antiken Welt auch vormonetäre Geldformen gibt. Dabei ist bis heute nicht eindeutig definiert worden, was ‚Geld‘ in einer historischen Perspektive eigentlich ist; man behilft sich daher damit, **Funktionen des Geldes** zu unterscheiden und auf diese Weise Aufschluss über Formen von Geld zu gewinnen.

*Numismatik/*
*Geldgeschichte*

> **Funktionen von Geld**
> Folgende Funktionen von Geld sind zu unterscheiden: 1.) Geld als Wertmesser, das heißt der Wert einer Sache wird durch einen Geldbetrag angegeben; hierdurch wird der Wert von Waren und Dienstleistungen vergleichbar. 2.) Geld als Tausch- und Zahlungsmittel. 3.) Wertaufbewahrungsfunktion des Geldes, das heißt auch in einer ferneren Zukunft kann der Wert des Geldes, also die ihm innewohnende Tauschkraft, wieder realisiert werden und für den Erwerb von Waren und Dienstleistungen genutzt weden. (nach Blum, Wolters, Alte Geschichte studieren, 95)

Die Münze ist damit nur eine Form von Geld, die freilich sowohl für die griechische als auch für die römische Welt nach ihrer Einführung zur bestimmenden Form von Geld wurde. Der Wert der verschiedenen Arten von Münzen bestimmte sich dabei nach Art und Menge des verwendeten Metalls. Die verschiedenen Staatlichkeiten – allein in der griechischen Welt sind uns rund tausend Poleis bekannt – prägten ihre Münzen nach einem bestimmten Münzfuß. Dieser Münzfuß definierte die Menge des idealerweise verwendeten Metalls in einer Münze, in Athen etwa 4,37 g Silber pro Drachme, dem athenischen Standardnominal. Der Feingehalt – das heißt die tatsächlich in der Münze enthaltene Menge an Edelmetall – musste dabei nicht immer dem Münzfuß entsprechen. So sind Reduzierungen des Feingehaltes durchaus nachzuweisen. Der Vorteil für die prägende Staatlichkeit lag dabei darin, dass man durch die Reduktion des Feingehalts aus derselben Menge Edelmetall mehr Münzen prägen konnte als bei einer rigiden Beobachtung des Münzfußes. Monetäre Funktionen wohnten der Münze zunächst einmal lediglich im Territorium der sie ausgebenden Staatlichkeit inne, außerhalb derselben wurde sie lediglich zu einem Stück Metall, dessen Gewicht von Bedeutung war, weil ihm ein Wert in der lokalen Währung zukam. Das Auftauchen der Münze stellte wirtschaftsgeschichtlich besehen einen technologischen Quantensprung dar. Die Nutzung eines handlichen Metallstücks, „das als Zahlungs- und Umlaufmittel dient und für dessen Gewicht und Feingehalt der Staat durch Bild oder Aufschrift bürgt" (K. Regling, RE XVI 1 (1933), 457), erleichterte den Austausch von Waren und Dienstleistungen gegenüber den prämonetären Geldformen erheblich. Ihren Ursprung hat die Münze im westlichen Kleinasien um 600 v. Chr. Umstritten ist in der Forschung, ob ihre Wurzeln im Lyderreich oder in den benachbarten griechischen Städten im Westen der anatolischen Halbinsel liegen. Die Art des verwendeten Metalls – Elektron (eine natürliche Legierung von Gold und Silber) – spricht unter Umständen für einen lydischen Ursprung. Von Kleinasien aus verbreitete sich die Münzprägung in der griechischen Welt. Um die Mitte des 6. Jahrhunderts v. Chr. begannen etwa Athen, Korinth und Aigina Münzen zu prägen. Zwar benutzte man einen unterschiedlichen Münzfuß, aber die Nominale, also die verschiedenen ausgeprägten Wertigkeiten, trugen denselben Namen. Zwei Nominale wurden in griechischen Staatlichkeiten ausgeprägt, nämlich die aus Silber bestehende Drachme und der Obolos, der später stets aus unedlem Metall geprägt wurde. Darüber hinaus wurde auch das Didrachmon ausgeprägt, das das doppelte Gewicht einer Drachme hatte und auch unter der Bezeichnung Stater geläufig war. Das Verhältnis der beiden Nominale untereinander betrug in der Regel 1:6, das heißt 6 Obolen hatten den Wert einer Drachme. Größere Beträge wurden in zwei verschiedenen Recheneinheiten ausgedrückt, nämlich der Mine, die 100 Drachmen entsprach, und dem Talent, das den Gegenwert von 6.000 Drachmen beziehungsweise 60 Minen bildete. In Rom, wo zunächst prämonetäre Geldformen in Gestalt des *aes grave* dominierten, wurde die Münzprägung vergleichsweise spät eingeführt. Erst ab dem beginnenden 3. Jahrhundert v. Chr. kann man von regelmäßigen Münzprägungen seitens der Römer sprechen. Gegen Ende desselben Jahrhunderts führten die Römer den aus Silber geprägten Denar ein, der für die nächsten rund 500 Jahre die römische Standardmünze war und im Zuge der römischen Expansion zunächst die Leitwährung der Mittelmeerwelt, dann auch des gesamten *Imperium Romanum* werden sollte. Die Römer verwendeten ein trimetallisches Münzsystem, in dem Gold, Silber und Bronze sowie andere unedle Metalle zur Anwendung kamen.

### Nominale in der Kaiserzeit

| Gold | Silber | Messing | Kupfer | | |
|---|---|---|---|---|---|
| Aureus | Denar | Sesterz | Dupondius | Ass | Quadrans |
| 1 | 25 | 100 | 200 | 400 | 1.600 |
| | 1 | 4 | 8 | 16 | 64 |
| | | 1 | 2 | 4 | 16 |
| | | | 1 | 2 | 8 |
| | | | | 1 | 4 |

Dieses Münzsystem galt zwar reichsweit, aber die römische Staatlichkeit ließ vorzugsweise im Osten des Reiches lokale Münzprägungen weiterhin zu. Dies gilt sowohl für Silberprägungen als auch insbesondere für Münzprägungen aus unedlem Metall, mithin also für Kleingeld. Dass die Geldgeschichte fundamental für die Wirtschaftsgeschichte ist, bedarf keiner weiteren Begründung. Die Numismatik als Grundwissenschaft der Geschichte trägt mit ihren Methoden zur Beantwortung grundlegender Fragen bei, etwa nach der Versorgung eines Staatswesens mit Geld in ausreichendem Umfang, nach der Umlaufgeschwindigkeit von Münzen, nach der Hortung derselben und nach dem Ausmaß der Monetarisierung bestimmter Regionen.

Schließlich ist auf die materielle Hinterlassenschaft in Gestalt von archäologischen Funden und Befunden zu sprechen zu kommen, denen gleichfalls eine wesentliche Rolle als Quelle zukommt. Je nach Art des Befundes ergeben sich dabei unterschiedliche methodische Probleme und Aussagemöglichkeiten. Grundsätzlich ist nahezu jeder archäologische Befund für Fragen der antiken Wirtschaftsgeschichte fruchtbar zu machen. Gebäude und Baulichkeiten geben beispielsweise Aufschluss über räumliche Beziehungen, etwa durch die Art von verwendetem Gestein, das unter Umständen auch über weite Entfernungen an den Ort seiner Verbauung gebracht wurde. Ferner gewinnt man Informationen über die Bauorganisation beziehungsweise über sonstige handwerkliche Produktion, zumal wenn im Idealfall auch noch schriftliche Quellen existieren. Solches gilt etwa für den Bau des Erechtheions in Athen (IG I$^3$ 474–479). Darüber hinaus gibt der archäologische Befund Auskunft über die zur Verfügung stehenden Technologien, vom Schiffbau über den Bau von Gebäuden und Straßen sowie das Handwerk allgemein bis hin zur Landwirtschaft. Gleichzeitig wird auch die zur Verfügung stehende Infrastruktur erkennbar. Die Distribution materieller Überreste abseits ihres Herkunftsgebiets vermag Auskunft über bestehende Kontakte zwischen verschiedenen Staatlichkeiten beziehungsweise Ethnien zu geben, die nicht zwangsläufig, aber eben doch auch wirtschaftlich bedingt sind. Eine besondere Rolle kommt in diesem Kontext der Verbreitung verschiedener Amphorentypen zu, die sich über stilistische Kriterien und durch die Anwendung naturwissenschaftlicher Methoden sowie möglicherweise auch Aufschriften bestimmten Herkunftsgebieten zuordnen lassen. Der Nachweis solcher Amphoren in anderen Bereichen der antiken Welt vermag unter Umständen Auskunft über Handelsbeziehungen zu geben, zumal wenn sie massenweise auftreten. Da bestimmte Amphorentypen für spezifische Produkte wie zum Beispiel Wein verwendet wurden, lassen sich durch die Analyse der Distribution dieser Behältnisse sehr dezidierte Aussagen machen. Ähnliches gilt selbstverständlich für andere überregional verbreitete Waren, sofern sie denn aufgrund ihrer Dauerhaftigkeit bis in die heutige Zeit überliefert worden sind. So gilt es sich beispielsweise stets zu vergegenwärtigen, dass Amphoren lediglich Transportbehälter waren; andere Behältnisse wie Holzfässer oder Lederschläuche haben im Gang der Überlieferung aufgrund der Vergänglichkeit des Materials sehr viel geringere Chancen, überhaupt bis in die Gegenwart tradiert zu werden. Damit liefert also eine Analyse des Befundes an Amphoren in einer gegebenen Örtlichkeit unter Umständen nur eine Facette der überregionalen Verbindungen der Lokalität. Darüber hinaus zeigen Surveys einzelner Gebiete die wirtschaftlichen Rahmenbedingungen und Strukturen eines bestimmten Raumes auf. Moderne Methoden der Geoarchäologie erlauben die Rekonstruktion antiker Landschaften und Küstenverläufe, die wiederum wichtige und die Wirtschaft bedingende Strukturvoraussetzungen darstellen. Eine besondere Rolle spielen dabei die archäobotanischen Untersuchungen, die die Entwicklung der Pflanzenwelt eines gegebenen Raumes und damit auch seine wirtschaftliche Nutzung erkennbar werden lassen. Hierfür liefern beispielsweise die von Angela Kreuz angestellten Analysen der Befunde aus Hessen und Mainfranken interessante Beispiele, die den Einfluss unterschiedlicher landwirtschaftlicher Systeme auf die Umwelt illustrieren.

Archäologische
Funde und Befunde

Besonderes Interesse für demographische und damit auch wirtschaftsge-schichtliche Fragestellungen dürfen die forensischen und anthropologischen Untersuchungen menschlicher Überreste für sich in Anspruch nehmen. Ein beredtes Beispiel hierfür liefern die Skelettbefunde von Pompeji und Hercu-laneum. Der Wert der archäologischen Funde und Befunde kann also für die Rekonstruktion strukturgeschichtlicher Realien und wirtschaftsge-schichtlicher Fragestellungen gar nicht hoch genug veranschlagt werden.

Alles in allem gilt es also, möglichst alle Überlieferungsstränge für die Analyse wirtschaftsgeschichtlicher Fragestellungen heranzuziehen, zu kon-textualisieren und dieselben mit den jeweiligen theoretischen Vorausset-zungen und den zur Anwendung kommenden Modellen in Beziehung zu setzen. Je nach zur Debatte stehender Region beziehungsweise Örtlichkeit stehen aufgrund der Zufälligkeiten beziehungsweise der Spezifika der je-weiligen Überlieferung in der Regel nicht alle Quellengattungen zur Verfü-gung. So ist beispielsweise das durch Papyrusurkunden so exzellent doku-mentierte römische Ägypten archäologisch nur vergleichsweise schlecht zu fassen. Der reichen literarischen, epigraphischen, numismatischen und ar-chäologischen Überlieferung in Bezug auf Athen stehen weite Teile des griechischen Kernlands gegenüber, denen eine relative kärgliche Überliefe-rung zu eigen ist. Aufgrund der Vielseitigkeit der möglichen theoretischen und quellenspezifischen Zugänge lebt die Analyse der Wirtschaft der anti-ken Welt von interdisziplinären Ansätzen und dem Austausch der altertums-wissenschaftlichen Disziplinen untereinander.

# IV. Geographische Voraussetzungen

Bedeutung

Raum und Klima sind unter die wesentlichen konstituierenden Elemente für die wirtschaftliche Entwicklung einer Gesellschaft zu rechnen. Die Beschaffenheit der Böden, das Relief sowie die hydrographischen Voraussetzungen einer Landschaft, das Vorhandensein von natürlichen Ressourcen und die klimatischen Bedingungen bestimmen die Charakteristika der Landwirtschaft, die verkehrstechnischen Möglichkeiten und die Notwendigkeit, Dinge von außerhalb einzuführen und wiederum selbst im Austausch dafür einen eigenen Überschuss anzubieten. Darüber hinaus sind es eben diese Gegebenheiten in ihrer Gesamtheit, die die Obergrenze der Bevölkerungszahl bestimmen, die in einem gegebenen Raum ernährt werden kann.

Klima der Mittelmeerwelt

Das Klima des Mittelmeerraums war und ist durch trockene, heiße Sommer und warme, feuchte Winter geprägt. Zwischen Juni und September gibt es Niederschläge nur in äußerst geringem Ausmaß, während die Monate von Oktober bis März feucht sind und auch starke Regenfälle keine Ungewöhnlichkeit darstellen. Dementsprechend sind eigentlich drei Jahreszeiten in Gestalt einer Trockenperiode, einer Periode des Niederschlags (die freilich keine Regenzeit ist, sondern durch einen raschen Wechsel von Sonnen- und Regentagen geprägt ist) und einer Blütezeit zwischen Mai und Juni zu konstatieren. Dieses so beschriebene Klima weist freilich lokale Variationen auf, ist in der Tendenz aber für das Mittelmeergebiet einheitlich. Darüber hinaus sind innerhalb dieses klimatischen Spektrums Wärme- und Kältephasen nachzuweisen.

Zwischen 850 und 600 v. Chr. gab es eine Kältephase, die auch durch höhere Niederschlagsmengen charakterisiert war. Selbiges geschah ein weiteres Mal im 4. Jahrhundert v. Chr., wohingegen das Klima im 1. Jahrhundert v. Chr. von einer Erwärmung und einem Rückgang der Niederschläge geprägt war. Bis in die Mitte des zweiten Jahrhunderts kann man dann wieder von günstigeren klimatischen Bedingungen sprechen, die bis in die 30er Jahre des 3. Jahrhunderts n. Chr. anhielten, um sich dann wieder zu verschlechtern.

Hellenische Welt

Die hellenische Welt umfasste in der Antike im Wesentlichen die südliche Spitze der Balkaninsel, die ägäische Inselwelt, die Nordküste der Ägäis und einen Küstenstreifen am westlichen Rand der anatolischen Halbinsel. Im Zuge der sogenannten griechischen Kolonisation setzten sich die Hellenen auch an den Küsten anderer Bereiche des Mittelmeers fest, namentlich in Sizilien und Süditalien. Darüber hinaus wurden in geringem Umfang auch Siedlungen im Süden des heutigen Frankreichs (Massilia/Marseille), dem Osten Spaniens (Emporion/Empúries) und in Libyen etabliert. Hinzu kam die Gründung des Handelsplatzes Naukratis im westlichen Nildelta. Abgesehen vom Mittelmeer bildeten die Küsten des Schwarzen Meeres ein wesentliches Ziel für die Anlage neuer Siedlungen.

Das hauptsächliche Charakteristikum des hellenischen Kerngebiets in Gestalt der südlichen Balkanhalbinsel ist die enge landschaftliche Gliederung durch oft schroffe Berge. Große Ebenen finden sich lediglich in Makedonien und Thessalien. Die starke Kammerung bedingt für die meisten

Staatswesen eine enge Begrenzung des für die Landwirtschaft zur Verfügung stehenden Raums. Gewisse Ausnahmen sind Boiotien, Attika und Lakonien, in welchen Landschaften größere zusammenhängende Ebenen zur Verfügung stehen. Insgesamt aber dürfte auch in der Antike nur etwa ein Drittel der Gesamtfläche für eine landwirtschaftliche Nutzung geeignet gewesen sein. Meeresbuchten und Schwemmebenen bilden tiefe Einschnitte im Landesinneren, das Meer ist von Inseln übersät. Der gesamte Bereich der hellenischen Welt war und ist bis heute seismisch äußerst aktiv. Blickt man auf das Vorhandensein von Bodenressourcen in der griechischen Welt, kann man nur von einer ziemlichen Armut an denselben sprechen. Lediglich Attika mit seinen reichen Silbervorkommen im Laureion und Makedonien mit seinem Edelmetallvorkommen im Pangaiongebirge bilden hiervon eine Ausnahme. Eisen und Kupfer waren gleichfalls vorhanden, allerdings in wenig ergiebigen Vorkommen. Die Böden in den Ebenen ermöglichten eine reiche Landwirtschaft, die im Grundsatz auf künstliche Bewässerung verzichten konnte. Schwankungen in der Niederschlagsmenge konnten aber für die Erträge eines Jahres bedrohlich sein, wenn man angesichts der in höchstem Maße ungleichen Verteilung der Niederschläge über das Jahr keine ausreichende Bewässerung sicherstellen konnte. Verschärft wurde das Problem durch einen Mangel an ganzjährig wasserführenden Gewässern auf der einen und der Anfälligkeit der Böden gegenüber Erosion aufgrund der starken Regenfälle auf der anderen Seite. Ebenfalls nachteilig für den Wasserhaushalt in Griechenland war die Beschaffenheit der Gebirge, die vorzugsweise aus Kalk und Sandstein bestanden. Insbesondere Kalk speichert kein Wasser, was einen Beitrag zur Verkarstung der Region lieferte. Die natürliche Pflanzenwelt bestand im Wesentlichen aus Hartlaubgewächsen; Wälder, wie sie in Mitteleuropa verbreitet waren, waren auf wenige Regionen beschränkt, wobei hier insbesondere Makedonien zu nennen ist.

**Östl. Mittelmeer und Vorderasien**   Die sich nach dem Tod von Alexander III. („d. Gr.") ausbildenden hellenistischen Königreiche vereinnahmten freilich auch Regionen, die eine gänzlich andere Geomorphologie und gänzlich andere klimatische Bedingungen aufwiesen. Man denke in diesem Kontext nur an das anatolische Hochland mit seinen kälteren Durchschnittstemperaturen und seinen höheren Niederschlägen, an die Steppengebiete Syriens, an die rohstoffarmen, ariden Gebiete Mesopotamiens, die auf eine funktionierende Bewässerungswirtschaft angewiesen waren, oder aber an Ägypten, dessen Landwirtschaft und damit sein wirtschaftliches Leben allgemein im Wesentlichen dem An- und Abschwellen des Nils folgte. Die die Wirtschaft bedingenden geomorphologischen, hydrologischen und klimatischen Rahmenfaktoren waren in diesen Gebieten mithin gänzlich andere. Solche völlig unterschiedlichen Rahmenbedingungen brachten ein Nebeneinander von einheimischen und hellenischen ökonomischen und institutionellen Charakteristika hervor, die erst über einen längeren Zeitraum hinweg zu einheitlicheren Strukturen wurden. Ein diesbezüglich besonders instruktives Beispiel liefert Ägypten.

**Rom**   Blickt man nach Rom und seine sich zunächst auf Italien, dann auf den Mittelmeerraum und schließlich nach Nord-West-Europa richtende Expansion, gestalten sich die geographischen Rahmenbedingungen anders als in der hellenischen Welt und als diejenigen des östlichen Mittelmeerraumes. Rom selbst verdankt seine Stadtwerdung seiner Lage an einer Furt durch den Tiber. Diese Furt befand sich unmittelbar südlich des Kapitols und der Tiberinsel. Auf der rechten Seite des Tibers am Fuße des Janiculum nahm eine Straße in das südliche Etrurien ihren Ausgang, auf der linken Seite – dem Forum Boarium – beziehungsweise unweit hiervon am späteren Circus Maximus nahm die Verbindung nach Kampanien ihren Ausgang. Darüber hinaus wurde über die offenbar sehr alte *via salaria* Salz vom Meer aus über die Tiberfurt und von dort aus in das Landesinnere verhandelt. Schließlich bildete der Tiber sowohl stromabwärts als auch stromaufwärts eine wichtige Verkehrsverbindung. Rom und auch Latium waren wasserreich. Für das frühe Rom gewährleistete nicht nur der Tiber das ständige Vorhandensein von Wasser, sondern auch die Quellen auf den Hügeln. Die Küstenregion südlich des Tibers war sumpfig beziehungsweise wies zahlreiche stehende Gewässer und Quellen auf. Im Osten reichte Latium bis an die westlichen Abhänge des Apennin und schloß die Albaner-Berge mit ein. Beide Bergregionen sind ebenfalls wasserreich und dürften in der Frühzeit dicht bewaldet gewesen sein. Die Landschaft zwischen Apennin und Albaner-Bergen war hügelig und ebenfalls reich an Wasser. Der Süden Latiums war eine ausgedehnte Sumpflandschaft (*paludes Pomptinae*). Insbesondere in den Albaner-Bergen wurde die vulkanische Prägung der Landschaft offenbar. Sowohl verkehrsgeographisch als auch geomorphologisch sowie hydrologisch gesehen verfügte das frühe Rom über günstige Bedingungen für die Entwicklung einer reichen Landwirtschaft und eine günstige Position für den Handel im westlichen Italien.

Die nach und nach erfolgende Einbeziehung Italiens in den römischen Machtbereich und die Anlage zahlreicher Kolonien auf der Apenninen-Halbinsel brachte für die römische Wirtschaft andere geographische Voraussetzungen mit sich. Nur etwa ein Drittel des heutigen Italien besteht aus Ebenen. Hiervon muss für die Zeit der Republik noch die größte derselben – die Po-Ebene – abgezogen werden, reichte Italien doch zunächst lediglich bis zum Fluss Aesis in Umbrien, seit Sulla bis an Arno und Rubicon. Erst unter Augustus wurde das heutige Norditalien zum antiken Italien gerechnet. Zieht man die Po-Ebene ab, kann man Italien im Wesentlichen als gebirgig charakterisieren, Ebenen waren nur im geringen Ausmaß vorhanden. Die Gebirge erreichen im Apennin eine Höhe von bis zu rund 3.000 m. Auch hier besteht das Gebirge zum Teil aus Kalken und Sandsteinen, darüber hinaus noch aus vielen anderen Gesteinssorten. In Regionen mit Kalksteinen entwickelten sich Verkarstungszonen, insbesondere im Kalkapennin und in Apulien. Die Karstgebiete selbst sind landwirtschaftlich nahezu ausschließlich für die Weidung von Kleinvieh zu nutzen. Tiefliegende Karstbecken hingegen mit ausreichender Bodenmächtigkeit zählen zu den landwirtschaftlichen Gunsträumen. Wasserwirtschaftlich wirken die Karste sich freilich positiv aus, denn der Niederschlag fließt nicht an der Oberfläche ab, sondern wird im Gefäßsystem des Karstes gespeichert. Daher finden sich zahlreiche Quellen am Rande dieser Gebiete. Ferner liefern die Kalksteingebiete zahlreiche Natursteine, die als Baumaterial dienten. Die Tonsteingebiete Italiens sind anfällig für Abrutschungen von Hängen und von daher für die Landwirtschaft problematisch, gehören aber zu den sogenannten „Ziegelprovinzen", lieferten also den Rohstoff für den herausragenden Baustoff der römischen Antike. Die Vulkangebiete Italiens verfügen über Tuff

*Italien*

und Travertine, mithin begehrte Baustoffe, und haben eine wichtige Funktion als Wasserspeicher. Angesichts der Gebirgigkeit Italiens verwundert die Konzentration von Siedlungen auf die Küstenebenen beziehungsweise auf das Gebirgsvorland nicht. Jedoch unterscheiden sich die Küstenregionen des heutigen Italiens in ihrem Aussehen erheblich von der Antike, da der Meeresspiegel seitdem um 1–2 Meter angestiegen ist. Darüber hinaus wurde die Küstenlinie im Mündungsbereich der großen Flüsse durch Aufschüttung von Sedimenten weit nach vorne geschoben. Der Anstieg des Meeresspiegels seit der Antike brachte noch ein weiteres Phänomen mit sich. Hierdurch stieg in den Küstenregionen der Grundwasserspiegel an, was zur Versumpfung der tiefer gelegenen Landstriche führte. Das macht gerade für Italien den Vergleich mit frühneuzeitlichen Verhältnissen in diesen Regionen schwierig bis unmöglich. Trockenperioden von mehr als zwei Monaten beschränken sich auf einen schmalen Streifen an der Westküste und Teile Apuliens. Damit unterscheiden sich die geographischen und klimatischen Gegebenheiten deutlich von den oben skizzierten allgemeineren Bedingungen des Mittelmeerraumes.

**Westeuropa und Nordafrika**    Die römische Expansion brachte zunächst eine Einbeziehung der westlichen wie der östlichen Mittelmeerwelt samt der ariden Gebiete Nordafrikas mit sich. Im 1. Jahrhundert v. Chr. und im 1. Jahrhundert n. Chr. wurden dann mit Gallien, den Alpen, Teilen Germaniens und Britanniens westeuropäische Gebiete Bestandteil des Römischen Reiches, die wiederum gänzlich unterschiedliche geographische Voraussetzungen boten. Klimatisch betrachtet gehört Westeuropa weitestgehend zur ozeanischen Waldregion mit Fallaubwäldern. Die Winter sind immer noch vergleichsweise milde und die Sommer mäßig warm. Die klimatischen Bedingungen, aber auch die Böden in diesem Gebiet waren fundamental andere als in den mediterranen Gebieten des Reiches. Vor diesem Hintergrund verwundert die Existenz wirtschaftlicher Besonderheiten in diesem Großraum nicht. Auf der anderen Seite brachte aber die Einbeziehung dieser Gebiete in das Römische Reich erhebliche Veränderungen dieser Landschaft durch die intensive wirtschaftliche Nutzung und die Urbanisierung derselben mit sich.

**Ausdehnung des Imperium Romanum**    Im Zustand seiner größten Ausdehnung umfasste das *Imperium Romanum* eine Fläche von rund 6 Millionen km$^2$ (einschließlich der Meeresflächen; die EU hat zur Zeit eine Fläche von rund 4,2 Mio. km$^2$) von den subtropischen Zonen Afrikas bis hin zu den eben genannten gemäßigten Klimazonen Europas. Auch die Geomorphologie der Regionen des Reiches konnte unterschiedlicher nicht sein. Man kontrastiere nur die Bedingungen der Viehwirtschaft in Britannien mit denen Ägyptens. Hieraus resultierte eine Vielzahl unterschiedlicher Arten und Weisen der Landwirtschaft, die – wie in jeder vormodernen Gesellschaft – die Basis der Wirtschaft bildete. In den ariden Gebieten des Reiches musste die vorhandene Wassermenge optimal genutzt werden, um entsprechende Ernteergebnisse in der Landwirtschaft zu erhalten, während in anderen Bereichen des *Imperium* die Bemühungen, Anbauflächen durch Trockenlegung zu gewinnen, im Vordergrund standen. Der Gebirgswelt von Alpen, Pyrenäen und Apennin waren gänzlich andere Wirtschaftsbedingungen zu eigen als den Steppen Syriens oder den Ebenen der Transpadana.

# V. Demographische Voraussetzungen

Die Landschaft und das Klima sind die Grundbedingung für die Population eines gegebenen Raumes. Das Vorhandensein von kultivierbaren Böden, Wasser und Bodenressourcen entscheidet über die Anzahl der Individuen, die in dem jeweiligen Raum leben können. Darüber hinaus wird die Größe der Bevölkerung wesentlich von der Mortaliät (Anzahl von Individuen, die eine bestimmte Altersgrenze erreichen), der Morbidität (Ausmaß von Krankheiten in einer gegebenen Gruppe) und der Fertilität (Anzahl der Nachkommen, die eine Frau zur Welt bringt) determiniert.

Demographie

Die Behandlung demographischer Fragestellungen ist für die Antike angesichts des Fehlens statistischer Quellen schwierig. Dabei vermögen insbesondere die Papyri aus Ägypten diesbezügliche Informationen zu liefern. Die der Forschung zur Verfügung stehenden Daten zeigen ein demographisches Regime, das durch eine hohe Mortalität und eine gleichfalls hohe Fertilität geprägt war. Die durchschnittliche Lebenserwartung beziehungsweise die durchschnittliche Anzahl von Jahren, die ein Individuum bei guter Gesundheit verbrachte, waren wesentliche Grundvoraussetzungen der Wirtschaft; denn dies ist gleichzeitig die Zeit, in der ein Mensch als Wirtschaftssubjekt überhaupt tätig war. So dürfte im römischen Ägypten die weibliche Lebenserwartung bei Geburt rund 22,5 Jahre betragen haben, während diejenige eines Mannes bei Geburt rund 25,0 Jahre betrug. Rund 50 % einer Alterskohorte dürften unter den Bedingungen des römischen Ägypten bereits bei einem Alter von 15 Jahren verstorben sein. Hinzu tritt die hohe Sterblichkeit bei Frauen während und nach der Geburt von Kindern. Ein nach unseren heutigen Maßstäben hohes Alter erreichte nur ein kleiner Teil einer Alterskohorte. So verwundert die hohe Fertilität nicht, denn nur durch diese konnte überhaupt die Stabilität der Größe der Bevölkerung gewahrt bleiben, um gar nicht erst von einem Bevölkerungswachstum zu sprechen. Um die Bevölkerung unter solchen oder ähnlichen Bedingungen stabil zu halten, musste eine durchschnittliche Frau bis zum Eintreten der Menopause statistisch zwischen 4,5 und 6,5 Kinder gebären. Rechnet man hier noch die verbreiteten Usancen der Scheidung, die Gefahr der Verwitwung und Fälle von Sterilität ein, musste eine Frau zwischen sechs und neun Nachkommen hervorbringen. Das demographische Regime war freilich nicht zu allen Zeiten gleich. Todesraten und daraus resultierende Altersverteilungen, die in unserem Quellenmaterial einzig erkennbar werden, waren einer Vielzahl von lokalen Faktoren unterworfen, beginnend mit endemischen Infektionskrankheiten über verschiedene klimatische Bedingungen, unterschiedliche Bevölkerungsdichten bis hin zur Evolution der Infektionsträger. Dementsprechend ist auch auf kurze, räumliche Distanz mit gänzlich unterschiedlichen demographischen Rahmenbedingungen zu rechnen. Das Leben in der kaiserzeitlichen Millionenstadt Rom war in vielfältiger Weise ungesünder als das in dem nur etwa 30 km entfernt, auf einem Ausläufer des Apennin, hoch über der Ebene liegenden Tibur mit seinen zahlreichen Vorkommen an Frischwasser und deutlich kühleren Temperaturen in den Sommermonaten. Hinzu treten soziale Praktiken, die Einfluss auf das

Lebenserwartung/
Fertilität

Bevölkerungswachstum nehmen wie Geburtenkontrolle – sei es durch Bemühungen um Empfängnisverhütung, sei es durch Kindesaussetzung. Obwohl damit – zumindest nach unseren heutigen Vorstellungen in der westlichen Welt – ein starker demographischer Druck auf den antiken Populationen lastete, war über den gesamten Zeitraum hinweg ein signifikantes demographisches Wachstum möglich, was insbesondere für die Römische Kaiserzeit gilt. Von der Bronzezeit bis in die Mitte des zweiten nachchristlichen Jahrhunderts dürfte sich die Bevölkerung auf dem Gebiet, das schließlich durch das *Imperium Romanum* erfasst wurde, vervierfacht haben. Die Bevölkerungsgröße der römischen Kaiserzeit wurde nach dem Zusammenbruch des Reiches im europäischen Teil desselben erst wieder im 12. beziehungsweise 13. Jahrhundert erreicht, in Nordafrika und in der Levante erst im 19. Jahrhundert. Die Bevölkerungsgröße einer Region oder aber eines Staatswesens ist schließlich ein wesentliches Kriterium für die Performanz der Wirtschaft, denn sie steht in einer Proportion zum Umfang der Produktion. Dementsprechend bedeutet Bevölkerungswachstum unter antiken Gegebenheiten auch wirtschaftliches Wachstum. Allerdings stellt sich in diesem Kontext die Frage, ob dieses Wachstum gleichzeitig auch ein solches des Pro-Kopf-Einkommens bedeutete.

Haushaltstypen     Grundlegend für die Wirtschaftsgeschichte sind aber nicht nur die Größe der Bevölkerung in verschiedenen Regionen und Staatswesen insgesamt. Wesentlich sind auch alle Fragen, die den ,Haushalt' betreffen, bildete dieser doch in der Antike wie auch in jeder anderen vormodernen Gesellschaft den Kern der Produktion und der Konsumtion von Gütern. Dabei kann der ,Haushalt' deckungsgleich mit einem Haus oder Teilen eines solchen sein, ist dies aber nicht notwendigerweise. Ganz im Gegenteil meint ,Haushalt' eben nicht Gebäude, sondern der Terminus bezeichnet die Lebensgemeinschaft von Menschen in einer Wohneinheit; die Mitglieder des Haushaltes bestehen dabei aus verwandten, aber auch nicht verwandten Personen. Die Letzteren können frei, aber auch unfrei sein. Die in der Forschung häufiger anzutreffende Gleichsetzung von ,Haus' (gr. *oikos,* lat. *domus*) mit ,Haushalt' greift dabei insofern zu kurz, als man sich damit ausschließlich in einem bestimmten sozialen Umfeld bewegt. Die Vermietung von Teilen von Häusern beziehungsweise von Wohneinheiten in Großkomplexen (lat. *insulae*) ist in der römischen Welt breit bezeugt. Die separate Vermietung von Obergeschossen ist für die griechische Welt auf Delos nachzuweisen, so dass auch hier die Existenz mehrerer Haushalte in einem Haus bezeugt ist. Aufgrund der Eigenart der zur Verfügung stehenden Quellen sind DOROTHY THOMPSON und WILLY CLARYSSE beziehungsweise ROGER BAGNALL und BRUCE W. FRIER denn auch bei der Analyse von Haushalten im ptolemäischen und römischen Ägypten den Weg gegangen, Haushalte mit Steuereinheiten gleichzusetzen und für die Betrachung der demographischen Gegebenheiten die ,Cambridge Haushalts-Typologie' zugrunde zu legen. Dementsprechend sind folgende Haushaltstypen zu unterscheiden: (1.) Einzelpersonen, (2.) mehrere Personen ohne angeheiratete Familienmitglieder, in der Hauptsache zusammenwohnende Geschwister, (3.) in ehelicher Gemeinschaft lebende Familien (z.B. Paare mit Kindern, ehemals verheiratete Personen mit unverheirateten Kindern), (4.) in ehelicher Gemeinschaft lebende Familien, die durch in demselben Haushalt lebende Verwandte erweitert

sind und (5.) multiple Familien, die in der Regel durch Verwandtschaftsbe-
ziehungen miteinander verbunden sind (z.B. Kinder, die nach der Verheira-
tung im Haushalt bleiben oder in einem Haushalt lebende Brüder, von denen mehr als einer verheiratet ist). Wenig überraschend ergab die Verteilung
der in den Papyrusurkunden aus Ägypten bezeugten Haushalte auf die einzelnen Typologien ein Vorherrschen der Typen 4 und 5.

Eine gewisse Überraschung bedeuten jedoch die durchschnittlichen Fa-     Familiengrößen
miliengrößen. Für die ptolemäische Zeit sind für griechische Familien 4,4
Personen der Durchschnittswert, für ägyptische Familien 4,0 Personen. Dementsprechend sind auch unterschiedliche durchschnittliche Haushaltsgrö-
ßen für die ptolemäische Zeit nachzuweisen. Diejenige griechischer Haushalte betrug 5,0 Personen, diejenige von ägyptischen hingegen 4,0 Personen. Für das römische Ägypten lassen sich nur leichte Abweichungen
nachweisen, denn die durchschnittliche Familiengröße machte hier 4,3 Personen aus. Interessanterweise lassen sich für die römische Zeit Unterschiede zwischen Haushalten in den Dörfern und den Gaumetropolen festmachen, die man unter Anwendung eines funktionalen Stadtbegriffs als
Städte zu charakterisieren hat. In den Dörfern bestand der durchschnittliche
Haushalt aus 4,82 Personen, in den Metropolen hingegen aus 5,31 Personen. Diese Werte sind nicht nur wichtig in Bezug auf die antike Wirtschaftsgeschichte, etwa dann, wenn man sich Gedanken um die durchschnittlichen Aufwendungen einer Familie zur Bestreitung des Lebensunterhalts
macht, sondern weisen auch Vergleichbarkeiten mit frühneuzeutlichen Verhältnissen auf. Diese Zeit wird dadurch unter Anwendung aller gebotenen
methodischen Vorsicht zu einem möglichen Vergleichshintergrund.

# VI. Technik und Energie

Anthropogene
Eingriffe Die natürlichen Bedingungen, die Raum, Klima und – bis zu einem gewissen Grade – das demographische Regime liefern, sind die Grundvoraussetzungen ökonomischen Handelns. Gleichwohl stellen sie nicht unveränderliche Konstanten dar, sondern der Mensch als Wirtschaftssubjekt steht in einer Wechselbeziehung zu diesen Voraussetzungen und sucht sie in vielerlei Hinsicht zu steuern oder zu verbessern. Zu denken ist in diesem Kontext beispielsweise an Bewässerungssysteme, durch welche man die für die Landwirtschaft zur Verfügung stehende Fläche zu vergrößern beziehungsweise zu sichern sucht. Ein anderes Beispiel ist die Gewinnung von Metallen, die in der Regel verhüttet werden müssen. Das Mittel, mithilfe dessen das Wirtschaftssubjekt mit seinen natürlichen Bedingungen interagiert, ist die Technik, die damit zu einer wesentlichen Grundvoraussetzung jeden wirtschaftlichen Handelns wird. Mehr noch: Über technologische Neuerungen beziehungsweise technischen Fortschritt werden auch Steigerungen der Produktivität möglich, die wiederum wirtschaftliches Wachstum ermöglichen.

Technischer
Fortschritt Nun ist gerade der letztere Punkt in der Forschung stark umstritten. Die primitivistisch orientierte Forschung sah in Anlehnung an die Positionen FINLEYS eine technologische Stagnation in der gesamten Antike als gegeben an. Zwar habe es einen ‚wissenschaftlichen‘, technologischen Fortschritt gegeben, dieser habe jedoch keinerlei praktische Anwendung in der Wirtschaft gefunden und damit auch kein ökonomisches Wachstum bewirkt. Mit dieser Grundannahme standen zwei weitere Forschungsdiskurse in Zusammenhang. Der eine Diskurs bezog sich auf eine soziale Dimension: Die Verfügbarkeit billiger Arbeitskräfte, insbesondere das Vorhandensein billiger Sklaven, habe zu einer Blockierung des technischen und wirtschaftlichen Fortschritts geführt. Der andere Diskurs stand in einem noch größeren Zusammenhang: Da in der Antike bekanntermaßen eine technologische Stagnation konstatiert werden könne, sei es erst im hohen Mittelalter zu einem beschleunigten technischen Fortschritt einschließlich seiner Anwendung in der Wirtschaft gekommen. Daher sei gerade diese Zeit ein Wendepunkt in der Wirtschaftsgeschichte der westlichen Welt gewesen, von der eine Linie in die Neuzeit und zur Industriellen Revolution führe. Gegen diese Sicht der Dinge hat sich gerade in den letzten Jahren immer lauterer Widerspruch erhoben. Die These einer technologischen Stagnation in ‚der Antike‘ und insbesondere in der Römischen Kaiserzeit kann nach dem gegenwärtigen Stand der Forschung in keiner Weise mehr aufrechterhalten werden. Zudem gilt es, eine weitere Grundannahme kritisch zu hinterfragen, nämlich ob Sklavenarbeit in der Tat ‚billig‘ war oder nicht doch eher aufgrund der hohen Preise für Sklaven einer gesellschaftlichen Elite zugänglich war. Ferner ist ein gewisser Wechsel der Fragestellungen festzustellen, da in den letzten Jahren vor allem die Frage nach dem Technologietransfer im Mittelpunkt stand. Vor allem aber hat sich die Einsicht durchgesetzt, dass in antiken Ökonomien ebenfalls Wechselwirkungen zwischen Technik, technischer Innovation und Wirtschaft vorhanden waren.

Betrachtet man die technologischen Rahmenbedingungen, kann man für die Antike gleichwohl einige Grundkonstanten eruieren. Da die Wirtschaft insbesondere auf der Landwirtschaft basierte, kommt diesem Sektor in technischer Hinsicht eine hohe Bedeutung zu. Ferner beruhte die Technik im Wesentlichen auf dem Gebrauch von Werkzeugen. Gleichwohl bedeutete dies nicht das Fehlen von Maschinen, die immer dann zum Einsatz kamen, wenn größere Kraftaufwendung erforderlich war.

**Über den Unterschied zwischen Maschinen (machinae) und Werkzeug (organon)**
Vitruv, Über Architektur 10,1,3
Der Unterschied zwischen Maschinen und Werkzeug scheint aber der zu sein, dass Maschinen durch mehrere Arbeitskräfte, gleichsam durch eine größere Kraft, eine Wirkung haben, wie zum Beispiel Wurfgeschütze und Weinpressen; Werkzeuge aber vollenden durch den klugen Gebrauch einer Arbeitskraft das, was zum Ziel gesetzt ist.

Die zur Anwendung gebrachte Kraft war zunächst vor allem menschliche beziehungsweise tierische Kraft. Menschen bewegten Lasten – Körbe, Amphoren, Säcke usw. – von A nach B. Menschen lieferten die Kraft für Kräne. Menschen bewegten die archimedischen Schrauben, mit denen in den Minen der römischen Welt und bei der künstlichen Bewässerung Wasser gehoben wurde. In der Landwirtschaft wurde die Arbeit auf den Feldern und in den Wein- und Obstgärten durch Menschen mit einfachen Werkzeugen wie der Hacke zur Auflockerung des Bodens und der Sichel zur Ernte geleistet (der Gebrauch Sense zur Heumahd war auf Italien und den Nordwesten der römischen Welt beschränkt). Tierische Arbeitskraft kam vor allem vor dem Pflug und vor Wagen zum Einsatz. Hier gab es eine Bevorzugung des Ochsen gegenüber dem Pferd, das wegen der grundsätzlichen Problematik seiner Haltung erst in römischer Zeit und hier wiederum im Nordwesten des Römischen Reiches eine größere Bedeutung als Zugtier hatte. Ein anderer Einsatzbereich tierischer Kraft waren große Mühlen, in denen die Tiere an die Mühlsteine gespannt wurden und diese bewegten. Davon abgesehen fungierten Tiere als Transportmittel für verschiedenste Lasten über längere Distanzen. Besondere Bedeutung kam hier dem Esel zu, in den östlichen Teilen der antiken Welt spielte das Kamel selbstverständlich eine bedeutende Rolle als Lasttier. Die Kraft des Windes wurde ausschließlich zum Antrieb von Schiffen genutzt. Demgegenüber ist die vielfältigere Nutzung der Wasserkraft seit der augusteischen Zeit bezeugt.

Wassermühlen lieferten die Kraft für den Antrieb von Getreidemühlen. Dies galt etwa für Rom, wo sich seit dem 3. Jahrhundert n. Chr. auf dem *Ianiculum* (heute Gianicolo oberhalb von Trastevere) ein Komplex von wassergetriebenen Getreidemühlen befand, dessen Abschneidung von der Wasserzufuhr durch die Goten Belisar 537 n. Chr. dazu veranlasste, Schiffsmühlen auf dem Tiber zu installieren. Ferner befanden sich auch an den Caracalla-Thermen Wassermühlen. Mühlen waren freilich nicht auf Rom beschränkt, sondern sind auch in den Provinzen nachzuweisen. Ein beredtes Beispiel hierfür ist eine Mühlengroßanlage aus der Zeit Trajans in Barbegal in der Nähe von Arles. Epigraphische Zeugnisse weisen ihre Existenz im phrygischen Hierapolis und im bayerischen Günzburg in der Kaiserzeit

*Rahmenbedingungen*

*Kraft*

*Wasserkraft*

nach. Die Wassermühle kann man mit Fug und Recht als Höhepunkt der Mechanisierung in der Antike bezeichnen. In den Regionen der römischen Welt, in denen ausreichend Wasser zur Verfügung stand beziehungsweise durch Aquaedukte herangeführt werden konnte, dürfte sie sich einer weiteren Verbreitung erfreut haben als der gegenwärtige archäologische und textliche Befund demonstrieren. Die Nutzung der Wasserkraft bietet also ein treffendes Beispiel für technischen Fortschritt in der Antike und seine Umsetzung in der Wirtschaft. Andere Beispiele ließen sich noch geltend machen, etwa im Bereich der Öl- und Weinpressen, die wiederum in der Kaiserzeit erhebliche Verbesserungen erfuhren. Gleiches lässt sich auch über die Produktion von Keramik und Glas sowie das Baugewerbe sagen.

Wärme  Wesentliche Grundlage jeden Wirtschaftens ist die Verfügbarkeit von Wärmequellen. Hierzu ist auch die direkte Sonnenstrahlung zu rechnen, die zum Beispiel beim Hausbau Berücksichtigung fand. Ziel war es, Sonneneinstrahlung im Winter zuzulassen und im Sommer zu vermeiden, um einen möglichst geringen Aufwand für die Heizung in der kalten und möglichst viel Kühle in der warmen Jahreszeit zu haben. Sonnenlicht spielte selbstverständlich auch eine Rolle beim Trocknen von Kleidung oder Früchten, bei der Produktion von Salz und in landwirtschaftlichen Arbeitsgängen, etwa bei der Verbringung von Wein auf einen Sonnenhof (*heliasterion*).

Energie aus Verbrennung  Die größte Bedeutung in der Wirtschaft hatte (und hat) jedoch die chemische Energie, also die Verbrennung von Kohlenwasserstoffen. Eine Verbrennung ist eine Oxidation unter Licht und Wärmeerscheinung. Eben diese Wärme war in nahezu jedem Lebensbereich von Wichtigkeit, angefangen bei der Zubereitung von Mahlzeiten bis hin zum Brennen von Keramik in großen Brennöfen wie dem von La Graufesenque, der bis zu 30.000 Stücke fasste. Als Träger von Kohlenwasserstoffen und damit als Brennstoff wurde in der Hauptsache, wenn auch nicht ausschließlich, Holz genutzt. Wo man höhere Temperaturen erreichen musste – wie zum Beispiel beim Brand von Keramik mit mehr als 1.000 °C – verwendete man Holzkohle, bei der es sich um Holz handelt, dem das Wasser durch Verschwelung entzogen wurde. Der so entstandene Brennstoff verbrennt besser und erreicht höhere Temperaturen. Aus der hauptsächlichen Nutzung des Holzes als Brennstoff für Heizung, Kochen und auch Metallverhüttung resultierten nachhaltige Probleme. So dürften das griechische Kernland und Italien einer starken Entwaldung anheimgefallen sein. Möglicherweise ist die Verlagerung von Keramik- und Glasproduktion aus Italien nach Gallien und Germanien in der Kaiserzeit auch als ein Resultat dieser Problematik anzusehen.

Holz und Holzkohle  Das Ausmaß der Nutzung von Holz und Holzkohle als Brennstoff in der griechischen Welt sowie auch und insbesondere in der Römischen Kaiserzeit wird auch durch naturwissenschaftliche Untersuchungen des Grönlandeises und von Sedimenten in Seen Schwedens illustriert. Das in der Kaiserzeit eruierbare Niveau der aus der Silberverhüttung resultierenden Bleibelastung wurde erst mit der Industriellen Revolution wieder erreicht. Ähnliches lässt sich über die Kupferbelastung der grönländischen Eiskappe sagen. Die Dimensionen des Holzverbrauchs, die hinter solchen Aussagen stehen, sind beeindruckend. Das Brennen einer Tonne Kalk erfordert beispielsweise den Einsatz von 2,75 Tonnen Brennholz, eine Zahl, die auch für den Brand von Tonwaren und Ziegeln gilt. Für das Ausschmelzen von einer

Tonne Roheisen waren 12 Tonnen Holzkohle erforderlich. Noch eindrücklicher sind die vermutbaren Zahlen für den Bau und den Unterhalt von Thermenanlagen, zum Beispiel für die Caracalla-Thermen: Allein für die Produktion der dort benötigten Baustoffe Holz und Kalk waren 106.372 Tonnen (Brenn-)Holz vonnöten. Der Jahresbedarf derselben Therme für die Heizung von Räumen und die Erwärmung des Wassers dürfte Holz in einer Größenordnung von 14.400 bis 18.000 Tonnen betragen haben. Dies war der Verbrauch einer Therme in Rom! Allein der Metallverhüttung fielen im Mittelmeergebiet jährlich etwa 5.000 Hektar Wald anheim. Südlich von Londinium (London) wurden im Verlauf von 100 Jahren 30.000 bis 50.000 Hektar Wald abgeholzt, um Metalle zu verhütten. Und um eine letzte Zahl zu nennen: Nur für die Heizung der Thermen des Kastells Weißenburg brauchte man jährlich etwa einen Hektar Wald, was etwa 5 bis 10 % des Gesamtbedarfs der Siedlung ausmachte. Aus diesen Zahlenbeispielen wird indes der Druck auf die Ressource Holz deutlich. Auch wenn die ökologischen Auswirkungen des gigantischen Holzbedarfs auf die Wälder in der neueren Forschung umstritten sind, darf man den Eingriffen doch zumindest punktuell deutliche Folgen zusprechen.

# VII. Transport und Verkehr

Eigentlich bilden die Themenbereiche Transport und Verkehr ein Unterthema der technologischen Rahmenbedingungen antiker Ökonomien. Da sie aber für die **Distribution** von Waren und für den **Handel** von zentraler Bedeutung sind, werden sie hier kurz in einem eigenen Kapitel thematisiert.

**E**

> **Handel/Distribution**
> Handel ist der Ankauf, die Beförderung, die Bevorratung und der Verkauf von Waren, ohne diese wesentlich zu verändern und ohne sie zu verarbeiten. Distribution ist demgegenüber Verteilung von Gütern an einen Abnehmer. Darunter ist auch der Verkauf von Waren durch einen Produzenten an einen Abnehmer gegen Geld zu subsumieren. (nach Gablers Wirtschaftslexikon)

*Effizienz des Landtransports*

Darüber hinaus gehört der Landtransport zu den in der modernen Forschung intensiv diskutierten Themen. Ein wesentlicher Teil beziehungsweise eines der Grundargumente der primitivistischen Betrachtungsweise für die geringe Bedeutung des Handels in der Antike waren die vermeintliche Ineffizienz des Landtransports respektive die extrem hohen Kosten, die er gegenüber dem wesentlich günstigeren Seetransport verursacht habe. Regelmäßig findet sich etwa das aus dem diokletianischen Preisedikt geschöpfte Argument, auf einer Strecke von 500 km verdopple sich der Preis einer Ladung von 550 kg Weizen. Daneben wird unter anderem auf die Langsamkeit des Transportes von Waren auf Wagen, auf deren geringe Ladefähigkeit sowie auf die technologische Ineffizienz von Anschirrmethoden verwiesen. Gegen diese Gesichtspunkte sind in den letzten Jahren gewichtige Einwände hervorgebracht worden. Man muss sich etwa mit HANS-JOACHIM DREXHAGE die mehr als berechtigte Frage stellen, an welcher Stelle man in der antiken Welt überhaupt gezwungen war, einen Landtransport von 500 km in Kauf zu nehmen. Die Vorstellung von unzureichenden Anschirrmethoden wurde in der Forschung gleichfalls widerlegt. Ferner sind Wagentypen nachzuweisen, die eine Zuladung von 20 Zentnern, also von einer Tonne erlaubten. Darüber hinaus hat COLIN ADAMS zurecht darauf aufmerksam gemacht, dass die Frage Landtransport oder Wassertransport der Frage nach dem Verbund von Transportmöglichkeiten weichen müsse.

*Effizienz des Seetransports*

Auch die Primitivität der Seefahrt wurde in der Forschung immer wieder betont. Grundlegende Argumente waren hier etwa, dass die antike Seefahrt überwiegend Küstenschiffahrt gewesen sei und im Winter nahezu gänzlich geruht habe. Beides ist zweifellos richtig, muss jedoch nicht zwangsläufig als ein Argument für die Primitivität der Wirtschaft oder für die Bedeutungslosigkeit von Handel genommen werden. Blickt man auf eine Karte, die die Landsicht im Mittelmeer (freilich unter heutigen Bedingungen) dokumentiert, wird man beispielsweise mit folgendem Sachverhalt konfrontiert: In der Ägäis ist es nahezu unmöglich, außer Landsicht zu geraten. Selbiges gilt auch für die Adria, und selbst bei der Querung des Mittelmeers von Karthago nach Sizilien gerät das Land nicht außer Sicht. Die Rhythmen der Seefahrt – zumindest soweit sie dem Handel dient – sind nicht nur von Wetter,

Wind und Strömungen abhängig, sondern auch vom Agrarkalender, also davon, welche Produkte in der jeweiligen Jahreszeit zur Verfügung standen. Durch Bevorratungsstrategien beziehungsweise durch die Versöhnung der Rahmenbedingungen miteinander und die hieraus resultierenden Geschäftsstrategien entsprach die Handelsschiffahrt jedenfalls den Bedürfnissen der jeweiligen Wirtschaft. Dies galt sogar für sensible Bereiche wie die Nahrungsmittelversorgung. So sind zwar **Nahrungsmittelknappheiten** nachzuweisen, Hungersnöte sind aber im Gegensatz zu Mittelalter und Früher Neuzeit als die absolute Ausnahme zu betrachten.

> **Nahrungsmittelknappheit**
> Unter Nahrungsmittelknappheit versteht man die kurzzeitige Reduktion der Menge an erwerbbaren Nahrungsmitteln, die durch steigende Preise, öffentliche Unzufriedenheit und Hunger gekennzeichnet ist und – im schlimmsten Fall – dem Verhungern der Bevölkerung nahe kommt. Hungersnot ist hingegen als kritischer Mangel an Grundnahrungsmitteln zu definieren, der durch Unterernährung zum Hungertod und zu einer substantiell erhöhten Sterberate in einer Gemeinschaft oder in einer Region führt. (nach Garnsey, Famine and Foodsupply, 6)

**E**

Aufgrund der starken Kammerung des Landes, aufgrund der tief in die Landmasse einschneidenden Meeresbuchten und aufgrund der vielen Inseln in der Ägäis war für die griechische Welt die See der gegebene Transportweg; da das griechische Kernland nur über wenige ganzjährig wasserführende Flüsse verfügte, dürfte der Wassertransport auf denselben insgesamt eine geringere Rolle gespielt haben. Die bedeutende Rolle des Transports zur See bedeutet freilich im Umkehrschluss nicht, dass die Straßen und der Landtransport nur eine geringe Rolle gespielt hätten. Gleichwohl ist das griechische Straßenwesen weit weniger gut erforscht als sein römisches Pendant. Es war aber auch weit weniger gut ausgebaut und von geringerer Bedeutung als das römische, zumal technisch aufwendige Bauten für die Verkehrsinfrastruktur in der griechischen Welt nur selten errichtet wurden. Jedoch hatten auch die Straßen der griechischen Welt wichtige wirtschaftliche Funktionen. Ein Beispiel hierfür ist Athen, dessen Territorium durch Straßen gut erschlossen war. Besondere Bedeutung unter diesen hatte die Straße, die von Athen selbst in Richtung Norden nach Oropos führte, welches wiederum der Insel Euboia – eines der wesentlichen Areale für die Getreideversorgung Athens – direkt benachbart lag. Als die Spartaner diese Straße im Zuge des Peloponnesischen Krieges (431–404 v. Chr.) sperrten, bedeutete dies eine wesentliche Komplikation für die Athener, da sich der Transport des euboischen Getreides zur See wesentlich teurer gestaltete als derjenige zu Land. Dies demonstriert die hohe Bedeutung, die der Verschiebung von Waren auf dem Landweg zukommen konnte. Ein weiteres Beispiel für die Bedeutung des griechischen Straßennetzes bietet die in Thrakien auf dem Territorium des heutigen Bulgarien liegende Handelsniederlassung Pistiros. Diese war mitten im Binnenland gelegen, so dass sie ausschließlich über den Landweg an die griechische Welt angebunden war. Die oben genannte Inschrift aus Pistiros (SEG XLIII 486), in der das Miteinander von thrakischer Bevölkerung und in der Siedlung befindlichen Hellenen geregelt wird, zeigt die ökonomische Bedeutung der Straßenverbindung und im Verbund damit diejenige der Nutzung von Wagen als Verkehrsmittel auf.

Verkehrswege
in Griechenland

Das römische Straßennetz umfasste in seiner höchsten Ausbaustufe ein Gesamtstrecke von rund 80.000 bis 100.000 km. Hier sind freilich lediglich die Hauptstraßen – die *viae publicae* – eingerechnet, die Nebenstraßen wären dem noch hinzuzufügen. Der Ausbau des Wegenetzes ging mit der Errichtung anderer Baulichkeiten für die Verkehrsinfrastruktur einher. Es galt Tunnel und Brücken in bisweilen imposanten Dimensionen zu errichten und Felswände abzuschlagen, um möglichst direkte Verbindungen mit geringen Steigungen zu schaffen; Geleise – tiefe, absichtlich in die Straßendecke geschnittene Spurrillen – in den Straßen erleichterten die Abfahrt auf Gefällestrecken. Da die Straßen auch gleichzeitig ein Raum öffentlicher Repräsentation für die Kaiser waren, wurden sie mit Meilensteinen und bisweilen auch mit Bogenmonumenten ausgestattet.

Q **Kaiser Hadrian über den Bau einer Straße in Ägypten:**
I. Pan. 80
Imperator Caesar, Sohn des vergöttlichten Traianus Parthicus, Enkel des vergöttlichten Nerva, Traianus Hadrianus Augustus, Pontifex Maximus, mit der tribunizischen Amtsgewalt zum 21. Mal, Imperator zum 2. Mal, Konsul zum 3. Mal, Vater des Vaterlandes, hat die via Hadriana nova von Berenike nach Antinoopolis durch sichere und ebene Regionen entlang des Roten Meeres geführt, eingeteilt in reichlich spendende Wasserstellen, Stationen und Befestigungen. Im 21. Jahr, am 1. Phamenoth (23. Februar 137).

Schließlich fanden sich entlang der Straßen Herbergen, die in Abständen von einer Tagesreise lagen. Die Spurrillen, die die Karren in der Antike hinterlassen haben, sind unter anderem Zeugnisse für die intensive Nutzung der Straßen für den Warenverkehr. In der Regel waren die römischen Straßen gepflastert und mit einem soliden Unterbau versehen. Wo die lokalen Gegebenheiten solches nicht erlaubten, fanden andere Techniken Anwendungen. In den Wüstenregionen des Reiches waren die Straßen unter Umständen markierte Pisten, die mit Wasserstationen und Herbergen versehen waren. Ein diesbezüglich höchst interessantes Beispiel bildet die östliche Wüste Ägyptens, in der durch zahlreiche Papyri und Ostraka auch ein lebhafter Warenverkehr dokumentiert ist.

Mittel zum Lastentransport waren in der griechisch-römischen Welt zunächst einmal Menschen, die insbesondere über kurze Strecken auch große Lasten bewegen konnten. Esel, Maultiere und – in geringerem Umfang – auch Pferde konnten auf kürzeren Distanzen zwischen 100 und 200 kg bewegen, je nachdem, ob ein Packsattel zum Einsatz kam oder nicht. Der Esel war auch für weniger begüterte Personen erschwinglich und verursachte aufgrund seiner Genügsamkeit im Unterhalt weniger Folgekosten für Futter als etwa Rinder. Als Zugtiere fanden insbesondere Rinder beziehungsweise Ochsen, aber auch Maultiere und Esel Verwendung. Wo Transporte in extrem ariden Regionen durchgeführt wurden, setzte man Kamele und Dromedare ein. Alles in allem kann man dem Landtransport bescheinigen, dass er dem Bedürfnis der griechischen und römischen Wirtschaft genügte und keinerlei Beschränkung für dieselbe bedeutete.

Die landschaftlichen Gegebenheiten der griechischen Welt bedingten aber eine wesentliche Orientierung auf das Meer als Verkehrsweg. Hinzu trat die Knappheit an Georessourcen und etwa für Athen die Notwendigkeit,

Getreide aus Überschussgebieten zu importieren. Die Größe der gesegelten Handelsschiffe reichte in der Antike von solchen mit einer Traglast von 70–80 Tonnen bis hin zu den Superfrachtern der Römischen Kaiserzeit, die eine Ladefähigkeit von rund 1.300 t erreichten. Seit dem 5. Jahrhundert v. Chr. hatten die üblichen Frachter – auch Rundschiffe genannt – eine übliche Ladefähigkeit von 100 bis 150 Tonnen, solche mit einer Ladefähigkeit von 350 bis 500 Tonnen waren keine Ausnahme. Die in den hellenistischen Königreichen herrschende Tendenz, übergroße Kriegsschiffe zu bauen, wird auch Auswirkungen auf den Bau von Handelsschiffen gehabt haben. Der wesentliche Unterschied zwischen Handelsschiffen der griechischen Welt und solchen römischer Herkunft dürfte in der Besegelung gelegen haben. Während die griechischen Frachter nach den überlieferten Abbildungen lediglich einen Mast mit einem viereckigen Rahsegel aufwiesen, verfügten die römischen Frachter seit der beginnenden Kaiserzeit über mehrere Masten und Segel, darunter auch Spriet- und Topsegel. Häufiger waren die römischen Handelsschiffe Zweimaster, bei denen der vordere Mast schräggestellt war und über den Bug hinausragte. Auch Dreimaster waren in Verwendung.

**Ein Hafenregister aus Alexandria (?) (2. Jh. n. Chr.)**
P. Bingen 77, Z. 5–10
… aus Aigeai, 20., Akatos des Diodoros, Sohn des Athenodotos, (Schiffsname) Sarapis Tyche, 2.000 Artaben, transportiert für den Schiffseigner 700 (Gefäße) Rotwein aus …, aus Aigeai, 20., (Schiff) des Demetrios, [Sohn des NN], (Schiffsname) Philometo, xxxx Artaben, transportiert für den Schiffseigner (x Gefäße) Rotwein aus Aigeai, aus Ostia, 1X., (Schiff) des Lucius Pompeius Metrodoros, 22.500 Artaben, unter Ballast …

**Q**

Abgesehen von diesen besegelten Handelsschiffen kamen auch geruderte Handelsschiffe in einem größerem Umfang zum Einsatz als man lange Zeit annahm. Diese Aussage gilt zumindest für die Kaiserzeit, für die das oben erwähnte auf Papyrus überlieferte Hafenregister solches nahelegt. Der Vorteil solcher geruderter Schiffe lag in ihrer größeren Unabhängigkeit von Wind und Strömungen. Dabei brauchten sie eine viel größere Besatzung, die in irgendeiner Weise bezahlt werden musste, und konnten im Verhältnis zu ihrer Größe sehr viel weniger Ladung aufnehmen. Kam ein solches Schiff (gr. *akatos*, lat. *actuaria*) zum Einsatz, relativierte sich der Kostenvorteil des Seetransports gegenüber dem Landtransport deutlich. Auf der anderen Seite erlaubten sie aber Lieferungen zu kalkulierbaren Terminen beziehungsweise zu berechenbaren Fahrzeiten. Im Lichte des besagten Hafenregisters muss man sich die Frage stellen, ob dies nicht auch in der Antike ein wesentlicher Punkt für die Wahl eines solchen Transportmittels gewesen ist.

Der Wasserweg wurde auch im Binnenland genutzt, auch wenn die Anzahl der Flüsse, die ganzjährig Wasser führten, zumindest im griechischen Kernland äußerst überschaubar war; diese bildeten aber gerade deswegen wichtige Verkehrswege, die das Hinterland der Küsten erschlossen. In Ägypten war beispielsweise der Nil die Hauptverkehrsader schlechthin. Für Rom bildete der Tiber vor allem in seiner Funktion als Verbindung nach Ostia einen Hauptverkehrsweg für den Warenverkehr. Darüber hinaus fungierte er als Anbindung nach Norden bis nach Umbrien hin, von wo etwa Bauma-

Binnengewässer

terial und zweifellos auch Holz nach Rom verbracht wurde. Das gallische Flusssystem war eine der wesentlichen Nord-Südverbindungen zwischen Mittelmeer und den gallisch-germanischen Provinzen, Rhein und Donau waren samt ihrer Nebenflüsse gleichfalls wichtige Verkehrswege. Für die hispanischen Provinzen war die Baetis (heute Guadalquivir) von fundamentaler Bedeutung, ohne deren Existenz die Baetica wohl kaum zur herausragenden Lieferantin von Olivenöl hätte werden können. In Syrien wiederum war der Orontes ein wesentlicher Verkehrsweg, die hohe Bedeutung des Euphrats mit der durch ihn hergestellten Verbindung nach Mesopotamien und an den Persischen Golf braucht nicht eigens betont zu werden. Die Bedeutung der Flüsse als Verkehrs- und militärische Nachschubwege in der Kaiserzeit wird auch durch eine Anzahl von infrastrukturellen Baumaßnahmen evident, mit denen der römische Staat diese Verkehrswege verbesserte. Hierzu zählten verschiedene Kanalbauten, aber auch Flussumleitungen. Besonders spektakulär war diesbezüglich der Bau eines auf älteren Vorläufern beruhenden Kanals vom Nil an das Rote Meer unter Kaiser Trajan (98–117 n. Chr.). Die Funktionen dieses Kanals werden jedoch in der Forschung kontrovers diskutiert. Jedenfalls stellte er in gewisser Weise einen Vorläufer des Suez-Kanals dar.

**Flussschifffahrt**　　In der Flussschifffahrt kam eine Vielzahl von Schiffstypen zum Einsatz, die vom Einbaum über Flöße bis zu Typen reichte, die eine Last von bis zu 100 t befördern konnten. Während für die griechische Welt die diesbezüglichen Informationen äußerst überschaubar sind, liefern die Papyrusurkunden aus dem ptolemäischen und römischen Ägypten eine Vielzahl von Informationen über dieselben. Sehr viel besser dokumentiert ist die Flussschifffahrt im Römischen Reich, aus dem zahlreiche diesbezügliche materielle Befunde, bildliche Darstellungen und textliche Quellen überliefert sind. Schlecht dokumentiert, aber wohl von immenser Bedeutung ist die Nutzung von Flößen, ohne die die Holzversorgung der Städte im Reich wohl ein unmögliches Unterfangen gewesen wäre. Auch besonders schwere Lasten wie großdimensionierte Säulen waren besser auf Flößen als auf Schiffen zu transportieren. Da Flöße mit einem sehr geringen Tiefgang auskommen, konnten sie auch an den Oberläufen der Flüsse eingesetzt werden. Falls Ladungen auf ihnen transportiert worden sind, konnte dies auch die Verbringung von Waren zu weiter entfernten Konsumzentren interessant werden lassen. Der Bau von Flussschiffen war in technologischer Hinsicht zunächst vor allem durch die Konstruktionsmerkmale der mediterranen Seeschiffe beeinflusst. Allerdings erforderte der Antrieb dieser Schiffe bei der Fahrt flussaufwärts bauliche Angleichungen. Bei der Bergfahrt wurden die Schiffe nämlich unter Einsatz von menschlicher oder tierischer Zugkraft getreidelt, was insbesondere bei größeren Schiffen eine entsprechende Anbringungsmöglichkeit für das Schleppgeschirr erforderte. Der Kulturkontakt mit den Völkern im Nordwesten des Reiches brachte den Einsatz anderer Schiffstypen mit sich, bei denen es sich um flachbödige mit Segeln versehene Prähme handelte, die an Bug und Heck mit Klappen versehen waren. Auch sie dürften bei der Bergfahrt getreidelt worden sein, während diese Schiffe bei Talfahrt mit Riemen vorangetrieben wurden. Diese Lastprähme konnten bei geringem Tiefgang – wohl zwischen 40 und 80 cm, je nach Zuladung – nicht nur große Lasten von bis zu 120 t Gewicht bewegen, sondern der flache Boden und die eingebauten Klappen machte sie von Hafenanlagen unabhängiger, so dass im Prinzip lediglich eine flache Lände nötig war, um Güter zu entladen beziehungsweise aufzunehmen. Dasselbe gilt übrigens auch für Flöße, die flache Ufer als Länden benötigten. Der geringe Tiefgang der Flachbodenschiffe erlaubte es ihnen auch, bis weit in die Oberläufe der Flüsse vorzudringen.

Gleichwohl waren die Ausstattung und die Absicherung der Häfen gegen die Unbilden der Witterung limitierende Faktoren für die Effizenz des Wassertransports, unabhängig davon, ob er nun aus zivilen oder militärischen Gründen erfolgte. Erst die entsprechenden Bauten, die ein zügiges Entladen der Schiffe unter sicheren Bedingungen und eine entsprechende Lagerung von Waren gewährleisteten, machten beispielsweise den Einsatz von großen Getreidefrachtern sinnvoll. Hierfür galt es, Kais und Molen zu errichten und Hafeneinfahrten mit Seezeichen in Gestalt von Landmarken und Leuchttürmen zu versehen. Die Anlage von mehreren Hafenbecken stellte die gleichzeitige Entladung einer größere Anzahl von Schiffen sicher. Wohl ab dem 8. Jahrhundert v. Chr. hatte nach dem Zusammenbruch der bronzezeitlichen Palastwelt und dem daraus resultierenden Rückgang der Handelsschifffahrt in der griechischen Welt der Seeverkehr wieder ein Niveau erreicht, das die Anlage von Häfen notwendig machte. Gleichzeitig spielten Häfen überall dort eine besondere Rolle, wo die Bevölkerung nicht mit Grundnahrungsmitteln des eigenen Landes ausreichend versorgt werden konnte. Ein diesbezüglich eindrucksvolles und instruktives Beispiel war der Ausbau des Piräus mit seinem Handelshafen (Kantharos-Hafen) und seine Verbindung mit Athen durch die langen Mauern. Während man sich zunächst vor allem natürliche Hafensituationen zunutze machte, begann man in hellenistischer Zeit mit der Errichtung großer künstlicher Hafenanlagen, deren bestes Beispiel der Hafen von Alexandria in Ägypten bildet, wo man durch die Anlage eines langen künstlichen Dammes die Insel Pharos mit dem Festland verband und auf diese Weise zwei große Hafenbecken schuf. Rom hingegen hatte in Gestalt von Ostia nur einen bescheidenen Hafen an der Tibermündung, der den Bedürfnissen der Großstadt wohl schon in republikanischer Zeit kaum gerecht wurde. In Ermangelung einer natürlichen Hafensituation musste hier ein künstlicher Hafen geschaffen werden, dessen Konstruktion vor allem aufgrund des Einsatzes von unter Wasser bindendem Zement möglich wurde, der von den Römern schon seit dem späten zweiten oder mittleren 1. Jahrhundert v. Chr. (Anlage des Hafens von Cosa) eingesetzt wurde. Unter Claudius (41–54 n. Chr.) wurde der Bau von Portus etwa 3 km nördlich von Ostia in Angriff genommen, in welchem zwei riesige Molen gebaut wurden, die auf diese Weise ein gänzlich künstliches Hafenbecken ergaben.

Häfen

**Bauinschrift des Claudius aus dem Jahr 46 n. Chr.:**
CIL XIV 85
Tiberius Claudius, Sohn des Drusus, Caesar Augustus Germanicus Pontifex Maximus, mit der tribunizischen Amtsgewalt zum 6. Mal, designierter Konsul zum 4. Mal, Imperator zum 12. Mal, Vater des Vaterlandes, hat durch den Bau von Kanälen vom Tiber her wegen der Errichtung des Hafens und durch die Hinführung der Kanäle zum Meer, die Stadt von der Gefahr der Überschwemmung befreit.

Da Portus noch zu sehr den Unbilden des Wetters ausgesetzt war, ließ Trajan (98–117 n. Chr.) östlich des Claudius-Hafens ein sechseckiges Hafenbecken und ein heute ‚darsena' genanntes Becken im Westen desselben anlegen, das von Magazinen flankiert war. Insbesondere das Becken dürfte ganz wesentlich das Entladen der Getreidefrachter beschleunigt haben. Erst seit dieser Zeit dürfte die alexandrinische Getreideflotte, die bis dahin in Puteoli entladen wurde, in Portus entladen worden sein, da der Hafen erst zu diesem Zeitpunkt über die notwendige Infrastruktur verfügte. Da die Küste nördlich von Rom natürlicher Hafensituationen entbehrt, ließ derselbe Kaiser einen weiteren gänzlich künstlichen Hafen in Centumcellae (heute Civitavecchia) anlegen, der etwa eine Tagesfahrt nördlich von Portus lag. Beide Beispiele demonstrieren die Sorge, die die Kaiser der Verkehrsinfrastruktur auch in Gestalt der Häfen angedeihen ließen, was auch zu sehr ehrgeizigen Bauprojekten führte. Diese Maßnahmen beschränkte sich freilich nicht auf Rom und Italien, sondern erstreckten sich über das gesamte Römische Reich. Des Öfteren dokumentiert ist beispielsweise das Bemühen vonseiten der Statthalter der Provinz Asia, den Hafen von Ephesos vor der Verlandung zu schützen. Ein Gipfel der Bemühungen um die Anlage von Häfen stellte ohne Zweifel der inschriftlich dokumentierte Bau von diesen im äußersten Südosten des Roten Meeres auf den Ferresan-Inseln im Südwesten des heutigen Saudi-Arabien dar (AE 2004, 1643), die gewiss auch der Handelsschifffahrt gedient haben. Was für die Handelsschifffahrt zur See gilt, gilt selbstverständlich auch für dieselbe auf Flüssen. Hier haben Hafenanlagen erst in jüngerer Zeit das Interesse insbesondere der archäologischen Forschung gefunden. Besondere Bedeutung hatten solche Häfen für Städte, deren See-Hafen in weiterer Entfernung vom Siedlungszentrum lag. Wiederum bildet Rom selbst ein besonders instruktives Beispiel, denn der trajanische Ausbau von Ostia/Portus wird durch den Ausbau eines Flusshafens begleitet, der auf der linken und rechten Tiberseite südlich der Tiberinsel lag und eine Länge von 2 km hatte. Ohne diesen Ausbau wären die Maßnahmen in Portus letztlich Stückwerk geblieben.

# VIII. Wirtschaft im Spiegel der homerischen Epen und der Dichtung Hesiods

Homerische Fragen

Die homerischen Epen Ilias und Odyssee bilden den Beginn der schriftlichen Überlieferung in der griechischen Geschichte. Sie markieren den Übergang von dem früher die ‚Dunklen Jahrhunderte (Dark Ages)‘, nunmehr neutral ‚Frühe Eisenzeit (Early Iron Age)‘ genannten Zeitalter, das auf den Zusammenbruch der bronzezeitlichen Palastwelt um 1200 v. Chr. folgte, zur sogenannten archaischen Zeit. Damit sind sie gleichzeitig auch die frühesten schriftlichen Quellen, die für die Wirtschaftsgeschichte der griechischen Welt zur Verfügung stehen. Die Probleme, die mit einer Auswertung und Deutung der Epen verbunden sind, sind äußerst komplex, wie bereits die seit dem 19. Jahrhundert andauernden Debatten in der Forschung zeigen, die gerade in den letzten Jahren eine große Wahrnehmung in der breiteren Öffentlichkeit erfahren haben. Es sind nicht nur die mit den Epen selbst verbundenen Probleme, die deren Auswertung erschweren. Es tritt noch als weitere Schwierigkeit hinzu, dass die Ilias mit dem archäologischen Befund von Hisarlık verbunden wird, das als antikes Troia identifiziert worden ist. Ferner gibt es fragwürdige Bemühungen, auch Schauplätze der Odyssee in konkreten archäologischen Fundstätten zu verorten, wie es etwa im Falle des „Palastes des Odysseus" auf der Insel Ithaka noch jüngst geschehen ist. Die enge Verbindung zwischen den archäologischen Zeugnissen und den homerischen Epen bildet ein grundsätzliches Problem und man ist sich in der Forschung weitgehend einig, die archäologischen Überreste der bronzezeitlichen Siedlung in Hisarlık und die Erforschung der Epen methodisch voneinander zu trennen.

Grundannahmen

Die Epen selbst bieten in der Tat reichlich Stoff für Debatten in der Forschung. Für die Wirtschaftsgeschichte ist dabei die Frage nach der Abfassungszeit von besonderer Bedeutung. Diese wurde in der älteren Forschung um die Mitte des 8. Jahrhunderts v. Chr. verortet und wird gegenwärtig immer weiter an das 7. Jahrhundert angenähert. Ganz offenkundig suchte der Dichter eine Gesellschaft und damit auch Wirtschaft zu imaginieren, die für ihn und seine Zeitgenossen in einer entfernten Vergangenheit lag. Diese Vergangenheit ist eine absolut gesetzte, mythische Vergangenheit, die der Dichter in Unkenntnis der tatsächlichen Gegebenheiten mit Versatzstücken füllte, die er aus der eigenen Zeit beziehungsweise aus der in seiner Gesellschaft erinnerten Zeitspanne nehmen musste. Die Helden der mythischen Vergangenheit mussten sich also in einer Welt bewegen, die von der eigenen Welt unterschieden war und doch von Autor und Publikum als eine vergangene Realität wahrgenommen und vergegenwärtigt werden konnte. Versucht man unter diesen Vorgaben wirtschafts- und sozialgeschichtliche Realien dieser Zeit zu eruieren, die in den Epen ohne Zweifel vorhanden sind, kommt man zu gewissen Annäherungswerten. In einer Welt ohne schriftliche Überlieferung reicht – legt man die Konzeptionen von Maurice Halbwachs zugrunde – die Erinnerung bestenfalls drei Generationen, also rund 100 Jahre zurück. Damit könnte man mit einigem Recht annehmen, dass die in den Epen anzutreffenden wirtschaftsgeschichtlichen Strukturen bis in das 9. Jahrhundert v. Chr. zurückreichen. Zu diesem Schluss gelangt man auch, wenn man die homerischen Epen mit dem mittelalterlichen Rolandslied vergleicht, wie es MOSES I. FINLEY getan hat. Jenes entspricht nämlich in den religiösen, sozialen, politischen und mentalitätsgeschichtlichen Einzelheiten nicht der Zeit seiner Abfassung, sondern denen der Epoche 100 Jahre zuvor. Auch auf diesem Wege würde man also bei der Ilias bis in das 9. Jahrhundert v. Chr. vordringen. Eine Bezugsebene der in den Epen berichteten Realien ist damit also die ausgehende Frühe Eisenzeit. Auf der anderen Seite finden sich ohne jeden Zweifel desgleichen jüngere Substrate in den Epen und solche, die der eigenen Zeit des Autors entstammen. Die aus diesen Vorüberlegungen abzuleitende Konsequenz ist eine quellenimmanente Betrachtungsweise der wirtschafts- und sozialgeschichtlichen Elemente von Ilias und Odyssee, wie sie vom jeweiligen Autor imaginiert wurden. Dieser literarischen Welt in Ilias und Odyssee wohnt noch ein weiterer beschränkender Faktor inne, den man unter dem Stichwort ‚soziale Reichweite' zusammenfassen könnte, denn die beschriebene Welt ist eine der sozialen Elite.

Gesellschaft     Die grundsätzliche gesellschaftliche Trennlinie in den Epen verläuft zwischen Freien und Unfreien. Die Freien wurden in Bezug auf ihren Status in Bürger beziehungsweise Fremde und Gästen sowie in Mitbewohner geschieden. Als Mitbewohner wurden freie Menschen bezeichnet, die für längere Zeit an einem Ort ansässig waren, ohne vollwertige Mitglieder der Gemeinschaft zu sein. Die Stellung der Fremden war prekär, wurde jedoch durch das Gastrecht ausgeglichen. Diese Gastfreundschaft, die jeweils nur unter Gleichen existieren konnte, schuf ein Netz sozialer, überregional wirksamer Beziehungen. Der Weg in die Unfreiheit führte in der Regel über die Kriegsgefangenschaft. Versklavung oder Freilassung von Personen gegen Geld bildete einen wesentlichen Erwerbszweig im Zuge von kriegerischen Unternehmungen. Nach Ausweis der Epen wurden meist Frauen und Kinder versklavt, Männer hingegen massakriert. Die Freien bildeten keine sozial homogene Gruppe. Am untersten Ende der sozialen Hierarchie standen saisonale Lohnarbeiter, die Theten. Über diesen standen die sogenannten *demiourgoi*, bei denen es sich um Handwerker handelte. Den Epen zufolge wurde eine Vielzahl von handwerklichen Arbeiten von Landeigentümern, von ihren Familien und von der Elite selbst erledigt. Wo das technische Wissen nicht ausreichte, wurden die *demiourgoi* mit handwerklichen Tätigkeiten betraut, insbesondere auf dem Gebiet von Metallverarbeitung und Töpferei. Darüber hinaus wurden auch Wanderhandwerke ausgeübt, so etwa vom Zimmermann, aber auch von anderen Handwerkern. Schließlich sind auf einem oberen Niveau die sogenannten *therapontes* zu nennen, bei denen es sich um Gefolgsleute der gesellschaftlichen Elite handelte. Diese wiederum wurden durch die unter anderem auch als ‚Könige' bezeichneten Anführer in den Gemeinschaften gestellt. Diese Gemeinschaften bestanden in der Hauptsache aus Landeigentümern, die Grund und Boden in unterschiedlichem Ausmaß ihr eigen nennen konnten. Die in den Epen herausragende Schicht ist die der Großgrundbesitzer, zu denen auch die Helden gehörten. Sie werden in den Epen als ‚Könige' (gr. *basileis*) bezeichnet oder als die ‚Tüchtigen' (gr. *agathoi*) beziehungsweise die ‚Besten' (gr. *aristoi*) tituliert. In der älteren Forschung wurden die so bezeichneten Personen mit dem Begriff ‚Adel' charakterisiert, wobei die mittelalterliche Heldenepik in gewisser Weise Pate stand. Diese Bezeichnung war insofern problematisch, als nicht Geburt, sondern Besitz, kriegerische Bewährung und die damit verbundene Gunst der Götter, die der Anführer durch sein Verhalten zu erwerben und bewahren hatte, diesen Personen zu ihrer Führungsstellung verhalfen. CHRISTOPH ULF hat sie auf der Grundlage anthropologischer Forschungen und Modelle als *big men* charakterisiert, um die Konnotation mit den aus der mittelalterlichen Heldenepik resultierenden Vorstellungen zu vermeiden. Für diese *big men* oder Anführer stellte der Krieg neben der Landwirtschaft eine wichtige Erwerbsquelle dar. Krieg und Landwirtschaft erlaubten es ihnen, Überschüsse zu generieren, die sie wiederum in eine herausragende soziale Stellung umsetzten. Diese Elite erging sich nicht nur im Waffenhandwerk und anderem gehobenen Zeitvertreib in Gestalt von Gelagen u. Ä., sondern arbeitete selbstverständlich in der Bebauung der Ländereien mit. Junge Mitglieder der Führungsschicht traten als Hirten für die Herden ihrer Väter auf. Überschüsse wurden von diesem Personenkreis in Form von Edelmetall und Bronze (beides neben dem Vieh anerkannte Zahlungsmittel) sowie Kleidung und lagerbaren landwirtschaftlichen Erzeugnisse thesauriert.

> **Ein Blick in die Schatzkammer des Odysseus**
> Homer, Odyssee 2, 338–341
> … da lag aufgehäuft Gold und Erz und in Truhen Bekleidung in Menge, wohlduftendes Öl und Tonfässer voll alten, lieblichen Weins.

**Q**

Die gehorteten Reichtümer bildeten die Grundlage der sozialen Stellung: Reichtum generierte demzufolge Sozialprestige und entsprechend hoch war die Wertschätzung desselben. Reichtum ist in den Epen sogar wichtiger als Abstammung. Selbiger wurde sogar als Gunst der Götter verstanden und brachte neben dem Sozialprestige auch reale Macht. Diese Mittel boten die Möglichkeit, Schutzflehenden Hilfe zu gewähren. Aus dieser Hilfestellung resultierte wiederum eine soziale Bindung, die auf einer sehr praktischen Ebene angesiedelt war. Der Reichtum bot die Möglichkeit, Mitglieder der eigenen Gemeinschaft für sich zu gewinnen, aber auch Fremde für sich einzunehmen. Denn der Tausch von Gaben bildete die Grundvoraussetzung für die Etablierung von Gastfreundschaft und damit zugleich für die Errichtung überregionaler sozialer Netzwerke.

*Reichtum*

Die grundlegende Wirtschaftseinheit bildete in den Epen der *oikos*, also der Haushalt im Sinne einer in einer Wohneinheit zusammenlebenden Gruppe. Zu dieser gehörten sowohl die Familie im engeren Sinne als auch Verwandte und nicht verwandte freie Individuen sowie unfreie Arbeitskräfte. In den Epen bedeutete dies eine Zusammensetzung aus dem Herrn des *oikos*, seiner Gemahlin, den Kindern aus dieser Verbindung, den Gefolgsleuten (*therapontes*) und den unfreien Personen. Die Arbeitsteilung im Oikos war geschlechterspezifisch: Die freien und unfreien Frauen verrichteten im Haus Arbeiten wie Spinnen, Weben, Wasserholen, Waschen, Heizen und Putzen. Unfreie Frauen dienten darüber hinaus als Konkubinen, Ammen, Spielkameradinnen für die Töchter des Hauses und Gesellschafterinnen der Ehefrau. Die männlichen Mitglieder arbeiteten in der Landwirt-

*Oikos*

schaft. Einen guten Eindruck davon, wie die Landwirtschaft in den Epen imaginiert wird, liefern in der Ilias die Beschreibung des Achillesschildes und die Aussagen, die in der Odyssee über den Besitz des Odysseus gemacht werden. Dementsprechend wurden insbesondere Getreide, Wein und Oliven kultiviert. Der Obstbau wird stets in der formelhaften Reihung Birne, Granatapfel, Apfel, Feige genannt. Überraschenderweise scheint der Getreidebau nur zur unmittelbaren Deckung des Lebensunterhalts gedient zu haben, wohingegen der Gartenbau des Öfteren enthusiastisch geschildert wird. Die Weidewirtschaft wird in den Epen deutlich gegenüber der Landwirtschaft bevorzugt. Das Weideland lag häufig in weiter Entfernung von den Siedlungszentren und wurde als Eigentum der Gemeinschaft betrachtet, das von derselben verteidigt wurde; die darauf weidenden Herden sind allerdings Eigentum von Einzelpersonen. Im Eigentum des Odysseus befanden sich Schweine-, Rinder- und Ziegenherden und die Weidewirtschaft findet auch im Bildprogramm des Schilds des Achill Erwähnung.

**Autarkie?**     Einer häufiger geäußerten Idealvorstellung zufolge sollte der *oikos* eines Mitglieds der Führungsschicht autark, also nicht auf den Erwerb von außerhalb angewiesen sein. Indes widerspricht schon die Existenz der *demiourgoi* einer solchen Idealvorstellung, die ja – wie bereits bemerkt – technisch anspruchsvolle und das handwerkliche Niveau der *oikoi* übersteigende Tätigkeiten ausführten. Dies gilt wiederum insbesondere für die Metallverarbeitung. Metall hatte nämlich eine überaus bedeutende Rolle in der homerischen Welt. Seine Herstellung und Verarbeitung beinhaltete die Versorgung mit Waffen. Andererseits diente es der Wertaufbewahrung und ermöglicht die Thesaurierung von Reichtum, der im Gegensatz zu landwirtschaftlichen Produkten nicht verderblich war. Das Metall wurde in verschiedenen Formen in der Schatzkammer aufbewahrt, etwa in Gestalt von Bechern, Dreifüßen oder Kesseln. Der im Griechischen gebrauchte Terminus für diese „Kleinodien" ist *keimelion* (das, was beiseite getan wird). Quelle solcher ‚Zimelien' war insbesondere der Kriegszug, der einem organisierten Raubzug mit anschließender Verteilung der Beute glich. Eine weitere Quelle war der Gabentausch. Der Austauch von ‚Geschenken' darf indes nicht so verstanden werden, wie man heutzutage das Wort ‚Geschenk' versteht. Die Gabe wurde in der Erwartung weggegeben, eine unmittelbare Gegenleistung zu erlangen. Das griechische Wort für ‚Geschenk' (*doron*) wurde denn auch in sehr vielen Bedeutungsnuancen verwendet. Es bedeutete Bezahlung, Gebühr, Belohnung, Preis und wird auch schlicht für Bestechung benutzt. Desweiteren konnten Steuern und Abgaben an den Herrn, Ersatzleistungen, die den Beigeschmack der Strafe haben, oder auch Darlehen mit diesem Wort bezeichnet werden.

**Handel**     Handel spielte in der Welt der homerischen Helden vor allem bei den Achaiern – wie die Griechen in den Epen genannt werden – eine untergeordnete, fast nicht existente Rolle. Eine gewisse Ausnahme bildet eine Episode am Ende des 7. Gesangs der Ilias: Schiffe aus Lemnos trafen vor Troja ein, um die Kämpfer mit Wein zu versorgen. Während die Anführer Menelaos und Agamemnon bezeichnenderweise den Wein als Gabe erhielten, musste der Rest der Kämpfer für denselben zahlen. Als Zahlungsmittel für den Wein werden Bronze, bearbeitetes Eisen, Häute, Rinder und Sklaven genannt. Die Händler par excellence sind in der homerischen Welt die Phönizier, die freilich sehr negativ beurteilt werden. Sie werden als Personen dargestellt, die die Welt von einem Ende zum anderen durchmessen und Sklaven, Metall und Juwelen befördern. In der Odyssee wird der Händler geradezu als Gegenbild des kämpfenden, hellenischen Heros komponiert. Diese grundsätzlich negative Beurteilung des Händlers und des Handels ist angesichts der hohen autorativen Funktion, die den homerischen Epen für die griechische Literatur zukam, zu einem Topos geworden, der in der späteren literarischen Überlieferung weit verbreitet ist.

Die wirtschaftlichen Strukturen, die sich in dem um 700 v. Chr. oder noch später entstandenen Opus ,Werke und Tage' (*erga kai hemerai*) des Dichters Hesiod erkennen lassen, unterscheiden sich deutlich von denen in den homerischen Epen. Ebenso wie bei den homerischen Epen wird man gut daran tun, in den dort berichteten Sachzusammenhängen dichterische Idealvorstellungen zu sehen und den Text quellenimmanent zu betrachten. Im Zentrum der ,Werke und Tage' steht ein Streit des Dichters mit seinem Bruder Perses um das väterliche Erbe. Letzterer bringt die Sache vor die *basileis*, also vor diejenigen, die über die Erbteilung befinden sollten, und verliert dabei seinen Besitz. Daraufhin wendet er sich an den Bruder – also den Dichter Hesiod – und bittet ihn um Unterstützung. Jener rät ihm wiederum dazu, die Werke zu verrichten, die die Götter den Menschen bestimmt hätten, vom Dichter könne er nichts erwarten. Vor diesem Hintergrund entwickelte Hesiod einerseits seine Sicht auf die göttliche und menschliche Ordnung der Dinge und gab Anweisungen, wie ein Haushalt zu bewirtschaften sei. Seine Perspektive war nicht wie in den homerischen Epen die einer gesellschaftlichen Elite, sondern vermutlich die eines Eigentümers eines mittelgroßen Landbesitzes, der auch abhängige Arbeitskräfte sein Eigen nannte. Ziel war es, Wohlstand zu erwirtschaften, denn dieser war die wesentliche Voraussetzung für Sozialprestige. Hierfür galt es Sparsamkeit, an den Tag zu legen und einen maximalen persönlichen Arbeitseinsatz einzubringen, klug zu planen und alle ökonomischen wie sozialen Regeln zu befolgen. Explizit wurde der Bruder ermahnt, Wohlstand nicht durch Täuschung oder Gewalt zu erlangen, dieser sei nämlich nur kurzlebig. Vor diesem Hintergrund gab Hesiod seinem Bruder nun explizite Ratschläge darüber, wie dieser Wohlstand zu erlangen sei. Sein Hauptaugenmerk lag dabei auf der Landwirtschaft, aber auch der Handel über See wurde als Einnahmequelle genannt.

Wie in den homerischen Epen war der *oikos* der wesentliche Bezugspunkt des Dichters. Das von ihm dem Leser vor Augen gestellte Landgut war ein eher größeres, daher könnte man in Hesiod ein Mitglied der sich in den *poleis* formierenden Bürgerschicht (*polites*) seiner boiotischen Heimat Askra sehen, in dessen Gedankenwelt der Leser Einblick bekommt. Dabei steht der Dichter in deutlicher Distanz zu der als *basileis* (,Könige') titulierten gesellschaftlichen Elite. Hierin, wie auch in dem Rat, nur einen Sohn zu haben, da sonst Wohlstand nur schwer zu erzeugen sei, kann man einen deutlichen Hinweis auf die sich in der archaischen Zeit vollziehenden strukturellen Veränderungen sehen, auf die unten noch einzugehen sein wird. Wie in den homerischen Epen finden sich im *oikos* unfreie Arbeitskräfte, die in den Feldern und Weingärten arbeiten. Aber auch Lohnarbeiter finden Erwähnung. Gleichfalls analog zu den homerischen Epen war in den Augen des Dichters eine klare geschlechtsspezifische Arbeitsteilung gege-

*Hesiod*

*Oikos*

ben: Frauen arbeiteten im Haus, beispielsweise am Webstuhl. Die Form der Landwirtschaft gemahnt an die der homerischen Epen. Gleichwohl bevorzugte Hesiod den Getreidebau, darüber hinaus wurde Wein kultiviert. Schließlich betätigte er sich auch in der Viehzucht. Ein deutlicher Schwerpunkt lag aber auf dem Getreidebau, denn das, was der Dichter am meisten fürchtete, war der Hunger, der mit einer anderen Geißel, in Gestalt der Verschuldung, einherging. Der fundamentale Unterschied zwischen der Welt der homerischen Epen und derjenigen, die Hesiod vorführte, lag in der Gewichtung des Handels beziehungsweise des Handels zu Schiff. Persönlich wollte der Dichter nichts damit zu tun haben, aber er bildete eine legitime Einnahmequelle. Gewiss war dieser unter Umständen gefährlich, aber er war ein Weg, Hunger und Schulden zu vermeiden. Die Gefahren des Handels über See veranlassten Hesiod zu dem Rat, nur einen Teil seiner Erträge den Fährnissen einer Seefahrt anheimzugeben. Außerdem sollte man seine Waren auf große Schiffe verladen, denn große Schiffe versprachen – so Hesiod – großen Gewinn. Der Handel wurde also als ein gefährliches, nichtsdestoweniger gewinnträchtiges und damit positives Unterfangen vorgeführt, denn großer Gewinn bedeutete Wohlstand, der wiederum Sozialprestige in Form gesellschaftlicher Reputation generierte. Ferner scheint der Dichter davon auszugehen, stets Absatzmöglichkeiten für die produzierten Erzeugnisse zu finden.

Auch wenn man die in den homerischen Epen und in der Dichtung Hesiods geschilderten Verhältnisse zunächst einmal als die Imaginierung einer literarischen Welt versteht, bleibt dennoch nach deren Verhältnis zur Realität zu fragen. Dies ist eine komplexe Frage, die in der Forschung notorisch umstritten ist. Versteht man die beiden literarischen Konzeptionen allerdings als eine Form von intentionaler Historie, die die Probleme der eigenen Zeit beleuchtet, die vor allem wirtschaftlicher und sozialer Natur waren, dann kann man als Leitthema eine Kritik am Verhalten der zeitgenössischen Elite feststellen. So wurden Idealvorstellungen weitergegeben, die auf die Herausforderungen der Zeit – also die zahlreichen zwischen 750–650 v. Chr. vor sich gehenden Veränderungen in der Welt der Hellenen – antworteten.

# IX. Die Wirtschaft in der griechischen Welt

Die gängige Epocheneinteilung der Alten Geschichte ist für strukturgeschichtliche und hier wirtschafts- und sozialgeschichtliche Zusammenhänge nicht immer zielführend, da sich historische Strukturen in der *longue durée* häufig nur langsam ändern beziehungsweise sich von den politischen Zeitläuften des Öfteren unbeeindruckt zeigen.

> **longue durée**
> Mit dem Begriff der *longue durée* wird seit den 60er Jahren des vergangenen Jahrhunderts die Geschichte des langen beziehungsweise sehr langen Zeitablaufs bezeichnet, die von der Geschichte der Ereignisse beziehungsweise des kurzen Zeitraums (*courte durée*) abgehoben wird und jedenfalls länger dauert als das Leben eines Individuums. Die historische *Struktur* lässt sich dabei als ein Ordnungsgefüge oder Zusammenhang definieren, der eine Realität darstellt, die sich im Laufe der Zeit nur langsam verändert, aber gleichzeitig dem historischen Prozess zugrunde liegt und ihn bedingt. (nach F. Braudel, Geschichte und Sozialwissenschaften)

Dasselbe gilt auch für das Wirtschaftsleben determinierende Institutionen, wie etwa unter anderen Formen der Unfreiheit und juristische Rahmenbedingungen. Vor diesem Hintergrund ist an dieser Stelle ein Überblick zu liefern, der in seiner zeitlichen Dimension von der Archaik bis zur Provinzialisierung der griechischen Welt durch die Römer reicht. Seine Rechtfertigung findet dies in der erst durch die römische Herrschaft erfolgenden Veränderungen dessen, was man mit ALAIN BRESSON ein griechisches Weltsystem nennen kann, sowie in den Änderungen in Strukturen und Institutionen, die ebenfalls aus der Einbeziehung in den römischen Herrschaftsbereich resultierten. Hinzu kommt, dass man auch im Hellenismus nicht von *der* Wirtschaft der hellenistischen Welt sprechen kann. So werden exemplarisch zwei recht unterschiedliche hellenistische Königreiche zu besprechen sein, nachdem einige kurze Bemerkungen zur Wirtschaft in der griechischen Welt gemacht wurden.

Gleichwohl war diese griechische Welt keineswegs so einförmig, wie das eben Gesagte denken lassen könnte. Die überlieferten Quellen bringen eine gewisse Konzentration auf Athen mit sich, obwohl die dortigen Zustände keineswegs verallgemeinerbar sind. Schon Sparta mit seiner problematischen Überlieferungslage hat in vielen Details gänzlich andere Strukturen und unterscheidet sich wirtschaftlich besehen fundamental von Athen. In die Überlegungen miteinzubeziehen ist auch das sogenannte ‚Dritte Griechenland‘, wie HANS-JOACHIM GEHRKE den großen Rest der griechischen Welt bezeichnete. Dieses beschränkt sich geographisch gesehen nicht auf das heutige Griechenland mit seiner Inselwelt, sondern es sind auch die griechischen Siedlungen im Westen der heutigen Türkei, an der Küste des Schwarzen Meeres, auf Sizilien und in Süditalien im Prinzip mit einzubeziehen. Gleiches gilt für die einzelnen Poleis im westlichen Mittelmeergebiet und in Nordafrika. Gleichwohl ist in Bezug auf die rund 1.000 Poleis, die es in dieser Welt gab, nur wenig Konkretes zur Wirtschaftsgeschichte überlie-

E

fert. Darüber hinaus bildete die Polis zwar die beherrschende Staatsform, aber nicht die einzige, so dass man deutliche Unterschiede zwischen stammesstaatlichen und polisstaatlichen Gebilden auch in Bezug auf die Wirtschaft zu konstatieren hat. Den folgenden Ausführungen wohnt damit eine gewisse, unvermeidbare Konzentration auf Athen und damit auch auf die Polis als politischer Organisationsform inne. Die Unterschiede in dieser griechischen Welt waren viel größer, als es der heutige Befund auch nur erahnen lässt.

**Gesellschaft**     Das gilt auch für die nun kurz zu skizzierenden sozialen Strukturen in der griechischen Welt. Die grundlegende Trennungslinie in der Gesellschaft war wiederum diejenige zwischen Freien und Unfreien. Dabei existierten verschiedene Formen der Unfreiheit nebeneinander. Hier ist zunächst einmal an die Sklaverei zu denken, in die Menschen meist durch einen Verkauf als Sklave gelangten. Rechtlich gesehen verfügte der Eigentümer über Rechte an einem Menschen, wie sie sich sonst nur auf Sachen erstreckten. Der Sklave war damit weitgehend einer Sache gleichgestellt, über die der Eigentümer frei disponieren konnte. Die Einstellung gegenüber einem Sklaven zeigt sich schon an den im Griechischen u.a. verwendeten Begriffen *soma* (Körper) beziehungsweise *andrapodon* (Menschenfüßler). Wege in die Sklaverei waren häufiger die Kriege, in denen die Menschen einer eroberten Stadt als Teil der Beute betrachtet wurden. Für die Gefangenen konnte man entweder ein Lösegeld erpressen oder man konnte sie in die Sklaverei verkaufen, um aus den kriegerischen Handlungen wirtschaftlichen Gewinn zu ziehen. Auch die Praxis, die Männer zu töten und lediglich Frauen und Kinder in die Sklaverei zu verkaufen, ist zur Anwendung gekommen. Die Versklavung wurde unabhängig von der ethnischen Zugehörigkeit des Gegners vorgenommen, also auch unter Hellenen ausgeübt. Weitere Quelle der Kaufsklaverei war der Menschenraub zu Lande und zu Wasser. Schließlich dürften viele Sklaven Hausgeborene gewesen sein, also Kinder, die aus einer Verbindung zwischen Sklavin und Sklaven hervorgingen. War eines der beteiligten Elternteile frei, wird das Kind dem Status der Mutter gefolgt sein, auch wenn deutlichere Vorstellungen diesbezüglich lediglich für Athen zu gewinnen sind. Umfang und Bedeutung der Sklaverei für die Wirtschaft der griechischen Welt sind in der Forschung umstritten. Angesichts der hohen Kosten, die der Kauf eines Sklaven verursachte, sowie der nicht unerheblichen Kosten, die er selbst verursachte (Ernährung, Kleidung, evtl. auch Ausbildung), wird man hinsichtlich einer die ganze Gesellschaft durchdringenden Nutzung unfreier Arbeitskraft in Gestalt von Sklaven eine gewisse Zurückhaltung an den Tag legen wollen. Für das Athen des letzten Drittels des 5. Jahrhunderts v. Chr. liefern die sogenannten 'attischen Stelen' zumindest gewisse diesbezügliche Vorstellungen. In diesen Inschriften wird Rechenschaft über den Verkauf des Eigentums von religiösen Frevlern – den Hermokopiden – abgelegt. Diese dürften zur athenischen Oberschicht gehört haben und hatten – soweit sie attische Bürger waren – im Höchstfall 8 Sklaven. Der Eindruck, dass lediglich eine gewisse Oberschicht sich den Kauf eines Sklaven leisten konnte, wird durch die Preise für dieselben bestärkt, die ein Äquivalent von 150 bis 200 Tagelöhnen darstellten.

**Unfreiheit**     In Athen und den meisten anderen Poleis der griechischen Welt war die Sklaverei die Quelle unfreier Arbeitskraft. Darüber hinaus existierten noch andere Formen der Unfreiheit, die zur Generierung von Arbeitskraft genutzt wurden. Dabei handelt es sich um in die Unfreiheit gebrachte Bevölkerungsgruppen, die im betreffenden Gebiet ursprünglich ansässig waren. Diese Form der Unfreiheit existierte in Sparta, wo die Betroffenen als Heloten bezeichnet wurden. Für die Entstehung dieser Institution werden in der Forschung verschiedene Erklärungen geliefert. Es könnte sich um im Zuge von Zuwanderungen in den Status der Helotie herabgedrückte Menschen oder um im Zuge einer spartanischen Expansion kollektiv in den Status der Unfreiheit gezwungene Personengruppen handeln. Die Heloten hatten für die spartanischen Vollbürger deren Landlose (*klaroi*) zu bewirtschaften und mussten einen großen Teil der Erträge an diese abführen. Ähnliche Formen der Unfreiheit sind für Thessalien, Kreta und Herakleia am Pontos bezeugt.

Die Freien bildeten freilich eine alles andere als homogene Gruppe. In der Welt der Poleis unterschieden sie sich zunächst einmal fundamental in ‚Bürger' (Politen) und Fremde. Unter den Fremden wurde wiederum grundsätzlich unterschieden zwischen Freien, zwischen dauerhaft in einer fremden Polis ansässigen Fremden und solchen, die man als Fremde im eigentlichen Sinne bezeichnen könnte, nämlich nur kurz in der Polis verweilende Personen. Die erste Kategorie von Fremden wurde in den verschiedenen Poleis unterschiedlich bezeichnet, in Athen etwa als Metöken. Diese Metöken waren juristisch besehen gegenüber den Politen benachteiligt, da sie beispielsweise kein Eigentum an Land erwerben konnten. Auf der anderen Seite genossen sie einen gewissen Rechtsschutz, waren rechtsfähig und konnten in Handel und Handwerk das Metier ausüben, das ihnen behagte. Gerade in diesen Bereichen der Wirtschaft kam den Metöken in Athen offenkundig eine wichtige Rolle zu.

*Freie*

> **Xenophon äußert sich in den *Poroi* über die Möglichkeiten, Athen für Metöken attraktiver zu machen, um durch deren Ansiedlung die Staatseinkünfte zu mehren** **Q**
> Xenophon, über die Einkünfte 2,1 und 6
> … mir aber scheint diese Einnahme [die die Metöken bringen] eine der besten zu sein, weil diese sich selbst ernähren und sie den Städten nützen und keinen Lohn empfangen, sondern das Metoikion [die auf den Metöken lastende Abgabe an den Staat Athen] beibringen […] Da es sodann auch innerhalb der Mauern viele von Häusern freie Flächen und Baugrundstücke gibt, wenn die Stadt denen, die bauen wollen und die nach Antrag für würdig befunden werden, die Enktesis (sc. das Recht, Land als Eigentum zu erwerben) gibt, dann, meine ich, werden hierdurch mehr und bessere Leute eine Wohnung in Athen für sich erstreben.

War schon der in einer Polis gleichsam als Zugereister dauerhaft ansässige Fremde gegenüber den Politen deutlich benachteiligt, so gilt dies erst recht für die wirklich Fremden (gr.: sg. *xenos*, pl. *xenoi*), die lediglich für einen gewissen Zeitraum ihren Aufenthalt in der Polis nahmen, etwa um Handel zu treiben, da sie eigentlich keinen Rechtsschutz genossen. Dieser Mangel wurde freilich durch manche Institution (wie etwa die Proxenie) gemildert, was sich auf Handel und Verkehr positiv auswirken musste. Wiederum ist das Beispiel Athen das instruktivste. Hier gab es verschiedene Rechtsqualitäten von Fremden, die auf diese Weise zumindest etwas rechtlichen Schutz erlangten, ohne den jede Form der Ortsveränderung ein hohes Risiko be-

*Fremde*

deutet hätte, das für den Handel auf jeden Fall ein schweres Hemmnis dargestellt hätte.

Bürger      An der Spitze der Ordnung standen die Bürger, die das Staatsvolk (gr. *demos*) bildeten. Die Entwicklung hin zur Polis und damit die Herausbildung der Schicht der Politen, die die Elite aus begüterten Familien gewissermaßen entmachtet beziehungsweise in eine egalitärere Ordnung eingebunden hatte, ist ein wesentliches Charakteristikum weiter Teile der griechischen Welt. Die Einordnung in eine Schicht der Vollbürger konnte verschiedene Formen annehmen. Zum Bürger wurde man einerseits durch Geburt (ein oder beide Elternteile mussten das Bürgerrecht der jeweiligen Polis besitzen), zum anderen war es aber zumindest teilweise an ein timokratisches Prinzip gebunden. Gerade hierin liegt die Rückkoppelung der sozialen und politischen Ordnung zur Wirtschaft. Der Bürgerstatus beziehungsweise der Grad der politischen Mitwirkung war an ein bestimmtes Vermögen gebunden. Dabei ist in antiken Staaten das Prinzip zu beobachten, dass derjenige, der aufgrund seines Vermögens größere militärische Verpflichtungen auf sich nahm, auch ein größeres politisches Mitspracherecht erhielt. Somit hatte die Entwicklung der Phalanx, das heißt die schwer bewaffnete Infanterie und damit die für den einzelnen Soldaten kostenintensive Rüstung einen wesentlichen Einfluss auf die Entwicklung einer solchen Bürgerschicht. Das timokratische Prinzip – also die Koppelung des Bürgerstatus an ein bestimmtes Vermögen – konnte wiederum verschiedene Formen annehmen.

In Sparta kann man von einem an den Bürgerstatus gekoppelten Mindestvermögen sprechen, da jeder Spartiate ein gewisses Quantum an Getreide, Wein, Käse, Feigen und Zukost zu den Gemeinschaftsmahlen beizutragen hatte. War er hierzu nicht mehr in der Lage, verlor er seine Rechte als Bürger. Es ist also in gewisser Weise eine Abgabe aus dem Grundbesitz, die den Spartiaten zum Bürger macht. Anders gestalteten sich die Verhältnisse in Athen, wo die Schicht der Bürger seit dem beginnenden 6. Jahrhundert v. Chr. in vier auf dem jeweiligen Vermögen beruhende Klassen getrennt war, denen zunächst unterschiedliche politische Mitspracherechte zu Eigen waren. Bereits die Verbindung von Status und Vermögen demonstriert die hohe Bedeutung, die dem wirtschaftlichen Handeln und der Wirtschaft als solcher zukam. Schließlich standen auf diese Weise Eigentumsverhältnisse, quantitative Verteilung des Eigentums und politische Ordnung in einem engen, sich gegenseitig bedingenden Wechselverhältnis.

Makedonien      Dies wird offenkundig, wenn man sich den stammesstaatlich organisierten Teilen der griechischen Welt wie beispielsweise Makedonien zuwendet. Das makedonische Herrschaftsgebiet begann erst seit Philipp II. (359–336 v. Chr.) über mehr und mehr Poleis zu verfügen. Zuvor lebte die Bevölkerung in der Regel in Dörfern und die Makedonen fristeten ihr Dasein wohl in der Hauptsache als Wanderhirten, die mit ihren Herden das Land durchstreiften. Unter dem König, der offensichtlich über wichtige Ressourcen des Landes und einigen Reichtum verfügen konnte, standen die Adligen, die seiner Herrschaft – erkannten sie ihn denn an – im Gebiet seines Machtbereichs Geltung verschafften. Die gesellschaftliche Ordnung und als Spiegelbild derselben die wirtschaftlichen Gegebenheiten scheinen weit weniger komplex gewesen zu sein als die der Polis-Griechen.

Die wirtschaftliche Entwicklung und die wirtschaftlichen Gegebenheiten der griechischen Welt – so unterschiedlich sie im Einzelnen sein mögen – wiesen starke strukturelle Gemeinsamkeiten auf. Der Beginn des hier zu konturierenden Zeitraums stellte nach dem Zusammenbruch der bronzezeitlichen Palastwelt und des hieraus resultierenden starken wirtschaftlichen wie auch demographischen Rückgangs in der Frühen Eisenzeit einen Zeitabschnitt wirtschaftlichen und demographischen Wachstums dar. Mit der Polis war in der Archaik – dem Zeitraum von etwa 750 bis etwa 500 v. Chr. – diejenige Institution in Erscheinung getreten, die als Gestalter der Rahmenbedingungen für das Wirtschaftsleben im Allgemeinen maßgeblich war und darüber hinaus auch als Wirtschaftssubjekt handelte. Mit der Entwicklung der Polis ging ein weiterer Prozess einher, nämlich die sogenannte große griechische Kolonisation. Durch diese erfuhr die griechische Welt in ihrer räumlichen Ausdehnung eine bedeutende Erweiterung und dieselbe brachte die Griechen andererseits in Kontakt mit verschiedenen anderen Kulturen. Dieser Kontakt wiederum war auch wirtschaftlicher Natur. Dabei waren die Motive für die Gründung von Kolonien oder – um einen griechischen Terminus zu gebrauchen – für die Gründung von Apoikien nicht beziehungsweise nur im Ausnahmefall wirklich wirtschaftliche im Sinne einer ökonomischen Erschließung bestimmter Regionen durch die Gründung von Städten. Eine solche Ausnahme ist Naukratis in Ägypten, das dezidert der Abwicklung des Handels zwischen Griechen und Ägyptern diente. Davon abgesehen resultierte eine Gründung von Städten vor allem auch aus einer politisch-sozialen Desintegration in den Mutterstädten, hinter der nicht zuletzt auch wirtschaftliche Ursachen standen. Eine bestimmende Ursache wird in einem starken demographischen Wachstum gesehen, durch das ein größerer Druck auf den Ressourcen lastete, insbesondere in Bezug auf das zur Verfügung stehende Areal an landwirtschaftlichen Nutzflächen. Für diese Krise der Archaik wird gerade das Bevölkerungswachstum verantwortlich gemacht, durch das es zu einer immer stärkeren Verschuldung und damit zu einer Depossidierung der Bauern gekommen sei, da diese Grund und Boden verloren. Gewinner dieser Entwicklung waren demzufolge die Aristokraten, die wiederum in immer stärkeren Gegensatz zueinander gerieten und sich auch mit den mittels Eigentum und mittels Teilhabe an der militärischen Leistung immer selbstbewusster auftreten Politen (Bürgern) in Konfrontation befanden. Bevölkerungswachstum bedeutete wiederum erhöhte Konsumtion und damit gesteigerte Nachfrage nach Gütern. Die Gründung von Apoikien lieferte jedenfalls auch den Zugang zu Nachbarvölkern und -kulturen, der auch wirtschaftlicher Natur war. Dementsprechend kann man die begründete Vermutung wagen, dass auch der Handel in der Archaik einen nicht unbedeutenden Aufschwung nahm.

Jedenfalls kam es in der Archaik zu einem grundlegenden Gegensatz zwischen der Führungselite und dem Volk. Diesem Konflikt wohnte eine dezidierte wirtschaftliche Komponente inne, die politische Dimensionen gewann. Politik ist in diesem Kontext als das auf die Gemeinschaft – die Polis – gerichtete Handeln zu verstehen. Hier schlug nun die Stunde Einzelner, die als Gesetzgeber die Gemeinschaft auszusöhnen trachteten und die sozioökonomischen Gründe für die Zwietracht in den Poleis zu beseitigen suchten. Für Athen gestattet die Überlieferungslage in diesem Kontext nähere

Archaik

Solon

Einblicke. Hier waren es die Solonischen Reformen, die die Gegensätze zu lösen versuchten. Offenkundig war die Lage in der athenischen Polis um die Wende vom 7. zum 6. Jahrhundert v. Chr. so unerträglich geworden, dass man sich entschied, einen ‚Gesetzgeber' zu beauftragen, sich der Dinge anzunehmen. Im 6. Jahrhundert v. Chr. zum Archon und ‚Versöhner' (gr. *diallektes*) gewählt, entfaltete Solon eine umfangreiche gesetzgeberische Tätigkeit, um die Krise in der Polis Athen in den Griff zu bekommen. Diese Tätigkeit suchte er auch literarisch zu flankieren; da ihm in der späteren Zeit eine hohe autorative Funktion zukam, sind Zitate aus dieser Dichtung bei späteren Autoren überliefert. Diese Fragmente gestatten einen Einblick in die krisenhaften Momente, derer sich Solon annahm. Die Einzelheiten der krisenhaften Entwicklungen sowie die Lösungsansätze Solons sind in der heutigen Forschung und teilweise schon in der Antike umstritten, so dass an dieser Stelle lediglich plausible Szenarien vorgestellt werden können.

Mit dieser Krise hatte es folgende Bewandtnis: Das zu vermutende demographische Wachstum und die Realerbteilung dürften die wesentlichen Ursachen für die besagte Problemlage gewesen sein. Da Realerbteilung die gleichmäßige Verteilung des Besitzes auf die Erben beinhaltet, führte sie in Athen wie auch in anderen Regionen und anderen Epochen zu einer starken Fragmentierung der zur Verfügung stehenden Agrarfläche. Unter diesen Bedingungen wird sich ein Großteil der Bauern mit ihrer Familie am Rande oder auch jenseits des Existenzminimums bewegt haben. Fiel die Ernte schlecht aus, dürfte ein solcher Bauer recht bald gezwungen gewesen sein, Getreidedarlehen bei Angehörigen der Führungsschicht aufzunehmen. Darlehen, auch in Form von Getreide, bedeuteten in der Regel auch die Vereinbarung eines Zinses. Damit dürfte sich nunmehr die vorher schon prekäre Situation des Bauern verschärft haben. Konnte ein solcher Bauer seinen Zahlungsverpflichtungen nicht mehr nachkommen, war dem Gläubiger die Personalexekution erlaubt – das heißt die Vollstreckung der Schuld an der Person des Schuldners. Dies bedeutete den Verkauf des Schuldners als Sklave. So bildete auch der Rückkauf solcher Sklaven durch Solon und ein Verbot, fürderhin auf den Körper eines Schuldners zuzugreifen beziehungsweise den eigenen Körper bei Aufnahme eines Darlehens als Sicherheit einzubringen, einen wesentlichen Bestandteil seiner Tätigkeit. Eine Aufhebung der Schuldknechtschaft bedeutete dies freilich nicht, da selbige auch später noch belegt ist. Einer anderen Gruppe, die möglicherweise auch durch Verschuldung, unter Umständen aber auch durch andere Mechanismen, in soziale Abhängigkeiten beziehungsweise in diese spezifische Form der Unfreiheit geraten war, wandte Solon ebenfalls seine Aufmerksamkeit zu. Es handelte sich dabei um die sogenannten *hektemoroi*, also Bauern, die ein Sechstel ihres Ertrages an einen anderen abzuliefern hatten. Sichtbares Zeichen dieses Zustands waren *horoi* genannte Inschriftensteine auf den Feldern dieser Gruppierung, die laut einem in der ‚Verfassung der Athener' (*Athenaion politeia*) des Aristoteles überlieferten Fragments der solonischen Dichtung wieder Freie beziehungsweise Entschuldete werden sollten, da Solon eine allgemeine Schuldentilgung vornahm. Die solonischen Reformbemühungen widmeten sich noch einer Vielzahl anderer wirtschaftsgeschichtlich relevanter Problemkreise, die hier nicht näher betrachtet werden. Ein wichtiger Punkt bleibt jedoch noch zu erwähnen, nämlich die Einteilung des attischen Staatsvolks in Vermögensklassen. Deren oberste waren die ‚500-Scheffler‘ (gr. *pentekosiomedimnoi*), es folgten die ‚Reiter‘ (gr. *hippeis*), darauf die ‚paarweise (in der Schlachtordnung) Verbundenen‘ beziehungsweise einer anderen, wohl vorzuziehenden Interpretation zufolge ‚die, die ein Paar Ochsen besitzen‘ (gr. *zeugitai*) und schließlich die ‚Theten‘ – freie Leute ohne (ausreichend) Landeigentum, die für Lohn arbeiten (gr. *thetes*). Die Zugehörigkeit zu jeder der drei oberen Gruppen war an ein bestimmtes Mindesteinkommen gebunden, im Falle der *pentekosiomedimnoi* ein Ertrag von 500 Medimnen (Scheffeln), bei den Hippeis wiederum ein Ertrag von 300 Scheffeln und bei den Zeugiten ein Ertrag von 200 Scheffeln. Bestand ein solches Einkommen aus Getreide, wurde der attische Medimnos – ein Trockenhohlmaß mit einem Fassungsvermögen von 52,53 Litern – zugrundegelegt. Bestanden die Einkünfte in Öl oder Wein, wurde der Metretes mit einem Fassungsvermögen von etwa 39,39 Litern zugrunde gelegt. Mit dieser timokratischen Ordnung der Gesellschaft wurde die Größe des Eigentums an das Ausmaß der politischen Mitsprache gekoppelt. Der angesprochene Wohlstand der jeweiligen Gruppen musste dabei nicht zwangsläufig aus einer Akkumulation von Grundbesitz resultieren, zumal Solon dem Grunderwerb offenkundig ein bestimmtes Maß zu setzen suchte. Da der Reformer in einem seiner literarischen Erzeugnisse (der Musenelegie: Solon F 13 ed. West) verschiedene Formen des Lebensunterhalts aufführte – darunter auch Handel und Handwerk – darf man die Vermutung wagen, dass auch andere Erwerbszweige in Frage kamen. Wirtschaftliche Tätigkeit beziehungsweise die Generierung von Überschüssen musste daher zumindest in dieser Zeit im Interesse der athenischen Politen gelegen haben, da die Höhe ihrer Einkünfte über das Maß ihrer politischen Teilhabe entschied.

Die Solonischen Reformen stellten darüber hinaus in Bezug auf gesamthellenische Verhältnisse einen markanten wirtschaftsgeschichtlichen Einschnitt in der griechischen Poliswelt dar. In Athen und – so ist zumindest zu unterstellen – anderswo wurde die Polis (der Stadtstaat) zu derjenigen Institution, die ganz wesentlich das Wirtschaftsleben bedingte und regelte. Ferner hatte diese Institution die Fragmentierung der griechischen Welt in rund 1.000 politische Entitäten zur Folge. Dies wiederum hatte wichtige Konsequenzen im wirtschaftlichen Bereich, denkt man nur an den Warenaustausch und die Rechtsstellung von Händlern als Fremden außerhalb des eigenen Stadtstaates. Die Poleis schufen die Regularien für jede Form wirtschaftlichen Handelns, beispielsweise in Gestalt rechtlicher Rahmensetzungen. Durch die Prägung von Münzen lieferten sie die Grundlage für Marktbeziehungen innerhalb der Polis. Ohne beide Bereiche wäre die Entwicklung einer arbeitsteilig organisierten Gesellschaft in der Polis schlicht nicht möglich gewesen. Auf der anderen Seite schöpfte der Stadtstaat auch Einkünfte aus dem Wirtschaftsleben in Gestalt von Steuern, Zöllen und anderen Abgaben. Dabei war die staatliche Entnahmequote eine recht geringe, zumal regelmäßige Steuern etwa auf landwirtschaftliche Erträge die Ausnahme blieben. Solches war freilich nur möglich, da in der Regel ein großer Ausgabeposten entfiel, nämlich derjenige für den Krieg. Die Kosten für denselben trugen, soweit es Ausrüstung oder Ähnliches betraf, die Politen selbst, oder man suchte die Kosten für den Krieg anderen aufzubürden, so

Polis

wie etwa Athen mit seinen ‚Verbündeten' im Rahmen des Delisch-Attischen Seebundes verfuhr.

**Ein athenischer Volksbeschluss über die Einziehung von Tributen um 430 v. Chr**
HGIÜ 103
… der Rat soll unbedingt dem Volk eine Resolution vorlegen und unverzüglich betreffs des Tributs und der zusätzlichen Tributzahlungen, damit die Bündner die Beträge, die sie schulden, unverzüglich entrichten und sich an der Kriegführung gegen die Peloponnesier beteiligen …

Oder man suchte auswärtige Geldgeber für den Krieg, wie Sparta, das seinen Kampf gegen Athen in der letzten Phase des Peloponnesischen Krieges (431–404 v. Chr.) mit Geldern des persischen Großkönigs finanzierte. Schließlich ist zu betonen, dass der Krieg nicht nur Kosten verursachte, sondern auch durch das Beutemachen beträchtliche staatliche Einkünfte generieren konnte, wenn denn der Krieg erfolgreich geführt wurde. Schließlich ist noch ein weiterer Faktor zu nennen, den die Institution Polis auf dem Gebiet des Eigentums an Land mit sich brachte. Der Stadtstaat mit seinem in der Regel überschaubaren Territorium und der Beschränkung des Grundeigentums in der Hand der Politen verhinderte die Entwicklung eines Großgrundbesitzes.

Landwirtschaft    Wie in jeder vormodernen Ökonomie war die Landwirtschaft die hauptsächliche Einkommensquelle für einen Großteil der Menschen. Sie dürfte in der griechischen Welt rund 80 % des Wirtschaftslebens ausgemacht haben. Die landwirtschaftliche Produktion ist zunächst einmal in den großen Bereich des Anbaus von Pflanzen sowie in den der Viehzucht zu unterteilen. Die Kultivation von Nutzpflanzen wiederum lässt sich grob in drei große Bereiche gliedern, namentlich in den Feldbau (etwa von Getreide und Hülsenfrüchten), in den Bereich der Baumkulturen (zum Beispiel Oliven, Obstbäume, aber auch und insbesondere Wein) sowie in den Gartenbau. Insgesamt wurde die landwirtschaftliche Produktion zunächst durch die Kultivation der Grundnahrungsmittel Getreide, Olivenöl und Wein bestimmt. Diese drei Produkte bilden die *Mediterrane Trias*. Neben diesen Nahrungsmitteln sind noch die Leguminosen (Hülsenfrüchte) zu nennen, die aufgrund ihres hohen Eiweißgehaltes ein wichtiges Grundnahrungsmittel bildeten. Insofern ist die Trias also zum Quartett zu erweitern. Die Grundlage des menschlichen Überlebens stellten damals wie heute die Cerealien dar. In der griechischen Welt wurden verschiedene Getreidesorten kultiviert, unter denen der Weizen eine herausragende Bedeutung besaß. Jener wurde gegenüber der Gerste deutlich bevorzugt, was keine geschmacklichen Gründe hatte, sondern einem anderen Sachverhalt geschuldet war. Der Weizen war nämlich sehr viel glutenreicher als die Gerste, was beim Backen den Vorteil hatte, dass der Teig besser aufging. Zumindest für Attika lassen sich auf der Grundlage einer Inschrift, in der Funktionsträger Rechnung über Getreideerträge ablegten (IG II$^2$1672), Aussagen über das Mengenverhältnis machen, das zwischen den beiden Sorten gegeben war. Es schlug mit 9,3:1 zugunsten des Weizen aus; in der Forschung wird das Verhältnis von Gerste zu Weizen auf 4:1 beziehungsweise 3:1 veranschlagt. Andererseits wohnte dem Anbau von Gerste aber auch ein gewisser Vorteil inne, denn sie brauchte weit weniger Niederschlag als der Weizen. Wenig

Genaues lässt sich über die Erträge aus dem Getreideanbau sagen. Generell werden in der Forschung für die griechisch-römische Antike im Falle des Weizens Ertragsraten von 1:3 bis 1:15 veranschlagt. Abgesehen von der Ernte war der Getreideanbau nicht sonderlich personalintensiv. Das Gegenteil gilt für den Weinbau, in dem über das gesamte Agrarjahr hinweg zahlreiche Arbeiten zu leisten waren, die in ihrer Mehrzahl ausschließlich von gut trainiertem Personal durchzuführen waren. Die Lese und die Kelter waren wiederum besonders personalintensiv, zumal in der hellenischen Welt keine mechanisierten Weinpressen zum Einsatz kamen. Öl scheint erst später zu einem Grundnahrungsmittel geworden zu sein, denn es findet in der archaischen Dichtung keine Erwähnung. Auch hier erforderten bestimmte Arbeiten den Einsatz von spezialisierten Arbeitern.

Die drei genannten Produkte erfreuten sich auch einer großen Aufmerksamkeit der griechischen Autoren. Anders hingegen steht es mit den Leguminosen, deren Bedeutung als Grundnahrungsmittel bedeutend war. Fleisch stand allem Anschein nach nicht häufig auf dem Speisezettel, was angesichts des geringen Umfangs der zur Verfügung stehenden Weideflächen und der überschaubaren Konservierungsmöglichkeiten nicht überraschend ist. Daher hatten Hülsenfrüchte als Eiweißlieferanten für die menschliche Konsumtion eine erhebliche Bedeutung. Insbesondere ist dabei an Bohnen, Erbsen, Linsen, Kichererbsen und sogar auch Wicken zu denken, die in Form von Breien von der einfacheren Bevölkerung genossen wurden. Zumindest im Hellenismus kannte man auch die bodenverbessernden Eigenschaften der Leguminosen, weswegen in der Forschung die Frage lebhaft diskutiert wurde, ob in der griechischen Welt bereits eine Tendenz zur Drei-Felder-Wirtschaft in der Reihung Getreide-Hülsenfrüchte-Brache bestand.

> **Theophrast (ca. 371–287 v. Chr.) über die Eigenschaften der Bohne** Q
> Theophrast, Geschichte der Pflanzen 8,9,1
> Die Bohne [...] ist in anderer Weise nicht belastend (für den Boden) und scheint die Erde aufgrund des lockeren Wachstums und ihres leichten, schnellen Verrottens sogar zu düngen; daher pflügen die Bewohner Makedoniens und Thessaliens sie, wenn sie blühen, unter.

Unter den Baumkulturen ist noch die Feige als wichtiges Anbauprodukt hervorzuheben. Die Belege für ihre Kultivierung reichen bis in die mykenische Zeit zurück, und da sie sowohl in den homerischen Epen als auch als einzige namentlich in den ökonomischen Schriften Xenophons auftaucht und sogar in den Rechtssetzungen eines Solon vorkommt, dürfte auch sie zu den Grundnahrungsmitteln gerechnet werden, zumal ihr aufgrund ihrer Süße ein hoher kalorischer Wert zu eigen ist. Der Gartenbau, der für die griechische Welt nur schlecht fassbar ist, lieferte insbesondere Gemüse und Kräuter.

Die Viehzucht, der andere große Zweig landwirtschaftlicher Produktion, lässt sich in die Bereiche Groß- und Kleinviehhaltung sowie Geflügelzucht unterteilen. Als besondere Form tritt noch die Bienenzucht hinzu. Haltung und Zucht von Großvieh waren angesichts der Knappheit an Weideland eine kostspielige Angelegenheit. Rinder wurden in der Hauptsache wegen ihres Einsatzes als Zugtiere gehalten. Daneben wurde ihr Fleisch konsumiert

Viehzucht

und ihre Häute fanden eine Vielzahl von Verwendungen. Pferde waren Luxus, da sie nahezu ausschließlich als Reittiere beziehungsweise vor dem Rennwagen Verwendung fanden. Da die Kleidung neben Nahrung und Wohnung eines der menschlichen Grundbedürfnisse ist, kam der Haltung und Zucht von Schafen und Ziegen eine besondere Bedeutung zu. Beide Spezies waren Lieferanten von Wolle. Darüber hinaus waren sie auch Milchlieferanten; Milch wurde allerdings nicht als Getränk genossen – ihr Konsum wird in der griechischen Literatur als barbarisch betrachtet –, sondern sie diente der Herstellung von Käse. Die Knappheit an bebaubarer Fläche insbesondere im griechischen Kernland führte dazu, dass der großflächige Anbau von Flachs zur Herstellung von Leinen in einer direkten Konkurrenz zur Nahrungsmittelproduktion trat. Daher lag die Nutzung von Schafen und Ziegen und der hauptsächliche Gebrauch von Wolle als Grundlage der Stoffproduktion nahe, zumal die Herden nicht unmittelbar im Bereich der agrarischen Nutzflächen gehalten wurden, sondern unter der Aufsicht von Hirten in Gebieten, die für eine ackerbauliche Nutzung nicht in Frage kamen. Dies begünstigte die Haltung von Schafen und Ziegen vor allem in den Bergen, wo die Hirten mit ihren Herden lange Wanderungen zurücklegten. Diese Herdenwanderungen – den Begriff Transhumanz sollte man aufgrund seiner spezifisch frühneuzeitlichen Konnotationen in diesem Kontext vermeiden – waren häufiger Gegenstand zwischenstaatlicher Vereinbarungen, da beispielsweise beim Durchzug von Herden Weiderechte zu regeln waren. Sowohl Ziegen als auch Schafe verfügten bei einer Lebenserwartung von 8 bis 10 Jahren über eine hohe Reproduktionsrate, was ihren wirtschaftlichen Nutzen noch erhöhte. Einnahmequellen waren indes nicht nur Wolle und Käse, sondern die Tiere waren in der Tat auch Fleischlieferanten. Eine besondere wirtschaftliche Dimension kam ihrem Verkauf als Opfertieren zu. Schweine sind ebenfalls in die Kategorie des Kleinviehs zu rechnen. Ihre Haltung erfolgte nahe bei Gehöften oder – soweit vorhanden – in Wäldern. Bei ihrer Haltung stand wiederum der Ertrag an Fleisch im Vordergrund, hinzu kam die Funktion des Tieres bei Opferhandlungen, was wiederum eine wesentliche Einnahmequelle bildete. Große Bedeutung wohnte schließlich auch der Bienenzucht inne, da Honig das einzige Süßungsmittel in der Nahrungsmittelzubereitung darstellte. Insbesondere der attische Honig erfreute sich großer Beliebtheit. Die Problematik der Großviehhaltung sowie die Vorteile der Kleinviehhaltung in Griechenland werden evident, wenn man einen Blick auf die für Rinder und Pferde benötigten Wassermengen wirft. Bei einer Außentemperatur von 30 °C braucht ein Rindvieh mit einem Gewicht von 200 kg mehr als 30 Liter Wasser pro Tag, ein Pferd hat sogar mehr als 50 Liter nötig. Demgegenüber brauchen Schafe und Ziegen lediglich 5 bis 6 Liter Wasser pro Tag, ein Schwein derer 10. Die ganze Dimension des Wasserverbrauchs wird klar, wenn man drei Monate ohne Niederschläge in Regionen ohne ganzjährig vorhandene Wasserläufe berücksichtigt. Für ein einziges Rind bräuchte man für die Trockenzeit eine Bevorratung von mindestens 1.000 bis 1.200 Litern. Dementsprechend bildet die Verfügbarkeit von Wasser gleichsam eine Grundvoraussetzung für die Art der betriebenen Viehzucht und -haltung. Bezüglich der Wasserversorgung lassen sich in der griechischen Welt drei regionale, freilich nicht scharf voneinander abgegrenzte Typologien unterscheiden. Erstens die Ägäis mit Attika, den Kykladen und dem südlichen Ionien, zweitens ein Band von Thessalien nach Kreta unter Einschluss von Zentralgriechenland und der Peloponnes und drittens Westgriechenland mit Akarnanien, Aitolien, Epirus und Obermakedonien, also die Höhen und Abhänge des Pindos-Gebirges.

Der in einer Polis für die Landwirtschaft zur Verfügung stehende Boden, mithin das Territorium eines Stadtstaats, war in unterschiedliche Rechtskategorien unterteilt. Den einen Teil machte das Privatland aus (gr. *idia ge*), den anderen das der Allgemeinheit gehörende Land (gr. *koine ge*). Letzteres war wiederum in heiliges Land (gr. *hiera ge*), das sich im Eigentum von Heiligtümern befand, und öffentliches Land (gr. *demosia ge*), das der Polis gehörte, gegliedert. Über die Struktur des Eigentums an Privatland lassen sich für die griechische Welt nahezu keine Angaben machen. Einzig in Bezug auf Athen und Attika lassen sich für die Zeit des Peloponnesischen Krieges begründete Vermutungen formulieren, denen zufolge 85 % des Landes im Eigentum von rund einem Drittel der Bürger war. In Athen kann man anhand eines religiösen Frevels auch dezidiertere Vorstellungen über die Struktur des Eigentums von zur Oberschicht gehörenden Bürgern und von Metöken gewinnen. Das Eigentum der Frevler wurde versteigert und die Abrechnung dieser Versteigerung ist auf den sogenannten ‚Attischen Stelen‘ inschriftlich überliefert. Das in diesen Texten genannte Grundeigentum ist im Falle einzelner Eigentümer über Attika verteilt, mancher nennt auch außerhalb des eigentlichen Polisterritoriums Produktionseinheiten sein Eigen.

*(Marginalie: Land und Landeigentum)*

**Aus den attischen Stelen, 414 v. Chr.**
HGIÜ 132
Von dem Besitz des Polystratos Sohn des Diodoros aus dem Demos Ankyle [–] ein Haus in dem Demos Kydathenaion mit einer Eingangshalle, die von zwei Säulen flankiert ist, benachbart ist das Heiligtum der Artemis Amarysia von Athmonon [–] ein Grundstück in Ankyle südlich des Hügels … Von dem Besitz des Pherekles, Sohn des Pherenikaios aus dem Demos Themakos, in beiden Punkten verurteilt: Haus in dem Demos Bate und Grundstück, ein weiteres Grundstück [–] ein Grundstück beim Pythion [–] (Verkaufssteuer) 12 Drachmen, (Verkaufspreis) 1.200 Drachmen, ein Grundstück, morastiges Brachland beim Pythion, ein weiteres Grundstück beim Herakleion, die Hälfte der Orgas (= Weide?) zwischen dem Pythion und der Wasserleitung aus dem Heiligtum, die andere Hälfte in Kykale: Dies alles wurde zusammen in einem verkauft [–]

*(Marginalie: Q)*

Gleichwohl lässt sich das Beispiel Athen nicht verallgemeinern. Man wird sich auf der sicheren Seite bewegen, wenn man annimmt, kleinere Betriebe mit einer Größe von bis zu 5 Hektar (ca. 6 Fußballfelder) dürften das Rückgrat der Landwirtschaft gebildet haben. Der makedonische Siegeszug in Griechenland seit der Mitte 4. Jahrhunderts v. Chr. und die Installation makedonischer Könige mit einem Herrschaftsanspruch und einer realen Herrschaft über größere Teile des griechischen Kernlands stießen eine gewisse Entwicklung in Richtung hin zur Konzentration von Landeigentum an, die auch durch den gestalterischen Willen der Könige befördert wurde.

*(Marginalie: Betriebsgrößen)*

Von der Struktur des Landeigentums hängt selbstverständlich auch die Art und Weise seiner Bewirtschaftung ab. In diesem Kontext stellt sich wiederum die Frage, in welchem sozialen Stratum und in welchen Dimensionen

*(Marginalie: Arbeit/Arbeitsorganisation)*

**63**

von zur Verfügung stehender Fläche man sich bewegt und für welchen Raum man Aussagen formulieren möchte. Wiederum ist es Athen, das in der Überlieferung am besten erkennbar ist, inwieweit auf der Grundlage der diesbezüglichen Überlieferung getroffene Aussagen sich verallgemeinern lassen, sei einmal dahingestellt. Man wird aber von einer weitgehenden oder doch immer weiter um sich greifenden Monetarisierung der griechischen Welt ausgehen dürfen, eine Entwicklung, die in hellenistischer Zeit kulminierte. Dies wiederum bedingte, dass die landwirtschaftlichen Betriebe für den Markt produzieren konnten, über den der Austausch von Waren und Dienstleistungen abgewickelt wurde. Betrachtet man die Welt der Kleinbauern, so ist von einer Bewirtschaftung des Grundeigentums durch die männlichen Mitglieder des Haushalts auszugehen. Auch die Kinderarbeit ist dabei als Regel, keinesfalls als Ausnahme anzusehen. Inwieweit in den Haushalten des kleineren und mittleren Grundbesitzes beziehungsweise ob überhaupt Sklaven eingesetzt wurden, ist in der Forschung umstritten. Angesichts der vergleichsweise hohen Preise und auch der nicht unerheblichen Kosten für den Unterhalt solcher unfreier Arbeitskräfte, wird man eine allgemeine Verbreitung eher mit großer Skepsis zu betrachten haben. Bei Eigentümern größerer beziehungsweise verschiedener, räumlich auseinander liegender Produktionseinheiten gab es nicht nur eine direkte Bewirtschaftung des Bodens. Eine andere Möglichkeit bot die Verpachtung des Landes, die recht gut dokumentiert ist. Bewirtschaftete man verschiedene Produktionseinheiten direkt, blieb nur die Einsetzung eines Verwalters, der sich um den Betrieb kümmerte. Auch die kurzfristige Beschäftigung von Lohnarbeitern ist vor allem im Zuge personalintensiver Arbeiten anzunehmen, aber im Bereich der Landwirtschaft nur schlecht dokumentiert. Wo wie in Sparta neben der Sklaverei andere Formen der Unfreiheit existierten, wurden die Landgüter der Vollbürger – die entgegen der herrschenden Ideologie durchaus eine gesellschaftliche Elite darstellten und sozial alles andere als einheitlich waren – durch in die Unfreiheit herabgedrückte Bevölkerungsgruppen bewirtschaftet. Die Bewirtschaftung des Landes war aber nicht nur durch die Wahl der eingesetzten Arbeitskräfte, die Mitglieder des Haushalts, Verwalter, Sklaven, freie Lohnarbeiter oder Pächter sein konnten, bestimmt, sondern im Wesentlichen auch durch die Wahl der kultivierten Produkte beziehungsweise durch das Ausmaß, mit dem man sich etwa in der Viehzucht engagierte. Dabei war die Landwirtschaft allein aus klimatischen Gründen stets besonderen Risiken ausgesetzt. So bestand in Attika eine 28%ige Wahrscheinlichkeit, dass die Niederschläge des Jahres nicht ausreichten, um tatsächlich Weizen zu ernten. Ein anderes in der griechischen Welt endemisches Risiko war der Krieg, da man denselben auch gegen die feindlichen Ressourcen führte, also Ernten vernichtete beziehungsweise Weinstöcke und Oliven abholzte. Das erste Ziel der Bewirtschaftung eines landwirtschaftlichen Betriebs bestand also darin, zumindest einen minimalen Ertrag zu garantieren, der das Überleben sicherstellte. Eine weitere Strategie war es, verschiedene Produkte zu kultivieren, die sogenannte Polykultur. Die Oberschichten mussten darüber hinaus ein Interesse daran haben, ihre landwirtschaftlichen Einkunftsquellen auch räumlich zu diversifizieren. Diversifikation von Einkunftsquellen und Polykultur stellten also kein Charakteristikum einer ‚primitiven' Landwirtschaft dar, sondern waren

Ausdruck von wirtschaftlicher Rationalität, die durch den Gedanken der Risikovermeidung geleitet wurde.

In den Bereich der Nahrungsmittelproduktion gehört auch die Fischerei, die wirtschaftlich von großer Bedeutung war und die erst jüngst wieder in der Forschung berücksichtigt wurde. Diese Wichtigkeit resultierte zum einen aus dem hohen Wertschätzung von Fisch und von Meeresfrüchten in der menschliche Ernährung im Allgemeinen. Zum anderen resultierte sie aus den Zahlungen der Fischer an die Städte, die diese für die Erlaubnis zur Fischerei zahlten und die den Städten in Form von Zöllen und Abgaben auf die Fischereieinkünfte zuflossen. Für die Verbringung von Fisch auf den Markt war die Konservierung desselben von fundamentaler Bedeutung. Diese wurde durch Einsalzen erreicht, weswegen eine Vielzahl von verschiedenen Qualitäts- und Sortenbezeichnungen für Salzfisch existierte. *Fischerei*

Im Bereich der handwerklichen Produktion hat die große Anzahl von Berufs- und Tätigkeitsbezeichnungen das besondere Augenmerk der Forschung genossen. Häufiger wurde hierin sowohl in Bezug auf die griechische Welt als auch auf ihr römisches Pendant ein Zeichen für die vermeintliche Primitivität der Wirtschaft gesehen. Demgegenüber kann die in der Antike, etwa bei Platon, nachweislich vorhandene Kenntnis über die Bedeutung von Arbeitsteilung für die Steigerung von Qualität und Produktivität geltend gemacht werden. Ferner ist ein größeres Ausmaß an Spezialisierung als Zeichen eines wachsenden Marktes zu werten. Schon Xenophon und Platon sahen den Grund für die Herausbildung von Staatswesen in der nicht zu erreichenden Autarkie des Einzelnen. Die menschlichen Grundbedürfnisse Nahrung, Kleidung und Wohnung ließen Platon zu dem Schluss gelangen, dass einzelne Grundberufe in einer Polis vorhanden sein müssten, die sich mit der Deckung derselben beschäftigten. Die einzige Möglichkeit für Angehörige der verschiedenen Berufe miteinander in wirtschaftliche Austauschbeziehungen treten können, ist Platon zufolge der Markt, dessen Existenz wiederum zu einer weiteren beruflichen Spezialisierung führt, beispielsweise etwa zum Vorhandensein von Händlern. Generell kann man also die Anzahl der beruflichen Spezialisierungen als einen Indikator für das Ausmaß des Marktgeschehens betrachten. Der wichtigste Sektor der handwerklichen Produktion, wenn man die Anzahl von nachzuweisenden Berufsbezeichnungen und den Anteil an Personen, die in diesem Bereich arbeiteten, zugrunde legt, war die Produktion von Textilien. Gerade diese Sparte liefert auch Argumente, das auf MAX WEBER zurückgehende Konzept der antiken Stadt als einer ‚parasitären Konsumentenstadt‘ zu verwerfen. Eine ebenfalls recht große Anzahl von Berufen ist im Baugewerbe zu belegen, gefolgt von der Metallverarbeitung und der Herstellung von Produkten für den Haushalt. Erst dann folgt hinsichtlich der Anzahl der nachzuweisenden Berufe die Herstellung von Nahrungsmitteln. *Handwerk*

Einsichten in die Organisation der Arbeit im Bereich der handwerklichen Produktion zu gewinnen, ist schwer möglich. Dies hängt zum einen mit der Überlieferungslage zusammen. Details über die in der Forschung kontrovers diskutierten Größen handwerklicher Betriebe finden sich nahezu ausschließlich in attischen Gerichtsreden. Diese sind an sich schon eine problematische Quellengattung, da es die Intention der Redner war, eine möglichst große Gruppe von Richtern zu überzeugen, nicht etwa die *Arbeit/Arbeitsorganisation*

‚Wahrheit' zu finden. Darüber hinaus wird hier lediglich eine Elite – ausschließlich in Bezug auf die Vermögensgröße zu verstehen – erkennbar, die bestenfalls einen geringen Teil der einstmals vorhandenen Strukturen in der Bevölkerung ausmachen. Jedenfalls werden in dieser Quellengruppe extrem hohe Anzahlen unfreier Arbeitskräfte genannt, die in einzelnen Werkstätten (gr. *ergasteria*) gearbeitet haben. Berühmtheit genießt in der Forschung diesbezüglich die sogenannte „Schildfabrik" des Lysias, die – je nach Interpretation der Quelle (Lys. 12,19) – bis zu 120 Sklaven umfasst haben könnte. In dem auf die Herstellung von Messern spezialisierten *ergasterion* des Vaters des berühmten attischen Redners Demosthenes bildeten 32 Sklaven die Belegschaft. In einer Werkstatt, die auf die Herstellung von Liegen spezialisiert war, wurden 20 Sklaven beschäftigt. Demzufolge hätte man zumindest in Athen mit Werkstätten zu rechnen, die in Bezug auf die Anzahl der zum Einsatz kommenden Arbeitskräfte und hinsichtlich der Arbeitsteilung als manufakturartige Großbetriebe charakterisiert werden könnten. Größere Zahlen freier und unfreier Arbeitskräfte beschäftigten die Betriebe im Bergbaubezirk im Laureion-Gebirge im Südosten Attikas. In diesem Kontext sind die eigentliche Grube, die Aufbereitung des Erzes und seine Verhüttung zu unterscheiden. Je nach Kategorie fanden sich Betriebsgrößen zwischen 30 und 50 Arbeitern. Gerade hier wird deutlich, dass die Sklaven nicht zwangsläufig Eigentum des Betreibers sein mussten, sondern dass Großeigentümer ihre Sklaven oft an dieselben vermieteten. Die Spitze bildet hier ein gewisser Nikias, der 1.000 Sklaven sein eigen genannt haben soll und Einkünfte aus ihrer Vermietung im Laureion bezog. Einen besonderen Einblick in die Arbeitsorganisation im Baugewerbe geben die inschriftlich bezeugten Abrechnungen über Baumaßnahmen in staatlichem Auftrag, die wiederum aus Athen stammen. Freie Handwerker – sowohl Bürger als auch Metöken – übernahmen etwa im Falle des Erechtheions die Ausführung bestimmter Arbeiten und brachten auch Sklaven in den Arbeitsprozess ein, deren Entlohnung wiederum der Eigentümer kassierte. Die Anzahl der Sklaven, die einzelne Handwerker besaßen, schwankte zwischen einem und fünf Sklaven, was die oben genannten ‚Attischen Stelen' bestätigen. Aus dem Erwähnten allgemeine Schlüsse auch nur für Athen ziehen zu wollen, ist schwer, um vom Rest der griechischen Welt ganz zu schweigen. Wie bereits in der Landwirtschaft ist ein Nebeneinander von freier und unfreier Arbeitskraft zu konstatieren; die Letztere wurde entweder direkt ausgebeutet oder konnte – scheute man die vergleichsweise hohen Anschaffungskosten – von anderen Eigentümern gemietet werden. Es gab noch eine weitere Möglichkeit, von der Sklavenarbeit zu profitieren. Sklaven konnten nämlich auch relativ eigenständig ökonomisch agieren, hatten aber ihrem Herrn im Gegenzug eine bestimmte Summe zu zahlen. Die Betriebsgrößen von Handwerkern reichten nach Ausweis der Quellen von einer Einzelperson, die unter Umständen mit Hilfe der Familie agierte, bis hin zu solchen, die mehrere Sklaven ihr eigen nannten. Eine gewisse Normalität scheint hier eine Betriebsgröße von einem Eigentümer mit einem bis fünf Sklaven gewesen zu sein, der Einsatz größerer Sklavenmengen scheint sich im Bereich von 20 bis 30 Sklaven bewegt zu haben, noch größere Mengen – wie im Falle der erwähnten „Schildfabrik" – haben als Ausnahme zu gelten.

Die Distribution von Waren lag offenkundig häufiger in den Händen der Produzenten selbst, darüber hinaus ist aber ein nicht geringes Ausmaß an spezialisiertem Handel nachzuweisen. Hier gilt es zunächst zwischen dem Handel innerhalb des Territoriums einer Polis und außerhalb desselben zu unterscheiden. Wie bereits oben angedeutet, ist die Autarkie des *oikos* als eine Chimäre der Forschung zu betrachten. Die Vielzahl der in der Überlieferung erkennbaren Berufe zeigt recht deutlich, dass Austauschbeziehungen über den Markt und mit Hilfe von Geld abzuwickeln waren, auch wenn diese Schlussfolgerung wiederum wesentlich auf dem Befund Athens beruht. Dieser Markt wurde sowohl durch die Produzenten direkt beschickt als auch durch spezialisierte Händler. Marktgeschehen konnte sich unter den Bedingungen der Antike wiederum entweder periodisch, also wie heute, in bestimmten Zeitabständen abspielen oder aber permanent sein: An bestimmten Stellen in der Stadt, insbesondere dem Marktplatz (gr. *agora*) fanden sich also permanent Stände oder Läden, in denen Käufe und Verkäufe vonstattengehen konnten. Damit kam der *agora* eine äußerst wichtige Funktion zu. Sie senkte bereits durch ihr physisches Vorhandensein die Transaktionskosten für alle am Marktgeschehen Beteiligten, da Ort und Zeit von An- und Verkauf bekannt waren. In der Tat deutet darauf auch eine Einlassung Platons (Plat. rep. 371c) hin, derzufolge die meisten Produzenten landwirtschaftlicher Güter gerne ihre Produkte an die permanent auf der Agora anwesenden Händler verkauften, weil sie hierdurch der Notwendigkeit enthoben wurden, selbst vor Ort zu sein und auf ihre Besitzungen zurückkehren konnten. Dies deutet die eminent wirtschaftliche Funktion an, die den Marktplätzen in der griechischen Welt zukam. Der Markt war aber schon in der griechischen Welt nicht nur im physischen Sinne gegeben, sondern auch im übertragenen. Es bestand also eine Korrelation zwischen Angebot, Nachfrage und Preis einer Ware. Solches lässt sich insbesondere anhand der Getreidepreise zeigen, auch wenn es ein stetes Bestreben griechischer Staatlichkeiten war, scharfe Preissteigerungen zu verhindern. Der überwiegende Teil solcher Einzelhändler widmete sich, soweit es die überlieferten Berufsbezeichnungen erkennen lassen, dem Verkauf von Lebensmitteln. Außerhalb dieses Bereiches reicht das Spektrum vom Buch- bis hin zum Weihrauchhändler.

Was den Handel außerhalb der Polis anbelangt, so war schon in der klassischen Zeit selbst das Bewusstsein vorhanden, dass kein Stadtstaat ohne Importe auskommen kann. Wieder ist es Platon, bei dem sich ein solcher Gedanke findet; diesem fügte er bemerkenswerterweise noch die hieraus resultierende Notwendigkeit hinzu, Überschüsse zu produzieren, die man gegen das Benötigte eintauschen kann (Plat. rep. 370e). Handel wird damit zur Lebensnotwendigkeit für die Polis! Ausschließlich durch den Handel konnte die ungleiche Verteilung der natürlichen Ressourcen ausgeglichen werden. Gleichzeitig brachte diese Verteilung natürlicher Ressourcen – wie ALAIN BRESSON jüngst schlüssig aufgezeigt hat – eine Art Arbeitsteilung der Poleis in der griechischen Welt mit sich. Wie im kleinen Bereich der Polis selbst, so brachte diese ‚Arbeitsteilung‘ eine Interaktion der Poleis über den Markt mit sich. Das griechische ‚Weltsystem‘, dessen Zentrum die Ägäis war und dessen Peripherie Ägypten, die Kyrenaika, das Schwarze Meer, Zypern und Sizilien bildeten, war geradezu auf den Warenaustausch zwischen beiden Berei-

Distribution/Handel

Außenhandel

chen gegründet. Die Peripherie lieferte Rohprodukte wie Holz und Getreide und erhielt im Gegenzug verarbeitete Produkte in Gestalt von handwerklichen Erzeugnissen. Der Löwenanteil des Handels gehorchte schlicht dem Prinzip von Bedarf und Überschuss. Aber es existierten komplexere Mechanismen, denn der Import von Rohstoffen war erforderlich, damit diese zu handwerklichen Produkten verarbeitet werden konnten. Darüber hinaus existierten auch komplexere Interdependenzen zwischen verschiedenen Regionen. Ein diesbezüglich instruktives Beispiel ist der athenische Handel an den Bosporos. Mit athenischem Silber wurde in der Nordägäis Wein erhandelt. Diesen wiederum tauschte man am Zielpunkt gegen Getreide ein, das dann nach Athen verbracht wurde. Diese Konstellation führte zu einem Aufschwung des Weinbaus in der Nordägäis, der durch einen Rückgang des athenischen Handels dann deutliche Beeinträchtigungen erfahren sollte. Auch interdependente Preisbildungen sind zu beobachten. So lassen sich etwa auf Delos überregionale von regionalen Preisbildungen unterscheiden. Handel und Händler erfüllten also insgesamt wichtige Funktionen für die einzelnen Stadtstaaten, weswegen Austauschbeziehungen sowohl im Innern als auch nach außen sich staatlicher Aufmerksamkeit erfreuten. Hierauf wird gleich noch zurückzukommen sein.

**Dienstleistungen**    Mit dem Handel ist aber bereits der dritte Sektor der Wirtschaft angesprochen, nämlich der der Dienstleistungen. Wiederum sind es die Berufsbezeichnungen, die einen gewissen Einblick erlauben. Handel hängt im Wesentlichen auch von Transportmöglichkeiten ab, so dass in diesem Bereich auch verschiedene Individuen ihr Auskommen finden konnten. Abgesehen davon sind verschiedenste Dienstleistungen nachweisbar, die vom Haareschneider über den Bader bis hin zu Lehrern auf verschiedenen Niveaus reichen. Eine größere Wichtigkeit kam dem Bankenwesen zu, freilich nicht in seiner heutigen Funktion als Kreditgeber. Ganz im Gegenteil traten als Kreditgeber in der griechischen Welt insbesondere Privatpersonen auf, bei denen man Kapital aufnehmen konnte. Dies gilt insbesondere für die wichtigste Form des Investitionskredits in Gestalt des Seedarlehens, das bei hohem Risiko gleichzeitig hohen Gewinn versprach. Die Rolle der Banken beziehungsweise der Bankiers war hingegen zunächst vor allem der Wechsel von Geld und die Prüfung von Münzen. Seit dem 4. Jahrhundert v. Chr. ist auch eine Funktion als Depositarbank in den Quellen nachzuvollziehen. Angemerkt sei, dass auch Heiligtümer in der griechischen Welt Bankfunktionen wahrnahmen.

**Charakter der Wirtschaft**    Betrachtet man nun die Wirtschaft in der griechischen Welt insgesamt, so wird die wesentliche Rolle offenbar, die der Markt im eigentlichen wie auch übertragenen Sinne spielte. Damit ist aber keineswegs gesagt, dass **Subsistenzwirtschaft** nicht existierte.

**E**    **Subsistenzwirtschaft**
Der Begriff Subsistenzwirtschaft bezeichnet landwirtschaftliche Produktion, die auf Eigenversorgung ausgerichtet ist und nicht an dem monetären Geldkreislauf einer Wirtschaft teilhat.

Ganz im Gegenteil, selbstverständlich ist auch von dem Vorhandensein kleiner Bauern auszugehen, die gerade einmal das Lebensnotwendige produzierten. Eine arbeitsteilig organisierte Gesellschaft ist freilich ohne Austausch über den Markt nicht denkbar, zumal wenn sie – wie die athenische – offenkundig weitgehend monetarisiert war. In diesem Punkt ist Athen keinesfalls als ein Sonderfall zu betrachten. Gleiches gilt etwa auch für die Bündner Athens im Delisch-Attischen Seebund, die ja ihre Tribute in Geld zu entrichten hatten, was einen wesentlichen Schub in Richtung einer breiten Monetarisierung bedeutete, zumal Athen das Münzwesen in seinem Machtbereich später zu vereinheitlichen suchte. Die Frage bleibt indes, in welchem Verhältnis Agrarproduktion, handwerkliche Produktion und Dienstleistungen zueinander standen. Dank der Überlegungen von ALAIN BRESSON kann man sich diesbezüglich auch gewisse quantitative Vorstellungen machen. Demzufolge konnten im Höchstfall 25 % der Bevökerung einer gegebenen Polis sich ausschließlich aus dem Markt heraus ernähren, was im Umkehrschluss zeigt, wie sehr die Wirtschaft der Landwirtschaft verhaftet war. Es waren wiederum wohl nur rund 15 % der produzierten Getreidemenge, die die Produzenten von Cerealien auf den Markt bringen konnten, um dort dann anderes zu erhandeln.

Es bleibt nach dem in der Forschung heftig diskutierten Verhältnis zwischen Staat – das heißt Polis – und Wirtschaft zu fragen. Insbesondere um die Existenz einer ‚Wirtschaftpolitik‘ wurde zwischen den Vertretern primitivistischer Forschungspositionen und anderen gerungen. Ohne hier auf Details einzugehen, ist mit ALAIN BRESSON die immense Bedeutung der Institution ‚Polis‘ und aller mit ihr zusammenhängenden beziehungsweise aus ihr hervorgehenden Institutionen zu unterstreichen. Die Polis ist zunächst einmal als eine Gemeinschaft von Grundeigentümern zu betrachten, die gleichzeitig Krieger waren, die gegen andere Gruppen vorgingen, die ihnen Eigentum streitig machten. Darüber hinaus regelte die Gemeinschaft der Politen Streitigkeiten im Innern. Anders gewendet bedeutet dies: Die Polis garantierte dem Einzelnen sein Eigentum. Auf einer abstrakteren Ebene formuliert könnte man sagen: Das Privateigentum basierte auf der Appropriation eines Territoriums durch die Gemeinschaft der Polis. Aus dieser Garantie wiederum leitete sich das Verfügungsrecht des Einzelnen über sein Eigentum ab, das somit zum Gegenstand von Kauf und Verkauf werden konnte. Die Bedeutung der Austauschbeziehungen für die griechische Welt ist oben schon unterstrichen worden. Auch für diese lieferte die Polis wiederum den institutionellen Rahmen. Hierbei ist zwischen dem Austausch auf dem Markt im Inneren und der Interaktion mit Angehörigen anderer Poleis beziehungsweise anderer Staatlichkeiten im Allgemeinen zu unterscheiden. Wie bereits oben erwähnt, wurden die Austauschbeziehungen im Inneren im Wesentlichen über die Agora als Ort und Institution abgewickelt. Die Polis übte eine Kontrolle über die Transaktionen auf ihr insofern aus, als sie durch Gesetze und Beamte in Gestalt von Agoranomen für die Einhaltung von Regeln und die Vermeidung von Betrügereien sorgte. Durch fallweise Festsetzungen von Höchstpreisen suchten die staatlichen Institutionen überaus scharfe Preissteigerungen bei Gütern wie Getreide zu vermeiden, um eine Grundversorgung zu gewährleisten. Freilich konnten bei einer solchen Festsetzung Marktpreise nicht völlig außer Acht gelassen werden. Überhaupt ist den Poleis das Bestreben zu eigen, eine gewisse Preisstabilität zu erreichen, wofür man verschiedene Methoden – beispielsweise auch die Privilegierung Einzelner oder staatliche Ankäufe von Getreide – anwandte.

Staat und Wirtschaft

Durch die Prägung von Münzen schuf die Polis eine wesentliche Voraussetzung für die Abwicklung von Transaktionen. Nach außen wurde der Handel über das *emporion* abgewickelt, das man als eine Art Kontaktzone zwischen Politen und nicht ansässigen Fremden mit einem spezifischen Rechtstatus betrachten kann und das gewisse Ähnlichkeiten mit dem heutigen Konzept des Freihafens aufweist, da Waren, die in das *emporion* eingebracht wurden, im Sinne einer Hebung von Zöllen noch nicht als importiert galten. Die Hebung von Zöllen und eventuell Verkaufssteuern bildeten auf der einen Seite eine Möglichkeit der Kontrolle des Flusses von Waren und des Zugangs von Fremden, auf der anderen Seite stellten sie eine wesentliche Einkunftsquelle für die Polis dar. Mehr noch: Durch die Privilegierung von Einzelnen oder von Gemeinwesen konnten für fremde Händler Anreize geschaffen werden, mit ihren Waren die privilegierende Polis anzulaufen, mit anderen Worten: Man verschaffte sich hierdurch unter Umständen einen Standortvorteil gegenüber anderen Poleis. Das *emporion* als Rechtsraum schuf darüber hinaus Rechtssicherheit für Fremde im Rahmen des Austauschs von Waren, wobei die Durchsetzung gesetzlicher Regulierungen speziellen Magistraten anvertraut war. Alles in allem erscheint aufgrund des Gesagten die Frage nach der Existenz einer Wirtschaftspolitik wie die Suche nach den griechischen Kalenden. Begreift man ,Politik' als ein auf die Polisgemeinschaft gerichtetes Handeln von Institutionen, so ist deren Allgegenwärtigkeit in der Wirtschaft augenscheinlich. Versteht man ferner Wirtschaftspolitik als ein zielgerichtetes Handeln, das darin besteht, das was ist, dem was sein soll, mithilfe geeigneter Mittel anzugleichen, so braucht die Frage eigentlich nicht weiter disputiert zu werden.

*Staat als Akteur*      Nun erschöpft sich staatliches Handeln auf dem Gebiet der Wirtschaft nicht in dem Vorhandensein von Institutionen und ihrem Agieren zur Regulierung und Beförderung des Wirtschaftslebens. Der Staat – also hier die Polis – trat auch selbst in vielfältiger Weise als Wirtschaftssubjekt auf. Dies hatte Implikationen für andere Wirtschaftssektoren beziehungsweise für das staatliche Agieren in anderen Bereichen. Einige wenige athenische Beispiele mögen diesbezüglich genügen. Hier wäre etwa an das Flottenbauprogramm und den Unterhalt der zeitweise über 400 Einheiten umfassenden Kriegsflotte zu denken, die zumindest bis zum Ende des Peloponnesischen Krieges insbesondere durch die Bündner finanziert wurde. So dürften die mindestens 400 Trieren (geruderte Kriegsschiffe), die im Jahr 427/426 v. Chr. im Dienst waren, mit Ausrüstung einen Wert von 2.867.000 Drachmen repräsentiert haben. Die Kosten für den Einsatz eines Schiffes – insbesondere die Besoldung für die rund 200 Mann starke Besatzung – werden üblicherweise auf 6.000 Drachmen pro Monat veranschlagt. Rüstung für den Krieg und die Führung desselben wurden damit zu einer kostspieligen Angelegenheit, die finanziert werden musste. Mehr noch: Ginge man davon aus, dass alle Schiffe gleichzeitig in den Einsatz kamen, hätten für die gesamte Flotte 80.000 Mann mobilisiert werden müssen, was in etwa einem Drittel der für die Mitte des 5. Jahrhunderts v. Chr. angenommenen Gesamtbevölkerung Attikas entsprochen hätte (daher konnte die Flotte auch nicht ausschließlich mit athenischen Bürgern bemannt werden). An einer Stelle werden die Kosten für eine militärische Kampagne der Athener sogar genannt: Die zweieinhalbjährige Belagerung der Stadt Potidaia auf der Chalkidike schlug mit

12.000.000 Drachmen zu Buche (Thuk. 3,17). Zum Vergleich: Das notwendige Minimum an Bargeld zum Überleben dürfte bei 3 Obolen, also einer halben Drachme gelegen haben. Die genannte Summe repräsentiert damit das 24.000.000-Fache des täglichen Existenzminimums. Diese Zahlen sind mit vielerlei Unwägbarkeiten behaftet, aber sie liefern immerhin eine Vorstellung über die Größenordnung der im Athen der klassischen Zeit anfallenden Kosten für die Flotte, für den Einsatz derselben und über die finanziellen Dimensionen einer Belagerung. Bau, Unterhalt und Einsatz der Flotte (wie auch des restlichen Militärs) verschlangen also erhebliche Mittel und mussten finanziert werden. Ohne die *phoroi* genannten Tribute, die die „Bündner" Athens zu zahlen hatten, wäre dies ein unmögliches Unterfangen gewesen, auch wenn für Teilaspekte der Finanzierung Privatpersonen und die athenische Staatskasse herangezogen wurden. Jedenfalls flossen in den rund 70 Jahren, in denen der erste Seebund bestand, erhebliche Geldsummen nach Athen, die die Wirtschaft allgemein belebt haben werden. Die Besoldung von Ruderern und Soldaten brachte Bargeld in deren Hände, was wiederum dem Konsum förderlich war. Sofern man sich nicht in den Besitz fremder Schiffe setzen konnte, verlangten Bau und Unterhalt der Trieren selbst den Einsatz spezialisierter Handwerker, in deren Taschen Geld floss. Die benötigten Materialien für Bau und Ausrüstung der Schiffe mussten desgleichen bezahlt werden. Auch hier flossen also Gelder der „Bundesgenossen" in athenische Hände. Kurz gesagt: Der Seebund entzog der Wirtschaft der verbündeten Städte Bargeld und speiste es im Wesentlichen, wenn auch nicht zur Gänze, in den athenischen Wirtschaftskreislauf ein. Damit hatte das außenpolitische Agieren der Athener dezidierte wirtschaftliche Konsequenzen. Auf einer anderen Ebene wurde das Geld, das der Seebund den Athenern einbrachte, durchaus auch als Grundlage der athenischen Großmachtstellung gesehen. Man kann also mit Recht schlussfolgern, dass wirtschaftliche Erwägungen und außenpolitisches Agieren in einem engen Wechselverhältnis standen. Ja es setzte sich gar das Bewusstsein der grundlegenden Rolle des Geldes im Krieg durch, das letztlich hierdurch als eine Art von Waffe wahrgenommen wurde. Krieg musste aber nicht nur finanziert werden, verursachte also Kosten, sondern stellte auch in der klassischen Zeit eine Erwerbsform dar. Mit anderen Worten: Beute bildete einen wesentlichen Faktor der Kriegführung, ihr finanzieller Gegenwert bildete gleichsam die Habenseite. Auch private Interessen in Bezug auf Beute führten zu Kriegshandlungen, wenn man dem Bericht des Thukydides über die Motivationen des Alkibiades für den athenischen Sizilienfeldzug gegen Ende des fünften Jahrhunderts v. Chr. Glauben schenken will. Schließlich sei noch auf ein weiteres Beispiel für die Verbindung von staatlichem Handeln, Krieg und Beute aufmerksam gemacht: auf die attischen Kleruchien, deren Existenz ohne Seebund und Flotte und damit ohne die *phoroi* nicht möglich gewesen wäre und die selbst eine Beute der Athener von großer ökonomischer Bedeutung darstellten. Durch Kriegszüge setzten sich die Athener in das Eigentum von Land außerhalb ihres Territoriums. Die einstmals ansässige Bevölkerung wurde vertrieben oder in den Status von Pächtern herabgedrückt. Das Land in den Kleruchien wurde im Wesentlichen an die Oberschichten vergeben. Die Kleruchen, die Land in den ‚überseeischen' Territorien zugesprochen bekamen, generierten auf diese Weise für

sich selbst Wohlstand. Anderweitig ist auch die Vertreibung beziehungsweise die Versklavung der ursprünglich ansässigen Bevölkerung bezeugt.
Von der Inbesitznahme des Landes der attischen Kleruchien profitierten
wiederum nicht nur Einzelne, sondern auch der athenische Staat in seiner
Gesamtheit. Denn die Kleruchien brachten einerseits Einkünfte in Form von
Steuern und trugen andererseits dazu bei, Athen und Attika, die sich selbst
nicht zur Gänze mit Getreide versorgen konnten, mit diesem Grundnahrungsmittel zu beliefern. Alles dies liefert ein instruktives Beispiel für den
Versuch griechischer Staatlichkeiten, die eigene ökonomische Lage auf Kosten anderer zu bessern.

**Sparta**      Das bislang gezeichnete Bild der griechischen Wirtschaft basiert im Wesentlichen auf dem Beispiel Athens. Dieses Bild mag in großen Teilen auch
für andere Poleis der griechischen Welt zutreffend gewesen sein, aber es
existierten auch gänzlich andere Wirtschaftsformen, die nicht zuletzt durch
gänzlich andere gesellschaftliche und politische Ordnungen bedingt waren.
Das beste diesbezügliche Beispiel ist Sparta, das hier freilich nur kurz skiz-
ziert werden kann. Die Wirtschaft Spartas basierte wesentlich auf der oben
erwähnten Institution der Helotie. Einstmals freie Personen wurden in einen
unfreien Status herabgedrückt und mussten Felder, die in der Vergangenheit
einmal das Eigentum ihrer Vorfahren gewesen waren, bewirtschaften. Einen
erheblichen Teil der Erträge aus der Landwirtschaft hatten sie an die Spartiaten abzuliefern, denen das jeweilige Land gehörte. In gewisser Weise rückte
das die Heloten in die Nähe von Pächtern, wie sie auch aus der Neuzeit bekannt sind. Die Eigentümer des Landes waren also nicht wesentlich an dessen Bewirtschaftung beteiligt. Auch wenn in den Quellen häufig die
‚Gleichheit' der Spartiaten hervorgehoben wurde, so war dies mehr Ideologie denn gelebte Realität. Auch im Kosmos Sparta bildete sich eine Gruppe
von Bürgern heraus, die in der Lage war, Eigentum an Land zu akkumulie-
ren. Darüber hinaus war auch die Viehwirtschaft ein Charakteristikum spar-
tanischer Landwirtschaft. Ein wesentlicher struktureller Unterschied gegenüber der Wirtschaft Athens lag auch in dem sehr späten Beginn einer auf
Edelmetall basierenden Münzprägung in der Mitte des 3. Jahrhunderts
v. Chr. Vorher hatte man Eisengeld in Gebrauch, das offenkundig – zumindest innerhalb der Polis – ausreichte, um alle auf Geld basierenden Transaktionen auszuführen. Darüber hinaus nutzte man sowohl im privaten Umfeld
als auch staatlicherseits die Münzen anderer Gemeinwesen und dies sogar,
wenn es um die Finanzierung von Kriegen im Allgemeinen und Söldnerauf-
geboten im Besonderen ging.

**Q**    **Zahlungen für die Kriegskasse des Peloponnesischen Bundes an Sparta im Jahr
427 (?) v. Chr.**
HGIÜ 110
… den Lakedaimoniern x-hundert Dareiken,– den Lakedaimoniern für den Krieg
neun Minen und zehn Statere [–] Es gaben von den Chiern die Freunde der Lake-
daimonier x aiginetische Statere [–] NN des NN Sohn gab den Lakedaimoniern –
vieles und an Dareikoi 800 und an Silbergeld drei Talente …

Das Fehlen einer Geldprägung auf Grundlage von Edelmetall war allerdings
kein spartanisches Spezifikum, sondern war in zahlreichen anderen Poleis
üblich. Ein Grund für das Nichtvorhandensein von Münzen aus edlem Me-

tall war, dass der Einzelne in Sparta seinen Verpflichtungen gegenüber dem Staat im Wesentlichen durch das Abliefern von Agrarüberschüssen nachkommen konnte, während solche Verpflichtungen in Athen durch die Zahlung von Geld erfüllt wurden. Aber selbst für Sparta lässt sich der Austausch über den Markt nachweisen. Jedenfalls zeigt bereits dieses Beispiel, wie unterschiedlich privates wie öffentliches Wirtschaften in der griechischen Welt sein konnte.

Diese Unterschiedlichkeit wird offenkundig, wenn man die Welt außerhalb der Polis betrachtet, beispielsweise Makedonien. Selbiges war im Wesentlichen von Viehwirtschaft, insbesondere von Pferdezucht geprägt, hinzu trat die Kultur der mediterranen Trias. Der König hatte die Verfügungsgewalt über wesentliche Ressourcen wie beispielsweise Holz inne. Erst die Regierungszeit Philipps II. hat auch in wirtschaftlicher Hinsicht einen wesentlichen Einschnitt bedeutet, da auch in diesem Fall kriegerische Expansion mit der Akkumulation von Wohlstand einherging.

**Makedonien**

> **Der im 2. Jahrhundert n. Chr. schreibende Historiograph Arrian legt Alexander III. („dem Großen") folgende Rede über die wirtschaftlichen Zustände in Makedonien in den Mund**
> Arrian, Anabasis 7,9,2–4
> Philipp (gemeint ist Philipp II. von Makedonien) übernahm (die Regierung über) Euch, als ihr ohne festen Wohnsitz und mittellos wart, als viele in Felle (gekleidet) wenig Kleinvieh auf den Bergen weideten und um dieses in schlechter Art und Weise mit Illyrern, Triballern und den benachbarten Thrakern kämpften, und er gab Euch Mäntel anstatt der Felle zum Tragen, er führte Euch von den Bergen hinab in die Ebenen und machte Euch zu Leuten, die dem Kampf gegen die benachbarten Barbaren gewachsen waren, so dass ihr hinfort nicht im Vertrauen auf die Festigkeit der Örtlichkeiten, sondern vielmehr im Vertrauen auf die Euch eigene Mannhaftigkeit am Leben bleibt, er machte Euch zu Bewohnern von Städten und stattete Euch mit äußerst nützlichen Gesetzen und Bräuchen aus. Er machte Euch von Sklaven und Hörigen zu Herren über eben jene Barbaren, von denen zuvor Ihr selbst und Eure Habe verschleppt und fortgebracht wurde, er fügte viel von Thrakien Makedonien hinzu und er machte den Handel dem Land zugänglich, indem er die am besten gelegenen Orte am Meer in Besitz nahm, und gewährleistete eine furchtlose Ausbeutung der Bergwerke …

**Q**

Das eben Gesagte zeigt überaus deutlich, wie unterschiedlich die Performanz der Wirtschaft in der griechischen Welt war. Schon die Untersuchung der Wirtschaft von Städten außerhalb Athens ist überaus komplex, noch schwieriger ist die Betrachtung einer weiteren Ebene der Wirtschaft in Gestalt der Konsumtion. Wesentlich für diesen war selbstverständlich zunächst einmal die Deckung der menschlichen Grundbedürfnisse Kleidung und Nahrung. Gerade der Sicherung dieser Grundbedürfnisse kam gleichzeitig eine erhebliche soziale Funktion zu, diente (und dient) doch gerade dieser Bereich dem Individuum auch zur sozialen Distinktion. Art und Qualität der konsumierten Güter verdeutlichten die gesellschaftliche Stellung der Einzelnen. Das Bemühen von Gemeinwesen gegen ‚Luxus' in seinen vielfältigen Erscheinungsformen vorzugehen, weist auf das Bemühen der Eliten hin, solchem Luxus zu frönen. Mancher sah in diesem Luxus eine Gefahr für die gesellschaftliche Stabilität. Auch fällt es schwer, Aussagen über den Lebensstandard zu treffen, da derselbe wesentlich sozial und individuell so-

**Performanz**

wie auf vielfältige andere Weise determiniert war. Jedenfalls war eine scharfe Trennung in Arme und Reiche vorhanden, wobei die Armen und die Armut in der Überlieferung kaum erkennbar sind. Armut hinterlässt keine Quellen. Überliefert sind hingegen Urteile über Armut und Reichtum, beides übrigens schwer zu definierende Begriffe, da auch ihnen individuelle Wahrnehmungen zugrundeliegen. Auf einer philosophischen Ebene waren diejenigen in der griechischen Welt arm zu nennen, deren Besitz nicht so groß war, dass sie davon hätten leben können, weswegen sie zu einer Erwerbstätigkeit gezwungen waren. Eine solche Definition traf freilich auf den allergrößten Teil der Bevölkerung zu.

Mentalitätsgeschichtlich wichtig ist die in vielen Quellen erkennbare positive Bewertung von Reichtum, die ihre Entsprechung in der Furcht vor Armut hatte. Letztere wurde als ein Unglück auf der Ebene von Krankheit und Alter beziehungsweise im schlimmsten Falle von beidem zusammen gesehen. In dieser Sichtweise wurde Armut auch zur Ursache sittlicher Korrumpierung und moralischen Verfalls gemacht, aus dem auch politische Verderbnis resultierte. Schließlich resultierte aus der Armut auch Übles in Gestalt von kriminellen Handlungen aller Art. Diese philosophische Sicht der Dinge wird in anderen Quellen nicht ohne Weiteres geteilt. In der attischen Komödie wurde der aktive Erwerb des Lebensunterhalts positiv gesehen und der Reichtum kritisch dargestellt. Begibt man sich auf die Ebene mutmaßlicher Realitäten, so darf man für Athen die Annahme wagen, dass zwei bis drei Obolen pro Tag ausreichten, um den Lebensunterhalt zu decken, und dass dies in der Tat als üblicher Tageslohn betrachtet werden kann. Diesen Tageslohn kann man mit Preisangaben konfrontieren, die wiederum insbesondere aus der attischen Komödie stammen, welche in diesem Kontext eine nicht unproblematische Quelle bildet. Auf deren Grundlage gewinnt man wiederum den Eindruck, mit den drei Obolen hätte man eine dreiköpfige Familie zumindest in Bezug auf die Ernährung versorgen können. Kleidung ist hier noch nicht eingerechnet. Zum Vergleich: Für einen Mantel wird ein Preis von 20 Drachmen genannt (Arist. Plut. 982–983), was also 40–60 Tagelöhnen entsprochen hätte. Schon Schuhe kosten einer anderen Komödie zufolge 8 Drachmen (Eup. Frg. 270), was 16–24 Tagelöhne umfasste. Setzt man diese Tagelöhne wiederum in Beziehung mit den Privatpersonen von Seiten des Staates auferlegten Verpflichtungen (Liturgien), so erreichten diese große Dimensionen. Die ‚günstigste‘ Liturgie bedeutete eine finanzielle Belastung von 50 Drachmen oder 100–150 Tagelöhnen, die teuerste von rund 5.000 bis 6.000 Drachmen entsprach damit einer Spanne von 10.000 bis 18.000 Tagelöhnen. Die Tatsache, dass der athenische Staat offensichtlich keine Schwierigkeiten hatte, Bürger zur Erfüllung dieser Liturgien zu finden, demonstriert das dichte Nebeneinander von Armut und Reichtum. Man wird aber nicht fehl darin gehen, wenn man annimmt, dass ein Großteil der städtischen wie der ländlichen Bevölkerung in ökonomisch prekären Verhältnissen lebte, was ebenso in anderen vormodernen Gesellschaften der Fall war. Das Los der Sklaven, die etwa in den Bergwerken unter erbärmlichen Bedingungen zu arbeiten hatten und der Willkür ihrer Herren ausgesetzt waren, war noch um einiges trister.

# X. Wirtschaft in der hellenistischen Welt

Epoche

Wie bereits oben bemerkt, ist es nicht möglich, von der Wirtschaft der hellenistischen Welt im Sinne eines einheitlichen Systems zu sprechen. Schon CLAIRE PRÉAUX – die große alte Dame der hellenistischen Wirtschaftsgeschichte im Allgemeinen sowie derjenigen des ptolemäischen Ägypten im Besonderen – glaubte nicht an die Existenz einer neuen Konzeption von Wirtschaft, die den Reichen, die sich nach dem Tod von Alexander III. („dem Großen") im Jahr 323 v. Chr. gebildet hatten, gemeinsam gewesen sei. Gleichwohl ließen sich strukturelle Gemeinsamkeiten zwischen den drei großen Monarchien finden. Auch glaubte sie nicht daran, dass die hellenistische Welt ein geeintes ökonomisches Gebilde gewesen sei. Kurz: Wirtschaftsgeschichtlich betrachtet gibt es kein Charakteristikum, aufgrund dessen man die gemeinhin als Hellenismus bezeichnete Epoche von 323 bis 30 v. Chr. scharf von anderen Epochen abheben könnte oder ihr auch nur eine wie auch immer geartete Einheitlichkeit unterstellen könnte. Nicht ohne Grund wird also in den Überblicksdarstellungen von MICHAEL ROSTOVT-ZEFF, CLAIRE PRÉAUX und auch FRITZ MORITZ HEICHELHEIM der Terminus ‚Hellenismus' ausschließlich im Sinne einer chronologischen Gliederung verwendet. Daher wird im Folgenden ein besonderes Augenmerk auf zwei Monarchien zu legen sein, die als Beispiele für die makedonischen Königreiche in Vorderasien gelten, nämlich auf das Reich der Ptolemäer sowie auf dasjenige der Seleukiden.

Strukturelle Gemeinsamkeiten

Ungeachtet dieser generellen Einschränkung lassen sich gewisse strukturelle Gemeinsamkeiten zwischen den Reichen feststellen, die – betrachtet man das Handeln der jeweiligen Könige – nicht zuletzt aus ihrem gemeinsamen makedonischen Hintergrund resultierten und auf ihrer Sozialisierung durch Philipp II. und Alexander III. („dem Großen") beruhten. Eine wirtschaftsgeschichtlich wirksame Konstante war die beständige Kriegführung der Königreiche gegeneinander und später gegen die Römer. Einerseits führte dies zu Belastungen für die Städte, die Abgaben zu leisten hatten, andererseits resultierte hieraus für die Könige auch die Notwendigkeit, über bedeutende Geldmittel zu verfügen. Denn Geld war in der klassischen Zeit – genauer seit dem Ende der Perserkriege und dem Entstehen der athenischen Vormachtstellung – zu der zentralen Ressource geworden, die das Führen eines Krieges und das siegreiche Bestehen in ihm erst ermöglichte. Dies gilt insbesondere für die maritime Dimension des Krieges, die wiederum bei den Kämpfen der hellenistischen Königreiche untereinander eine erhebliche Bedeutung besaß. Die überaus hohe Wichtigkeit des Geldes für die Kriegsführung führte dazu, dass die Könige staatliche Einkommen aus ihren Reichen generieren mussten. Besaß man – wie die Antigoniden in Makedonien – Ressourcen an Edelmetall im eigenen Herrschaftsgebiet, war die Versorgung des Staatshaushalts mit Bargeld nicht besonders schwierig. In den Reichen der Seleukiden und Lagiden (= Ptolemäer) gestalteten sich die Dinge wesentlich komplexer, da man dort über keine Silbervorkommen verfügte. Aus diesem Faktum rührte wiederum ein starkes Interesse für wirtschaftliche und fiskalische Maßnahmen auf Seiten der Könige beziehungsweise der jeweiligen Staatlichkeiten. Letztlich hatte dies zur Konsequenz, dass sich eine weitgehende Monetarisierung der griechischen Welt und des östlichen Mittelmeerraumes einstellte. In Verbindung damit standen auch die vielen Neugründungen von hellenischen Poleis, die unter anderem die Schöpfung von Einkünften aus den Reichen erleichterten. Auf diesen Sachverhalten beruht ein gewisse Konzentration der Forschung auf die ‚königliche Ökonomie‘.

Kulturkontakt,<br>Innovation, Techno-<br>logietransfer

Eine Gemeinsamkeit des Lagiden- und des Seleukidenreichs lag in der Etablierung einer Fremdherrschaft über Gebiete, denen die neuen staatlichen und wirtschaftlichen Institutionen unvertraut waren. Enchorische Institutionen und solche, die die makedonischen Eroberer mit sich brachten, trafen hier also aufeinander, interagierten miteinander und führten zu Neuentwicklungen. Dies galt auch für andere Bereiche des Wirtschaftslebens, etwa für bestimmte Ernährungs- beziehungsweise Kleidungsgewohnheiten der Hellenen, die auf solche der einheimischen Bevölkerung trafen. Hieraus resultierten nicht nur Entwicklungen im Bereich der Landwirtschaft, beispielsweise durch die Einführung neuer Anbauprodukte, sondern auf beiden Seiten veränderten sich auch die Konsumhaltungen. Andererseits trafen die Griechen in Ägypten und Mesopotamien – um nur zwei Beispiele herauszugreifen – auf geomorphologische Bedingungen, die ihnen nachgerade fremd sein mussten. Hieraus resultierte nicht nur ein Prozess des beidseitigen Technologietransfers, sondern generell dürfte die intensive Beschäftigung der literarischen Welt mit der Landwirtschaft oder mit dem Wesen von Pflanzen auch und gerade dem Kontakt mit fremden Welten geschuldet gewesen sein. Es bleibt hier aber nicht bei einem Aufeinandertreffen von Fremdherrschern und einheimischer Bevölkerung, sondern es kam auch zu einer offenkundig zahlenmäßig bedeutenden Immigration von Hellenen in die neuen makedonischen Reiche, so dass es auch auf einer alltäglichen Ebene zu Kulturkontakten zwischen enchorischer Bevölkerung und Zuwanderern kam. Diese Hellenen, bei denen es sich vor allem um Soldaten handelte, erhielten insbesondere Landzuweisungen, durch die sie langfristig an die Herrscher gebunden werden sollten. Dies gilt in umso größerem Umfang für Personen, die dem Herrscher nahestanden und die in äußerst großzügiger Weise mit Land bedacht wurden.

Ägypten

Das aufgrund seiner reichen Überlieferung an Papyrusurkunden am besten dokumentierte Beispiel für die nur kurz angedeuteten Prozesse ist das den Hauptbestandteil des Ptolemäerreichs bildende Ägypten. In der Forschung standen hier lange Zeit die griechischen Papyrusurkunden im Vordergrund, die zudem noch schwerpunktmäßig aus der Fayum genannten Großoase westlich des Nils in Mittelägypten stammen, erst in der jüngeren Zeit wurden in großem Umfang auch die demotischen (also in ägyptischer Sprache abgefassten) Papyrusurkunden in die Betrachtungen miteinbezogen, wodurch ein wesentlich differenzierteres Bild entstand. Die Bevölkerung Ägyptens setzte sich freilich nicht nur aus Hellenen und Ägyptern zusammen. Ein weiteres starkes Element stellten die Juden dar, für die das Land am Nil seit der pharaonischen Zeit ein Ziel von regionaler Mobilität war. Hinzu kamen weitere Ethnien wie Idumäer, Kilikier, Lykier und Phryger. Diese waren in eigenen Rechtsgemeinschaften (gr. *politeumata*) zusammengeschlossen, die innerhalb der Gemeinschaft und offenkundig zumindest auch in bestimmten Fällen im Kontakt mit Außenstehenden eine eigene Kompetenz zur Rechtssprechung besaßen.

> **Eine Eingabe an die leitenden Magistrate des *politeuma* der Juden von Hermopolis aus dem Jahr 138/137 v. Chr.**
> P. Polit. Iud. 10
> An die Archonten des 33. Jahres von Ptolemaia. Nachdem ich der Händlerin Tetois, eine von denen aus dem Hafen, ein Stathmion (eine Gewichtseinheit unbekannten Wertes) Wolle zum Spinnen gegeben habe und nachdem ich die Hälfte des vereinbarten Lohnes bezahlt habe, diese nun aber nicht das (abgeschlossene) Werk zurückgeben will, sondern Ausflüchte macht, bitte ich, diese vorzuladen und sie zu zwingen, nach Erhalt des Restes des Lohnes es herauszugeben, damit ich auf diese Weise Gerechtigkeit erlange. Lebt wohl!

Q

Dies bedeutete zumindest für die Geschäftsabwicklung innerhalb dieser Gemeinschaften eine Senkung der Transaktionskosten, da die zuständigen Magistrate und die Regularien den Beteiligten bekannt waren. Ferner bewirkte dies in der multikulturellen Gesellschaft des ptolemäischen Ägypten, zumindest für die zugewanderten Ethnien, eine nicht unerhebliche Rechtssicherheit, die dem Wirtschaftsleben zuträglich gewesen sein wird.

Gesellschaft

Die Besteuerung der verschiedenen Bevölkerungsgruppen verdeutlicht die von den Königen intendierte soziale Hierarchisierung und das daraus resultierende Bemühen der Ptolemäer, das hellenische Element deutlich von den anderen abzuheben und demselben ein deutliches Übergewicht über die anderen zu verschaffen. Mit WILLY CLARYSSE und DOROTHY THOMPSON könnte man dieses Bemühen des ptolemäischen Staates als einen Akt von kulturellem Imperialismus bezeichnen. Die Gruppen, die steuerlich privilegiert wurden, sind in diesem Sinne bezeichnend. Es sind diejenigen, die hellenische Kultur praktizierten und lehrten, und zwar auf der Grundlage von griechischer Erziehung und Literatur. So genossen die Lehrer des Griechischen eine privilegierten Status ebenso wie die Trainer von Athleten und Schauspieler. Folgerichtig bildeten die Hellenen eine eigene fiskalische Gruppierung, die nicht nur steuerliche Vorteile genoss, sondern auch von der wichtigen Arbeit an den Deichen befreit war. Zu diesen ‚Steuer-Hellenen' gehörte freilich auch ein geringer Prozentsatz von Ägyptern und einigen anderen zugewanderten Ethnien, die auf diese Weise privilegiert wurden. Eine eigene Gruppe formten auch diejenigen, die zum Militär gehörten, sei es als aktive Soldaten, sei es als Reserve, die vom Staat mit Land bedacht worden war und nur im Ernstfall aufgeboten wurde. Die letztgenannte Gruppe bildeten die Kleruchen, die untereinander wiederum durch die Größe des empfangenen Landes unterschieden wurden. Alle eben genannten Gruppierungen zusammen bildeten den griechischen Bevölkerungsanteil, der in bestimmten Regionen – insbesondere dem Fayum – einen großen Anteil an der Gesamtbevölkerung hatte (gewisse Abstriche sind beim Militär zu machen, da hier im Laufe der Zeit ein wachsender Anteil von Ägyptern hinzukam). Eine Auswertung diesbezüglicher Steuerlisten legt einen Anteil von rund einem Drittel der erwachsenen männlichen Bevölkerung in dieser Region nahe. Auch die Juden formten eine steuerlich privilegierte Gruppe innerhalb der Bewohner Ägyptens. Gleiches gilt für die Perser, die in den demotischen Texten als Meder bezeichnet werden. Eine gewisse Privilegierung genossen auch die in den Urkunden erwähnten Araber. Unter der einheimischen ägyptischen Bevölkerung waren es die Priester und Tempelarbeiter, die eine Privilegierung seitens des Staates erfuhren, was in einem engen Zusammenhang mit dem komplexen Verhältnis zwischen den Königen und den Tempeln steht.

Land und Recht

Wesentlich für die Wirtschaft des ptolemäischen Ägypten war die Rechtsqualität des bestellbaren Bodens. An erster Stelle ist in diesem Kontext das Königsland (gr. *basilike ge*) zu nennen, das in der Regel von Pächtern – den Königsbauern – bewirtschaftet wurde. Dabei wurden diese durch einen Vorschuss von Saatgut unter Umständen erst in die Lage versetzt, das königliche Land zu bewirtschaften. Der Pachtzins bestand in einem Teil des Ertrages, der erheblich variieren konnte. Dank des in den Papyrusurkunden überlieferten Zahlenmaterials kann man sich sogar gewisse Vorstellungen von der wirtschaftlichen Situation der Königsbauern machen. Einer diesbezüglichen Modellrechnung zufolge konnte ein Königsbauer unter üblichen Bedingungen soviel Weizen produzieren, dass die Menge nach Abzug von Pachtzins und Steuern 355 Tage den Kalorienbedarf von vier Personen deckte. Eine wichtige Landkategorie bestand im Tempelland (gr. *hiera ge*), das angesichts des nicht unerheblichen Reichtums der ägyptischen Tempel einen nicht unwesentlichen Anteil an der landwirtschaftlich nutzbaren Gesamtfläche Ägyptens gebildet haben dürfte. Diese *hiera ge* wurde entweder durch die Tempel verpachtet oder aber in Eigenregie bewirtschaftet und staatlicherseits nur mäßig steuerlich belastet.

Eine besondere Landkategorie bildeten die ‚Schenkungen‘ von Land an Personen, die als hohe Funktionäre dem König nahestanden. Diese sogenannten *doreai* hatten erheblichen Umfang. Die Zuweisung des Landes wurde häufig von steuerlichen Privilegien und anderen Wohltaten, etwa in Gestalt der Gerichtsbarkeit begleitet. Dabei wurde eine zugewiesene *dorea* nicht Eigentum des Beschenkten, sondern sie konnte vom König wieder eingezogen werden. Dank der Überlieferung von rund 2.000 Urkunden aus dem Zenon-Archiv kann man sich zumindest über die Gestalt einer *dorea* genauere Vorstellungen machen. Jene wurde von König Ptolemaios II. Philadelphos einem gewissen Apollonios zugewiesen, der mit der Verwaltung des Besitzes wiederum den besagten Zenon beauftragte. Die *dorea* des Apollonios hatte einen Umfang von 10.000 Aruren oder etwa 2.700 Hektar. Gerade die Urkunden des Zenon-Archivs zeigen aber auch, dass die Vergabe von Land nicht nur als Wohltat gedacht war, sondern auch übergeordneten Zwecken und letztlich dem Vorteil des Königs dienen sollte. Zenons Korrespondenz lässt als solche Ziele eine Vergrößerung der landwirtschaftlich nutzbaren Fläche und die Melioration des Landes erkennen. Dazu gehörten der Ausbau von Deichen und Bewässerungskanälen, die Einführung neuer Anbauprodukte, besserer Arbeitsmethoden und effektiverer landwirtschaftlicher Geräte. Für die Zuteilung von Land an Soldaten existierte eine eigene Bodenkategorie, das Kleruchenland (gr. *kleruchike ge*). Die Größe des an die Soldaten ausgegebenen Landes richtete sich nach „Dienstgrad" und Sozialprestige der jeweilig Bedachten. Für diese existierten gewisse Standardgrößen, etwa 100 oder 30 Aruren. Obwohl auch dieser Grund und Boden im Grundsatz Eigentum des Königs blieb, stellten sich im Laufe der Zeit Tendenzen ein, die es gleichsam in das Eigentum des Bedachten übergehen ließen. Schließlich bleibt noch das Privatland zu erwähnen, das auch in Ägypten vorhanden war. Gleichwohl drängt sich der Eindruck auf, dass der überwiegende Teil des Landes im Eigentum des Königs beziehungsweise des Staates war.

Auch eine andere für das Wirtschaftsleben des ptolemäischen Ägypten bedeutende Institution gab der Forschung des Öfteren Anlass, die besondere Rolle des Staates in der Ökonomie des Landes zu betonen beziehungsweise dieselbe als ‚Staatswirtschaft' zu charakterisieren. Es handelt sich um die Verpachtung von Monopolen, die in verschiedenen Formen nachgewiesen ist. Grundsätzlich vermochte der ptolemäische Staat mittels dieser Monopole einerseits eine gewisse Steuerung auszuüben, andererseits aber Einnahmen zu generieren. Besonders gut dokumentiert ist das Ölmonopol. Vor der Bestellung der Felder wurde dasselbe seitens des Staates versteigert, der erfolgreiche Bieter hatte dann eine ausreichende, staatlicherseits in Hinsicht auf die Menge vorgegebene Produktion und pünktliche Zahlung der Pachtzinsen zu garantieren. Kurz vor der Ernte der Ölsamen hatte der Pächter den Ertrag zu schätzen und diese Schätzung staatlichen Stellen mitzuteilen. Die Bauern mussten dann die gesamte Ernte an den Pächter abliefern, wofür sie einen staatlicherseits garantierten Fixpreis erhielten. Die Erträge wurden wiederum an zentralen Plätzen gesammelt und die Ölsamen im nächsten Schritt mit vom Staat gestellten Ölpressen verarbeitet. Das produzierte Öl wurde schließlich zu Fixpreisen von der staatlichen Verwaltung übernommen und dann für bestimmte Vertriebsräume an Kleinhändler versteigert, die es wiederum an den Endkonsumenten brachten. Offenbar beinhaltete das hier nur kurz angedeutete, recht komplexe System für alle Beteiligten ausreichend Gewinnmöglichkeiten, andererseits konnte der Staat den Konsumenten insofern schützen, als Preistreibereien, Hortungen und ähnliches durch das Monopol unmöglich gemacht wurden, auch wenn der Preis des Öls offensichtlich höher war als der des privat produzierten oder importierten Guts. Ein anderer Typus von Monopol war etwa dasjenige auf den Verkauf bestimmter Speisen. Bei diesem wurde nicht der gesamte Prozess von der Herstellung bis zum Verkauf in die staatlichen Regulierungen einbezogen, sondern lediglich der Verkauf als solcher. Hier wurde das Recht auf den ausschließlichen Verkauf einer Ware in einer Ortschaft versteigert, worauf dem erfolgreichen Bieter die alleinige Befugnis zugestanden wurde. Einer rigiden staatlichen Reglementierung fiel selbstverständlich auch das Geldwesen anheim, da man die Nutzung fremder Währungen untersagte und auf den Umtausch fremder Münzen eine Gebühr von wahrscheinlich 10 % erhob. Freilich stellte das so beschaffene Bemühen des Staates um die eigene Währung kein Spezifikum der Ptolemäer dar. Eine Besonderheit des Ptolemäerreichs hing indes mit den geringen Edelmetallvorkommen in Ägypten zusammen. Die Geldzirkulation im Inneren Ägyptens wurde durch eine Kupferwährung gewährleistet, die Nutzung von Gold- und Silbermünzen scheint im Wesentlichen auf die Oberschichten in Alexandria und Memphis sowie die Außenbesitzungen der Lagiden beschränkt gewesen zu sein. Darüber hinaus wurde in Ägypten unter der Herrschaft der Ptolemäer ein staatliches Bankenwesen aufgebaut, das eine wesentliche neue wirtschaftliche Institution auf dem Gebiet Ägyptens darstellte.

Staatswirtschaft?

**79**

**Fremdherrschaft und indigene Bevölkerung**

Die Nennung dieser neuen, von den makedonischen Eroberern eingeführten Institution wirft generell die Frage nach dem Verhältnis der Fremdherrscher, die aus Makedonen und Hellenen bestanden, zu der indigenen Bevölkerung auf. Grundsätzlich gilt es hier zunächst einmal zu betonen, dass die ‚Hellenen' mit der einheimischen Bevölkerung in eine vielschichtige Interaktion traten, die auf beiden Seiten zu Veränderungen führte. Die makedonischen Eroberer veränderten das Land nicht von Grund auf, sondern konnten sich auf wesentliche Entwicklungen stützen: Die bürokratische Struktur in Ägypten hatte sich bereits seit dem Alten Reich entwickelt, die politische Zentralgewalt war durch die Saïten – die letzte ägyptische Dynastie vor der persischen Eroberung – gestärkt worden und diese Zentralgewalt war durch die achaimenidische Herrschaft weiter gestärkt worden. Die ptolemäische Herrschaft brachte dann in der Tat strukturelle Veränderungen der Wirtschaft mit sich, die aus den grundsätzlichen Notwendigkeiten der neu herrschenden Dynastie resultierten, Einnahmen zu generieren und Soldaten im Land anzusiedeln. Die Organisation des Steuerwesens und damit einhergehend eine immer weiter um sich greifende Monetarisierung gehörte ebenso dazu wie die Formierung einer neuen, städtischen Elite in Gestalt der Hellenen. Damit lässt sich im Grundsatz ein Nebeneinander von Neuentwicklungen und vom Weiterlaufen älterer Strukturen beobachten, dem auch regionale Besonderheiten innewohnten. So unterschieden sich die Regionen, in denen die Ptolemäer sich besonders hinsichtlich der Wirtschaft engagierten, von denen, in denen ein solches Engagement nicht vonnöten war, in denen man aber mit den lokalen Eliten kooperierte, um die genannten Grundanliegen des Staates zu befriedigen. In der langfristigen Entwicklung bedeuteten insbesondere die Einführung des Bankwesens und auch die öffentliche Versteigerung von Land einen Machtverlust für die traditionellen Eliten Ägyptens, insbesondere in Gestalt der Tempel.

**Charakter der Wirtschaft**

Die bislang gemachten Ausführungen geben Anlass, das Bild der Wirtschaft des ptolemäischen Ägyptens als einer ‚zentralistischen Staatswirtschaft' kritisch zu hinterfragen. Obwohl in der Forschung schon relativ früh Kritik an einer solchen Charakterisierung geäußert wurde, blieb es dennoch das vorherrschende Deutungsmuster. Gerade die neuesten Ergebnisse der Forschung, die nicht nur die griechischen Papyrusdokumente, sondern auch und gerade die demotischen Urkunden – das heißt die in der Landessprache abgefassten Texte – in die Debatte miteinbeziehen, geben den Kritikern recht. Das ptolemäische Ägypten ist also eher als ein Land der Regionen zu verstehen, das mit einem zentralistischen Staatswesen und damit mit einer zentralistischen Wirtschaft wenig gemein hat. In diesem Sinne ist die Wirtschaft des ptolemäischen Ägyptens als eine zentrale Koordinierung lokaler Ökonomien zu verstehen. Ziel der Könige war es dabei, den Ertrag aus dem Land zu maximieren. Die so erlangten Einkünfte flossen in der Hauptsache in die Armee und in die Flotte, mit denen die beständigen Kriege, die in der hellenistischen Welt bestritten wurden, zu bestehen waren.

**Seleukiden-Reich**

Zwischen dem Reich der Ptolemäer und demjenigen der Seleukiden lassen sich unter unterschiedlichen Vorzeichen strukturelle Ähnlichkeiten feststellen. Ohne Zweifel war das Seleukidenreich in Bezug auf seine im Laufe der Zeit deutlich variierende Zusammensetzung sehr viel heterogener als das Reich der Ptolemäer. Zu der Zeit seiner größten Ausdehnung reichte es von der heutigen Türkei bis nach Afghanistan. Dementsprechend war seine Zusammensetzung hinsichtlich der landschaftlichen Gegebenheiten, hinsichtlich der einheimischen Kulturen und hinsichtlich der jeweiligen sozialgeschichtlichen Strukturen extrem verschieden. Freilich kann man mit G. G. APERGHIS fünf Großregionen des Seleukidenreichs in Gestalt von Mesopotamien, den oberen Satrapien (also alle iranische Territorien östlich des Zagros bis nach Indien), Nordsyrien und Kilikien, Kleinasien und schließlich Koilesyrien (heute der Süden Israels) festmachen, aber auch diese Großregionen sind in sich alles andere als einheitlich. Hier gilt es erst recht von regionalen Ökonomien zu sprechen, die auch noch in wirtschaftlicher und sozialer Hinsicht auf einem äußerst unterschiedlichen Entwicklungsstand waren. Mehr noch: Da der regionale Bestand des Seleukidenreiches gleichsam ständig im Fluss war, ist es nahezu unmöglich, eine zusammenhängende Betrachtung dieses Reiches zu erstellen. Die Herausforderungen, vor denen die seleukidischen Herrscher standen, waren dementsprechend deutlich größer als diejenigen, vor denen die Ptolemäer standen. Das Ziel blieb gleichwohl dasselbe: die Maximierung der staatlichen Einkünfte insbesondere in Form von Silbergeld, um das Militär bezahlen zu können.

Da sich die aus dem Seleukidenreich überlieferten Quellen in ihrer Eigenart erheblich von denen des ptolemäischen Ägypten unterscheiden, können die dort herrschenden Verhältnisse nicht in derselben Weise betrachtet werden wie diejenigen Ägyptens. Wie bereits bemerkt, war es das Hauptanliegen der Seleukiden wie jeder anderen hellenistischen Monarchie, Einkünfte in Gestalt von Geld zu generieren. Hierzu waren zwei Dinge nötig, nämlich zum einen – wie auch in Ägypten – eine Monetarisierung der Wirtschaft und damit des Steuerwesens sowie zum anderen die wirtschaftliche Erschließung des Landes beziehungsweise der Landstriche, deren wirtschaftliche Produktion ausbaufähig erschien. Hinzu kam als weiterer Faktor, die den ägyptischen Verhältnissen nicht unähnliche Zuwanderung von Makedonen und Hellenen in das Seleukidenreich. Die zahlreichen Städtegründungen der Seleukiden in ihrem riesigen Reich sind damit nicht nur vor dem Hintergrund militärischer Erwägungen zu sehen, sondern auch vor dem Hintergrund ökonomischer Belange. Die Neugründungen erfolgten gerade in Regionen, die nur in geringem Umfang besiedelt waren und darüber hinaus agrarisch intensiv nutzbare Flächen erschlossen. Dies bedeutete allerdings die Umwandlung von Königsland in Privatland. Der Vorteil für die Könige dürfte darin gelegen haben, dass die neuen Städte wirtschaftliche Zentralfunktionen für ihr Umland ausübten, dass auf diesem Wege ferner griechische ökonomische Institutionen in diesen Regionen eingeführt wurden und dass damit der Entwicklung einer monetarisierten Wirtschaft Vorschub geleistet wurde. Das Verhältnis der Könige zu den Städten in ihrem Reich war komplex. Sie betrachteten die Städte als einen Absatzmarkt für die Produkte der königlichen Domänen. Dabei untersagten sie den Bürgern derselben unter Umständen gleichzeitig, anderswo solche Güter zu erhandeln. Damit diente die Gründung von Städten gleichsam auch der Schaffung eines Marktes, aus dem vorzugsweise Einkünfte in Silbergeld generiert werden konnten. Einen Einblick in eine solche Praxis außerhalb des Seleukidenreichs gewährt etwa ein Brief des Antigonos Monophtalmos, der zunächst die Bereitstellung von Geld für die Einfuhr von Getreide nach

Staat und Wirtschaft

Lebedos nicht gestatten wollte, sondern die Bürger dazu bewegte, dasselbe aus der Produktion von Land, das dem König gehörte, zu erhandeln.

Q    **König Antigonos Monophtalmos trifft im Jahr 303 v. Chr. Regulierungen nach der Zusammenlegung der Städte Teos und Lebedos**
HGIÜ 280
… Wir wollten früher nicht, dass irgendeiner Stadt Getreideimporte erlaubt würden oder dass die Bereitstellung von Getreide erfolgt; denn wir wünschten nicht, dass die Städte hierauf hohe Geldsummen verwenden, obgleich es nicht erforderlich ist, und wir wollen es auch jetzt nicht tun angesichts der Nähe des tributpflichtigen (königlichen) Landes, so dass nach unserer Ansicht, wenn Bedarf an Getreide besteht, leicht von dort geholt werden kann, soviel man will …

Strukturell betrachtet schuf die Gründung von Städten eine Kaufkraft, die auch der Vermarktung der Überschüsse der Produktion der königlichen Domänen zugutekam.

Tempel    Wie die Ptolemäer in Ägypten, so hatten sich auch die Seleukiden in ihren verschiedenen Reichsteilen mit wirtschaftlich machtvollen Heiligtümern und Tempeln auseinanderzusetzen. Beide waren über ihre religiöse Funktion hinaus auch ökonomische Einheiten, die einerseits institutionelle Rahmenbedingungen für die Wirtschaft lieferten, andererseits aber gleichsam als institutionelle Personen am Wirtschaftsleben Anteil nahmen, indem sie beispielsweise als Banken fungierten. Über die Verpachtung von tempeleigenem Land konnten sie weitere Einkünfte erhalten. Teilweise waren Heiligtümer und Tempel mit einer erheblichen wirtschaftlichen, politischen und sozialen Macht ausgestattet, was sie letztlich zu Interaktionspartnern der Könige machte, die auf einem Niveau mit den Städten standen. Dies gilt nicht nur für die vorderasiatischen Teile der hellenistischen Monarchien, sondern auch für die kleinasiatischen Bereiche. Für Letztere ist als eine besonders eindrückliches Beispiel das Heiligtum der Artemis von Ephesos zu nennen. Von besonderem Interesse für die Seleukiden mussten indes die Tempel in Babylonien sein, da sie ihre wirtschaftliche Bedeutung mit einer wesentlichen Funktion für die Herrschaftssicherung verbanden. Wirtschaftlich gesehen waren die Heiligtümer für die Monetarisierung der Wirtschaft wichtig, da die Verpachtung von Land diese wesentlich begünstigte. Nur wenn man die Überschüsse auf einem Markt in Bargeld verwandeln konnte, war man in der Lage, den Pachtzins beim Tempel zu begleichen. Im Falle von Teilpachten – der Pacht von Land gegen einen Anteil am Ertrag – blieb es Sache des Verpächters, den Naturalzins durch Verkauf in Geld zu verwandeln.

Kontinuitäten    Fokussiert man den Blick auf den Nahen Osten und auf Kleinasien, so ist in wirtschaftlichen Belangen eine große Kontinuität vom Achaimeniden-Reich zum Seleukidenreich festzustellen, was sich insbesondere an der Rolle der Heiligtümer zeigt. Einen weiteren Strang der Kontinuität zeigen die verschiedenen Formen von unfreier Arbeit, die sowohl in Kleinasien als auch in Vorderasien in Gestalt von königlichen Sklaven, Tempelsklaven und an Privateigentum gebundenen Menschen ausgeübt wurde. Ein für die wirtschaftliche Dimension besonders wichtiges Ergebnis war eine Beschleunigung der Monetarisierung. Diese war aber nichts völlig Neues, sondern baute auf Strukturen auf, die schon von den Persern in der achaimendischen

Herrschaft gelegt worden waren, da sie den Gebrauch von Silber als Zahlungsmittel gefördert hatten. Neu war allerdings der Gebrauch von Münzen. Dies wird jedoch in der Forschung zu Altvorderasien nicht einhellig als ein Fortschritt betrachtet. So kann man auch der Ansicht von RODBERTUS VAN DER SPEK folgen, der die Einführung des Münzgeldes mit einer Steigerung der Transaktionskosten einhergehen sieht. Das Münzgeld brachte nämlich die Einführung von Wechselkursen und des Geldwechsels mit sich. Wirtschaftlich befruchtend wirkten sich ferner die zahlreichen Städtegründungen aus, da auf diese Weise einerseits neue Märkte, andererseits insbesondere in Gestalt der städtischen Oberschichten auch neue Gruppen von Konsumenten entstanden. Gleichzeitig wuchs das Steueraufkommen für die Könige, die einen steten Geldbedarf hatten.

So kann man für die hellenistischen Königreiche im Osten des Reiches die zahlreichen Städtegründungen (mit deutlichen Abstrichen in Ägypten) und die Förderung des Münzgeldverkehrs als positive wirtschaftliche Akzente betrachten. Hierdurch wurde nicht zuletzt auch eine zahlungskräftige Konsumentenschicht in diesen Regionen etabliert. Auch der Städtebau als solcher sowie die Ausstattung der Städte mit öffentlichen Gebäuden wird sich auf die Wirtschaft der Regionen positiv ausgewirkt haben. Diese positiven Akzente werden in ihrer Gesamtheit zu einem generellen wirtschaftlichen Wachstum und möglicherweise sogar in bestimmten Regionen zu einer Steigerung des Pro-Kopf-Einkommens geführt haben. Freilich kann man dies kaum als eine bewusste Politik der Könige beurteilen, die darauf abgezielt hatte, ihren Reichen einen gesteigerten Wohlstand zu bringen. Im Mittelpunkt des Kalküls stand vielmehr die Maximierung des Einkommens, das die jeweiligen Könige wiederum in die Lage versetzte, durch Repräsentation ihr Sozialrenomée zu steigern und in ihren Rivalitäten militärisch zu bestehen.

*Auswirkungen makedonischer Herrschaft*

Den positiven Akzenten stehen freilich erhebliche strukturelle Belastungen gegenüber. Es war der beständige Krieg, der die strukturelle Integrität der jeweiligen Ökonomien der einzelnen Reiche erheblich belastete. Um es auf den Punkt zu bringen: Zwischen 323 v. Chr., dem Todesjahr Alexanders III., und 149 v. Chr. gab es in der hellenistischen Welt nur vier kurze Friedensperioden von 299–297 v. Chr., 249–248 v. Chr., 205–204 v. Chr. und 159–149 v. Chr. Die Folgezeit war geprägt von beständigen Kriegen mit den Römern, die seit dem Ende des 3. Jahrhunderts v. Chr. immer mehr in die Auseinandersetzungen der östlichen Mittelmeerwelt involviert wurden und die seit der Mitte des 2. Jahrhunderts v. Chr. die ehemaligen Großmächte in ihren Herrschaftsbereich einverleibten. Die ständige Kriegführung kostete Geld und dieses Geld musste mittels Steuern und Kontributionen in den jeweiligen Königreichen aufgebracht werden. Selbstverständlich brachte der Krieg im Falle eines Sieges Einkünfte in Gestalt von Plünderungen und in Gestalt von dem unterlegenen Feind auferlegten Tributen. Das Kriegsglück wechselte aber ständig, so dass man in wirtschaftlicher Hinsicht von einer erheblichen Belastung der Königreiche ausgehen muss. Diese hatten den Römern militärisch schließlich nichts entgegenzusetzen oder waren – wie im Falle des ptolemäischen Ägyptens – schon vergleichsweise lange vor ihrer Provinzialisierung wirtschaftlich in römische Abhängigkeit geraten. Die in den hellenistischen Reichen in Gang gesetzten Entwicklungspro-

*Belastung durch Krieg*

zesse der Monetarisierung und Urbanisierung sollten freilich nach einer wirtschaftlichen Leidenszeit in der Endphase der römischen Republik, als die Armeen der römischen Feldherrn den Kampf um die Vorherrschaft im Wesentlichen im Osten ausfochten, eine solide Grundlage für die wirtschaftlichen Blüte der Kaiserzeit liefern.

# XI. Die Wirtschaft im republikanischen Rom

Beschäftigt man sich mit den Anfängen der römischen Republik, ist die Quellenlage mehr als problematisch: Eine eigene, römische Geschichtsschreibung setzt erst gegen Ende des 3. Jahrhunderts v. Chr. ein, die griechische Historiographie thematisiert die römische Geschichte erst mit dem Beginn des 1. Punischen Krieges und dokumentarische Texte sind überaus rar. Auch die archäologische Überlieferung bleibt problematisch, da im Falle der Stadt Rom eine Siedlungskontinuität von rund 3.000 Jahren herrscht. Einzig die früheste Rechtskodifizierung Roms in Gestalt der 12-Tafel-Gesetze, die – zumindest nach der Tradition – um die Mitte des 5. Jahrhunderts v. Chr. verschriftlicht wurden, sowie sämtliche aus der Republik überlieferten Gesetze bilden trotz aller Problematik einen einigermaßen gesicherten Quellenbestand. Die Zusammenschau der Quellen ermöglicht eine gewisse Vorstellungen über wirtschafts- und sozialgeschichtliche Strukturen der frühen Republik.

Möglicherweise vermochten zum Ende des 6. Jahrhunderts v. Chr. – dann wohl um das Jahr 509/508 v. Chr. – aristokratische Familien die Macht in Rom zu übernehmen. Sicher hatte sich im 5. Jahrhundert v. Chr. eine aristokratische Herrschaft in der Stadt etabliert. Die soziale Struktur im archaischen Rom basierte auf der Familie (lat. *familia*) als Grundelement. Eine solche Familie bestand nicht nur aus der Kernfamilie im engeren Sinne, sondern auch aus Sklaven. Die Familie war die soziale, wirtschaftliche und kultische Grundeinheit in dieser Zeit. Der Vorstand der Familie – der *pater familias* – besaß in ihr eine absolute Macht, die sich auf die Ehefrau, die Kinder und die Sklaven erstreckte. Diese Stellung hatte er auch hinsichtlich des wirtschaftlichen Agierens der Familie inne, das zur Gänze seiner Leitung anvertraut war. Einzelne Familien waren aufgrund gemeinsamer Abstammung und wohl in der Frühzeit auch aufgrund nachbarschaftlicher Beziehungen zu größeren Verbänden vereint, die im Lateinischen als *gens* – etwa Sippe – bezeichnet wurden.

Die grundsätzliche Trennlinie in dieser Gesellschaft verlief zwischen Freien und Unfreien. Die Freien wiederum gliederten sich in eine adelige Elite in Gestalt der Patrizier und die nicht adeligen Plebejer, die offenkundig zunächst von der politischen Teilhabe ausgeschlossen waren. Die gesellschaftliche Vormachtstellung der Patrizier beruhte nicht zuletzt auch auf ihrer wirtschaftlichen Position, da ein Großteil des römischen Staatgebiets und größere Herden in ihrem Eigentum gewesen sind. Die Patrizier dominierten offenbar zunächst das römische Staatswesen, beherrschten es aber nicht absolut. Schon früh dürfte es eine vermögende Gruppe von Plebejern gegeben haben, die gegen den Führungsanspruch der Patrizier aufbegehrte und sich nach 500 v. Chr. politisch organisierte. Der Großteil der Plebejer hat sich vermutlich aus kleinen und mittleren Bauern rekrutiert, obgleich Handwerker und Händler in Rom auch zu dieser Zeit nicht fehlten. Gleichwohl werden sie in der Frühzeit eine Minderheit gebildet haben. Die Sklaverei als Institution war in dieser Zeit wohl noch auf einzelne Sklaven in den Familien beschränkt, jedenfalls hatte sie noch nichts mit der ,Sklavenwirtschaft' der mittleren und späten Republik zu tun. Quellen für die Sklaverei waren nicht nur Kriege und Handel, sondern auch die Schuldknechtschaft, das heißt der Ersatz der Rückzahlung eines Kredites durch die Verfügung über die Person des Schuldners. Ferner gab es die Praxis des Verkaufs der eigenen Söhne in die Sklaverei, um finanzielle Engpässe zu beheben. Die inneren Auseinandersetzungen zwischen Patriziern und Plebejern sowie die seit dem Ende des 5. Jahrhunderts v. Chr. einsetzende Ausweitung der römischen Herrschaft führten dazu, dass die Trennung der Bürgerschaft in Patrizier und Plebejer auf den kultischen Bereich beschränkt blieb. Der Abschluss dieses Prozesses stellt ein Gesetz aus dem Jahr 287 v. Chr. dar (*lex Hortensia*), das den Beschlüssen der plebejischen Volksversammlung der Gesetzeskraft für den gesamten römischen Staat zusprach.

**3. Jh. v. Chr.**      Die Ständekämpfe und ihr Abschluss am Beginn des 3. Jahrhunderts v. Chr. hatten wiederum die Etablierung einer neuen gesellschaftlichen Elite zur Folge, die sich sowohl aus Patriziern als auch aus Plebejern zusammensetzte. Bei der Herausbildung einer neuen gesellschaftlichen Elite spielten wirtschafts- und sozialgeschichtliche Faktoren, politische Sachverhalte und insbesondere die römische Expansion – die nach den punischen Kriegen die gesamte Mittelmeerwelt erfasste – eine entscheidende Rolle. Diese neue aristokratische Oberschicht bestand im Wesentlichen aus Mitgliedern des Senats, der das höchste politische Gremium des römischen Staatswesens darstellte. Unter den Senatoren bildete sich wiederum eine Führungsschicht heraus, die in der Forschung gemeinhin als Nobilität bezeichnet wird. Jedenfalls differenzierte sich die römische Gesellschaft weiter aus. Dieser Prozess hatte selbstverständlich auch wirtschaftliche Konsequenzen, denn die Stellung der Senatsaristokratie, die in der neueren Forschung auch als Meritokratie bezeichnet wird, beruhte auch auf den ausgedehnten Besitzungen, die sie ihr eigen nennen konnte. Gerade die schmale Oberschicht profitierte wesentlich von der Expansion durch die Kriegsbeute, aber auch durch die Verwaltung der nach und nach entstehenden Provinzen, die als Objekt der persönlichen Bereicherung genutzt wurden. Die Punischen Kriege gegen Karthago und die in ihrem Gefolge einsetzende außeritalische Expansion Roms führten aber auch bei den unteren Schichten zu Veränderungen. Das aus den Eroberungskriegen stammende, nach Rom strömende Kapital führte zu einer verstärkten Nachfrage, von der Händler und Handwerker profitierten. Auch die militärischen Anstrengungen der Römer in den Punischen Kriegen, insbesondere in Gestalt des Flottenbaus, aber auch in Gestalt der Ausrüstung der Legionen, werden positive wirtschaftliche Akzente gesetzt haben. Jedenfalls darf man mit großem Recht von einer Formierung einer breiteren Schicht an Händlern und Handwerkern sprechen. Den zahlenmäßig größten Anteil an der römischen Gesellschaft stellte indes weiterhin das kleine und mittlere Bauerntum. Fühlbarer wurde in der Zeit der Punischen Kriege noch ein weiteres Element in Gestalt der Freigelassenen, die als ehemalige Sklaven gesellschaftlich den untersten Bereich der Freien bildeten. Darüber hinaus brachte die Expansion in Gestalt der Bewohner der Provinzen eine weitere ökonomisch bedeutende Komponente in das soziale Gefüge ein, die freilich erst in der Kaiserzeit ihre volle Wirkung entfalten sollte.

**2. Jh. v. Chr.**      Das Zeitalter der Punischen Kriege und das 2. Jahrhundert v. Chr. sahen aber noch den Aufstieg einer anderen gesellschaftlichen Gruppierung in

Gestalt der Ritter (lat. *equites*), die ihre eigentliche militärische Funktion zu dieser Zeit schon verloren hatten. In der Forschung wird ihre ökonomische Prosperität mit ihrer Tätigkeit als *publicani* in Beziehung gesetzt. Die *publicani* konnten dem Staat in den Kriegen gegen Karthago den Bau von Flotten durch Gewährung von Krediten ermöglichen. Auf der anderen Seite übernahmen sie auch die Durchführung öffentlicher Baumaßnahmen und staatlicher Verwaltungsakte etwa in Gestalt der Pachtung von Steuern. Gleichzeitig waren sie als Geschäftsleute in dem sich immer mehr erweiternden römischen Herrschaftsbereich tätig. Mit diesen Geschäften waren sie in der Lage, erhebliche Vermögen anzuhäufen und konnten in den Irrungen und Wirrungen des 2. und 1. Jahrhunderts v. Chr. Einfluss auf die Politik nehmen. Jedenfalls wurde die Herausbildung einer neuen, von den Senatoren unterschiedenen, selbstbewusst auftretenden Oberschicht gefördert.

> **Livius berichtet über die *lex Claudia de nave senatorum* aus dem Jahr 218 v. Chr.** Q
> Livius, Römische Geschichte 21,63,3–4 = Elster Nr. 83
> (Flaminius) war den Vätern (sc. Senatoren) auch wegen eines Gesetzes verhasst, das der Volkstribun Quintus Claudius gegen den Senat unter Mithilfe eines einzigen Senators, nämlich Gaius Flaminius eingebracht hatte, dass kein Senator oder niemand, der einen Senator zum Vater gehabt hatte, ein für die Fahrt auf dem Meer geeignetes Schiff mit einem Fassungsvermögen von mehr als 300 Amphoren haben solle – dies hielt man für genug, um die Erträge aus dem Ackerbau zu vermarkten, jede Art von Erwerb (sc. außerhalb der Landwirtschaft) erschien nämlich für die Väter unziemlich.

Möglicherweise führte die Entstehung dieser Schicht auch zu dem in der Forschung viel diskutierten gesetzlichen Verbot für Senatoren, größere Schiffe zu besitzen. Ein Motiv für dieses Gesetz könnte der Wunsch der Aristokratie nach einer Abgrenzung von den Geschäftsleuten aus der Schicht der Ritter gewesen sein, obgleich sich dies aus dem bei Livius Überlieferten so nicht folgern lässt.

Generell beruhte das politische System der Republik ganz wesentlich auf timokratischen Grundlagen. Dies bedeutet, dass sowohl der Militärdienst als auch die politische Teilhabe an die Größe des zur Verfügung stehenden Vermögens gekoppelt war. Die Größe des Vermögens wurde wiederum durch einen in regelmäßigen Abständen durchgeführten Zensus seitens des Staates eingeschätzt. Auf der Grundlage dieser Schätzung wurden die Bürger in fünf Vermögensklassen eingeteilt. Ausschließlich Individuen, die zu diesen fünf Klassen gehörten, wurden überhaupt zum Militärdienst herangezogen, solche, die den notwendigen Mindestzensus nicht erfüllten, blieben von demselben verschont. Wie in antiken Verfassungen üblich, richtete sich auch bei den Römern das politische Gewicht und die politische Teilhabe des Einzelnen nach dem Grad, mit dem er sich am Militärdienst beteiligte. Allerdings war das römische System komplexer als das in der griechischen Welt verbreitete. Die politische Teilhabe äußerte sich zunächst und vor allem in der Teilnahme an den verschiedenen Volksversammlungen, die das römische Staatswesen kannte. In diesen wurde über Anträge der Magistrate abgestimmt und – noch wichtiger – in diesen wurden die Amtsträger auch gewählt. Die wichtigste Volksversammlung war diejenige, in der das Volk

Politisches System und Wirtschaft

als Heeresversammlung zusammentrat. Hier wurden die Beschlüsse über Krieg und Frieden gefasst, hier wurden die höchsten Magistrate der römischen Republik gewählt. Diese Volksversammlung war in Zenturien – wörtlich Hundertschaften – organisiert. Überliefert ist eine Gliederung der Volksversammlung in 193 Zenturien, in der wiederum jede Zenturie eine Stimme hatte. Diese 193 Zenturien waren nun folgendermaßen auf die fünf Vermögensklassen, die den Mindestzensus für den Militärdienst erfüllten, verteilt: 18 Zenturien für die Ritter, die das höchste Vermögen ihr Eigen nennen konnten, 80 Zenturien für die erste Klasse, jeweils 20 Zenturien für die zweite, dritte und vierte Klasse, 30 Zenturien für die fünfte Klasse, weitere vier Zenturien waren den militärtechnischen Spezialisten vorbehalten; eine Zenturie existierte für alle die Bürger, die den geforderten Mindestzensus nicht erfüllten. Für einen Sieg in der Abstimmung reichte die einfache Mehrheit der Zenturien. Dieses System führte dazu, dass die Anzahl der Bürger in den einzelnen Zenturien jeweils sehr unterschiedlich war, woraus das unterschiedliche politische Gewicht des Einzelnen resultierte. Deutlicher gesagt: In einer Zenturie der unteren Vermögensklassen waren mehr Bürger eingetragen als in den 80 Zenturien der ersten Klasse. Dieses System wurde zwischen den ersten beiden Punischen Kriegen dergestalt modifiziert, dass nunmehr der zweiten Klasse ein etwas größeres Gewicht durch eine Verschiebung der numerischen Relationen zukam. Dies änderte aber nichts an dem großen Übergewicht der höchsten Vermögensklassen. Das durch die Zenturien der Ritter und durch die erste Zensusklasse in diesem Typus der Volksversammlung zustande kam.

**Wirtschaft der frühen Republik**

Die wirtschaftliche Entwicklung der römischen Republik lässt sich vor allem für die Frühzeit nur äußerst skizzenhaft zeichnen. Die der Überlieferung zufolge gegen Ende des 6. Jahrhunderts v. Chr. erfolgte Abschüttelung der ertruskischen Herrschaft brachte zunächst eine in der Forschung kontrovers diskutierte wirtschaftliche Krise mit sich, die mit dem Zusammenbruch der etruskischen Hegemonie im südlichen Mittelitalien einherging. Diese Krise äußerte sich, was Rom angeht, in einer Verarmung von Individuen und von staatlichen Gemeinschaften, was sich insbesondere an den Grabbeigaben zeigt. Zu dieser Entwicklung scheint es um die Mitte des 5. Jahrhunderts v. Chr. gekommen zu sein, jedenfalls fehlen seit dieser Zeit Importe im archäologischen Befund. Diese Phase der wirtschaftlichen Stagnation oder jedenfalls der nicht vorhandenen wirtschaftlichen Prosperität dürfte nicht zuletzt auch der Tatsache geschuldet sein, dass Rom in dieser Zeit gegen andere italische Stämme um sein Überleben kämpfte. Erst im letzten Viertel des 5. Jahrhunderts v. Chr. vermochte es dann als Hegemonialmacht in Latium in die Offensive zu gehen. Mit der traditionell in das Jahr 396 v. Chr. datierten Eroberung von Veji kam es zu einer ersten wesentlichen Erweiterung des römischen Staatsgebiets. Die neu hinzugekommenen Flächen wurden unter den Bürgern verteilt, was zu einer Steigerung der Bauernstellen und zu einer gewissen wirtschaftlichen Entlastung führte. Die Expansion brachte offensichtlich eine Verringerung der Importe von Getreide mit sich, auf die Rom nach Aussage der Quellen noch im 5. Jahrhundert v. Chr. angewiesen war. Ohne Zweifel bildete die Landwirtschaft in dieser Zeit die wesentliche, wenn nicht nahezu alleinige Grundlage der Wirtschaft, auch wenn es Gründe zu der Annahme gibt, dass Rom bereits zu dieser Zeit Anschluss an die mediterranen Austauschbeziehungen gefunden hatte.

Auch über die wirtschaftliche Entwicklung des 4. Jahrhunderts v. Chr. gibt es wenig Verlässliches zu berichten. Zwar werden in der literarischen Überlieferung zahlreiche Gesetze genannt, die einen Bezug zur wirtschaftlichen Entwicklung Roms aufweisen, aber diese sind in der Regel unecht, denn in der Geschichtsschreibung werden Umstände aus dem 2. Jahrhundert v. Chr. in eine frühere Zeit gespiegelt. Dies gilt insbesondere für die hinsichtlich ihrer Echtheit in der Forschung umstrittenen sogenannten licinisch-sextischen Gesetze, die Regulierungen über bäuerliche Verschuldung sowie über das Höchstmaß an Ackerland beinhalten, das von Einzelnen besessenen werden durfte. Nach den Angaben der literarischen Tradition sind diese Gesetze auf das Jahr 367 v. Chr. zu datieren, die Bedingungen ihrer Entstehung und damit auch ihr literarischer Ursprung sind jedoch im 2. Jahrhundert v. Chr. zu suchen. Sicher ist aber die enorme Ausdehnung des römischen Staatsgebiets im 4. Jahrhundert v. Chr. aufgrund der erfolgreichen militärischen Expansion in Italien, die von der Gründung vieler römischer Kolonien begleitet wurde. Gleichzeitig begann man den Raum durch den Bau der großen Konsularstraßen zu erschließen.

4. Jh. v. Chr.

> **Inschrift aus augusteischer Zeit mit der Ämterlaufbahn und den Taten des Appius Claudius Caecus, dem Erbauer der Via Appia, der ersten großen Konsularstraße, die im Jahr 312 v. Chr. gebaut wurde**
> ILS 54 = CIL XI 1827
> Appius Claudius, Sohn des Gaius, Caecus, Censor, zweimal Consul, Dictator, dreimal Interrex, zweimal Prätor, zweimal kurulischer Aedil, Quaestor, dreimal Militärtribun. Er eroberte mehrere Städte von den Samniten, Heere der Sabiner und Etrusker rieb er auf. Einen Friedensschluss mit dem König Pyrrhus verhinderte er. In seiner Censur baute er die Via Appia und brachte Wasser in die Stadt (sc. Rom). Er baute einen Tempel für die Bellona.

Q

Dieser Prozess setzte sich im 3. Jahrhundert v. Chr. fort. Umfasste das römische Staatsgebiet um 338 v. Chr. noch 5.525 km$^2$, waren es 264 v. Chr. bereits 26.805 km$^2$. Um 200 v. Chr. kontrollierten Rom und seine Verbündeten ein Territorium von rund 130.000 km$^2$ mit einer Bevölkerung von etwa 3.000.000 Freien. Sichtbares Zeichen der agrarwirtschaftlichen Nutzung der hinzukommenden Gebiete bildeten die zwischen 340 und 290 v. Chr. einsetzenden Centuriationen (Landvermessungen), mit denen Rom sich das Gebiet aneignete und auf seine Bürger verteilte. Darüber hinaus wurde auch Ackerland durch Meliorationsmaßnahmen beispielsweise durch die Trockenlegung von Marschen gewonnen. Gleichzeitig mehren sich die Zeichen für eine immer rationeller und marktorientierter geführte Landwirtschaft, denn im dritten vorchristlichen Jahrhundert tauchen die ersten *villae rusticae* (Landgüter) auf, durch die die Landwirtschaft auf eine neue Grundlage gestellt wurde.

3. Jh. v. Chr.

Obwohl die Landwirtschaft die Basis der wirtschaftlichen Entwicklung blieb, lassen sich auch auf dem Gebiet von Handel und Handwerk – vor allem dank archäologischer Befunde – gewisse Dynamiken feststellen. Der Befund an Amphoren dieser Zeit demonstriert anschaulich, dass unter dem Einfluss Roms Wein aus Latium, dem nördlichen Kampanien und den an

Handwerk/Handel

den Küsten gelegenen Teilen Etruriens nach Hispanien und Gallien exportiert wurde. Auch in Latium produzierte Keramik fand ihren Weg in den überregionalen Handel. Alles in allem kann man mit Blick auf Italien eine Verlagerung des wirtschaftlichen Schwergewichts in Richtung auf Zentralitalien und damit auf Rom feststellen.

**Provinzen**
Hinzu kamen die überseeischen Provinzen, die Rom seit dem Ende des 1. Punischen Krieges im Jahr 241 v. Chr. zunächst in Gestalt von Sizilien und Sardinien erwarb. Deren Ausbeutung kam in finanzieller Hinsicht dem römischen Staat ebenso zugute wie seinen Amtsträgern, die offensichtlich, wenn nicht regelmäßig, so doch häufig ihr Verweilen in einer Provinz als Gelegenheit für hemmungslose Bereicherung betrachteten. Waren die Steuern an die oben genannten Publikanen verpachtet, führte deren Streben nach Gewinnmaximierung des Öfteren zu wirtschaftlich negativen Folgen für die Provinzen. Solches gilt nicht nur für die beiden ersten Provinzen, sondern sollte bis zur Etablierung der Alleinherrschaft des Augustus ein wesentliches Moment struktureller wirtschaftlicher Belastung in den Provinzen bleiben, obwohl der römische Staat im 2. Jahrhundert v. Chr. Mechanismen schuf, mit der die Provinzialen auf die Rückgabe widerrechtlich angeeigneter Gelder klagen konnten.

**Nach dem 2. Punischen Krieg**
Der 2. Punische Krieg gegen Hannibal (218–201 v. Chr.) war in der Geschichte der römischen Republik ein Wendepunkt, dies galt auch für die Wirtschaft. Gleichzeitig beginnen in dieser Zeit die Quellen reichlicher zu fließen, so dass man sich immer genauere Vorstellungen über die ökonomischen Zusammenhänge machen kann. Der Krieg gegen Hannibal hatte vor allem für die Regionen und Städte Süditaliens eine Belastung bedeutet, da die karthagische Armee sich längere Zeit in der Region aufhielt und die Römer nach einer Serie bitterer Niederlagen eine Hinhalte-Taktik verfolgten, die der notwendigerweise aus dem Land beziehungsweise von ihren Verbündeten lebenden Armee Hannibals die Lebensgrundlage entzog. So gestalteten sich die Ereignisse des 2. Punischen Krieges bedrückend für die Städte Süditaliens, wodurch die schon zuvor bestehenden negativen wirtschaftlichen Entwicklungen in der Region noch bestärkt wurden. Für Rom selbst – blickt man auf die wirtschaftliche Entwicklung – war der Krieg zunächst und vor allem ein politischer Wendepunkt. Er markiert den Aufstieg Roms zur Vormacht im Westen der mediterranen Welt ebenso wie seine immer tiefergreifendere Verwicklung in die Händel der hellenistischen Welt, die schließlich zur Zerschlagung und Provinzialisierung der hellenistischen Großreiche führen sollte. Eine Folge der erfolgreich bestandenen Kriege und Eroberungen war ein Strom von Beute nach Rom, ferner vermehrten sich die staatlichen Einkünfte durch die neu hinzukommenden Provinzen und das aus diesen resultierende Steueraufkommen. Von besonders hoher Bedeutung scheinen in diesem Kontext die hispanischen Provinzen beziehungsweise deren ausgedehnte Silbervorkommen gewesen zu sein. Diese ermöglichten eine erhebliche Vermehrung der Geldmenge seit der Mitte des 2. Jahrhunderts v. Chr. In der Forschung geäußerten Schätzungen zufolge vermehrte sich das Geldvolumen in der römischen Wirtschaft hinsichtlich der Denare von einer Stückzahl von etwa 40.000.000 Münzen im Jahr 160 v. Chr. auf eine solche von 160.000.000 im Jahr 70 v. Chr. Wesentliches Indiz für das aus der Expansion resultierende finanzielle Wohlerge-

hen Roms war die Erlassung der *tributum* genannten Grundsteuer für römische Bürger in Italien: Fürderhin waren sie steuerfrei. Eine weitere Konsequenz der immer stärkeren römischen Präsenz im gesamten Mittelmeerraum war die Anwesenheit römischer Kaufleute, die die wirtschaftlichen Kontakte mit den noch nicht unterworfenen Regionen und Staatsgebilden gewährleisteten. Ein diesbezüglich höchst instruktives Beispiel bildet die Insel Delos, die einen Dreh- und Angelpunkt des ostmediterranen Handels bildete, zumal hier keine Zölle erhoben wurden. Folgerichtigerweise ist eine starke Präsenz von Händlern verschiedener Herkunft, darunter auch zahlreicher Römer, auf dieser Insel nachgewiesen.

Auch in der Landwirtschaft vollzogen sich strukturelle Änderungen. Nicht zufällig entsteht im 2. Jahrhundert v. Chr. die Lehrschrift des Marcus Porcius Cato „De re rustica" (Über die Landwirtschaft). Auch wenn diese ökonomische Schrift aus der Feder eines geriebenen Geschäftsmanns im Gewand altrömischer Tugend daherkommt, bildet sie doch in ein Zeugnis für die hohe Bedeutung einer rationell geführten und marktorientierten Landwirtschaft, wie sie von der Oberschicht in dieser Zeit betrieben wurde. Schon findet sich die Tendenz zum Großgrundbesitz, der aus einer Anzahl verschiedener Güter bestand. Auf diese Weise konnten die Eigentümer ihre Einkunftsquellen vervielfätigen und gleichzeitig an verschiedenen Orten produzieren. Auf der einen Seite konnten sie ihre Erträge maximieren, wenn keine unvorhergesehenen Ereignisse eintraten. Auf der anderen Seite vermochten sie ihr wirtschaftliches Risiko zu minimieren, da ein überregionaler Produktionsausfall in mehreren Sparten der Landwirtschaft unwahrscheinlich war. Auffällige Merkmale sind die Konzentration auf die Produktion von Wein und Öl; der Getreideanbau tritt in den Hintergrund, nicht zuletzt, weil im 2. Jahrhundert v. Chr. größere Mengen von Steuergetreide aus Sizilien und Sardinien sowie später aus Africa nach Rom gelangten. Insbesondere der Wein bildete eine bedeutende Ware im überregionalen Handel, wurde er doch über See u.a. nach Gallien und Spanien exportiert. Modernen Schätzungen zufolge erreichte dieser Handel recht beeindruckende Dimensionen. So geht man allein für den jährlichen Export von Wein nach Gallien von einem Volumen von 100.000 Hektolitern aus. Auf der anderen Seite begann man auch, Wein in großem Umfang aus dem Osten nach Rom zu importieren.

Besondere Aufmerksamkeit richtete Cato in seiner Schrift „Über die Landwirtschaft" auf den Einsatz und die Behandlung von Sklaven. Überhaupt gilt die Zeit der Republik in der Forschung als die Blütezeit der Sklaverei in der Antike; daher wird die Wirtschaft dieser Zeit üblicherweise als Sklavenwirtschaft charakterisiert. Ohne die Sklaverei wäre der wirtschaftliche Aufschwung, den Rom in dieser Epoche ohne jeden Zweifel durchlief, nicht möglich gewesen. Die Sklavenwirtschaft wird in der Forschung in der Regel folgendermaßen charakterisiert: Die römische Expansion in das Mediterraneum habe zu einer bedeutenden Emigration von Römern geführt. Die Kehrseite war der massenhafte Import von Sklaven nach Italien beziehungsweise Rom, die dort eine generell verfügbare, günstige Arbeitskraft abgaben. Zur gleichen Zeit begann sich das System der Villa herauszukristallisieren, also des marktorientiert arbeitenden landwirtschaftlichen Betriebes, der sich im Wesentlichen auf spezialisierte Sklavenarbeit stützte. Darüber hinaus wurden Sklaven auch als Spezialisten auf hohem Niveau eingesetzt,

Sklavenwirtschaft?

etwa als Künstler, Ärzte und Architekten. Gleichzeitig wurden in anderen Bereichen zunehmend nicht ausgebildete Sklaven eingesetzt. Dies hat in der handwerklichen Produktion zu einer Vereinfachung und Standardisierung von Herstellungstechniken geführt. Das System der Sklavenwirtschaft war allerdings nicht in ganz Italien verbreitet, sondern wies einen deutlichen Schwerpunk auf der tyrrhenischen Seite und hier wiederum in Zentralitalien, also von Etrurien bis Kampanien, auf. Zumindest manche Aspekte dieses Modells sind diskutabel; zurückzuweisen ist die Ansicht, der Einsatz von Sklaven habe den technologischen Fortschritt verhindert. Letztlich bildet für das 2. Jahrhundert v. Chr. die Schrift Catos über den Ackerbau den wesentlichen Ausgangspunkt für diese Betrachtungsweise, sonstige Quellen vor allem dokumentarischer Art sind für den zur Debatte stehenden Zeitraum selten. Ohne Zweifel existierten andere Produktionsformen sowie andere Formen von freier Arbeit in Gestalt von Pacht und Lohnarbeit in der Landwirtschaft weiter. Ob die Rolle der Sklaven in der Tat so bestimmend war, dass man von einer regelrechten ‚Sklavenwirtschaft' sprechen kann, bleibt zumindest zu hinterfragen. Sicher ist die gleichzeitige Existenz anderer Formen von Arbeitskraft in der Landwirtschaft in Gestalt von Grundpacht und Lohnarbeit. Die mittleren und kleineren bäuerlichen Betriebe existierten weiter, auch wenn sie zunehmend unter Druck gerieten.

**Wachstum**

Hinweise auf eine positive wirtschaftliche Entwickung und eine Intensivierung des Handels im 2. Jahrhundert v. Chr. liefert zunächst die Gründung von Puteoli im Jahr 199 v. Chr., das bis zum in der Kaiserzeit erfolgenden Ausbau von Ostia/Portus Roms Überseehafen bleiben sollte. Auch die Bautätigkeit in Rom selbst ist hervorzuheben. So wurde 198 v. Chr. auf der linken Tiberseite südwestlich des Aventin ein neuer Flusshafen angelegt, dem ein großes Warenhaus in Gestalt der Porticus Aemilia beigegeben wurde.

**Strukturelle Belastungen**

Dieser Prozess führte nicht zu irgendeiner Form von Massenwohlstand, sondern zur Anhäufung gigantischer Vermögen, insbesondere in der senatorischen Oberschicht, die diese wiederum einsetzte, um daraus politisches Kapital zu generieren. Nicht alle wirtschaftlichen Entwicklungen dieser Zeit hatten positive gesamtgesellschaftliche Auswirkungen. Es kam im Gegenteil zu strukturellen Belastungen, die auch das politische System in Mitleidenschaft zogen und dort in eine Wechselwirkung mit anderen Faktoren traten, die sich gegenseitig zu einem Teufelskreis aufschaukelten, aus dem es letztlich keinen Ausweg gab. Um die Mitte des 2. Jahrhundert v. Chr. begann eine wirtschaftliche Krise der kleinen und mittleren landwirtschaftlichen Betriebe. Diese Krise resultierte aus einem ganzen Bündel von Faktoren. Wie oben bereits bemerkt, war der Dienst in den Legionen Roms an ein bestimmtes Mindestvermögen gebunden. Das personelle Rückgrat der Armee bildeten wiederum die Bauern, die diesen Mindestzensus aufbringen konnten. Seit dem Ende des 2. Punischen Krieges befanden sich die Legionen im Dauereinsatz. Insbesondere ist hier an den ungeliebten hispanischen Kriegsschauplatz zu denken, der die beständige Präsenz römischen Militärs erforderte, das dort in beschwerliche Kleinkriege verwickelt war. Dauernde militärische Aufmerksamkeit der Römer erforderte auch die hellenistische Welt, wo – aus Sicht der Römer gesprochen – im Gegensatz zu Spanien immerhin eine gewisse Aussicht auf Beute bestand. Jedenfalls führten die militärischen Verpflichtungen Roms zur langfristigen Abwesenheit seiner Soldaten, obgleich das Rekrutierungssystem des römischen Milizheeres eigentlich darauf ausgelegt war, dass die Soldaten lediglich in der Feldzugssaison abwesend waren, sich dann aber im Falle des Überlebens wieder Haus und Hof widmen konnten. Längere Abwesenheit der Bauern konnte aber zumindest zu wirtschaftlichen Schwierigkeiten, wenn nicht zum gänzlichen Ruin führen. Gleichzeitig suchten die Großgrundbesitzer der Oberschicht ihren Landbesitz auszudehnen, weswegen kleinere Bauernstellen offensichtlich häufiger zu einem günstigen Preis in ihre Hände fielen. Die angedeutete Entwicklung scheint zu einem erheblichen Teil für den Rückgang der Zensuszahlen, das heißt der Gesamtzahl der römischen Bürger verantwortlich, gewesen zu sein, die auf der Grundlage der periodisch erfolgenden Vermögensschätzungen erhoben wurden. Diese – im Detail freilich schwer zu interpretierenden Zahlen – waren insbesondere in der Zeit zwischen 164/163 und 136/135 v. Chr. rückläufig. Auf diese Weise schlug das grob skizzierte wirtschaftliche Strukturproblem auf den Bereich der Politik durch, wo es ab 133 v. Chr. unter anderem aufgrund der besagten Entwicklungen zu einer profunden Krise kam, an deren Ende die römische Republik auf den Schlachtfeldern der Bürgerkriege unterging. Obwohl also die Zeitläufte im politischen Bereich äußerst turbulent waren, kann man insgesamt nicht von einer wirtschaftlich bedenklichen Entwicklung sprechen, jedenfalls nicht, soweit es Rom und Italien betraf. Dies zeigt sich auch am Beispiel der gesellschaftlichen Elite. Im Gefolge des Bundesgenossenkrieges (91–89 v. Chr.) erhielten die Italiker weitgehend das römische Bürgerrecht, woraus eine beschleunigte Transformation der Oberschicht resultierte, in der sich im Verlaufe der Zeit zunehmend Individuen italischer Herkunft finden. Spätestens diese breite Verleihung des Bürgerrechts bedeutet die Notwendigkeit für den modernen Betrachter, den Blick zu weiten und gesamtitalische Entwicklungen in den Blick zu nehmen.

Neu im Bereich der landwirtschaftlichen Produktion war die größere Aufmerksamkeit, der man der Viehzucht widmete, wofür das Agrarhandbuch des Varro (vgl. oben 18) ein beredtes Zeugnis ablegt. Offenkundig wohnten diesem Bereich große Gewinnmöglichkeiten inne. Auf der anderen Seite blieb die marktorientiert produzierende *villa rustica* das Schwungrad der Landwirtschaft. Über Wein und Öl hinaus begann man gerade in dieser Zeit auch Luxusgüter zu produzieren, was insbesondere für die Fischzucht gilt, die gleichsam einen Annex zur Landwirtschaft darstellte. Auch im Agrarbereich lassen sich technische Innovationen nachweisen, etwa auf der theoretischen Ebene. So wurde nach der Zerstörung Karthagos im Jahr 146 v. Chr. auf Beschluss des Senats das punische Agrarhandbuch des Karthagers Mago in das Lateinische übersetzt. Das heute verlorene Werk des Mago übte zumindest auf Varro und Columella einen starken Einfluss aus. Auf dem Gebiet der handwerklichen Produktion ist das Hervortreten einzelner Städte als Produktionszentren für handwerkliche Erzeugnisse bemerkenswert. Das beste diesbezügliche Beispiel ist das in Etrurien liegende Arretium (heute Arezzo), dessen Keramikproduktion noch in der republikanischen Zeit deutlich überregionale Bedeutung erlangte.

Die Erwähnung der arretinischen Keramikproduktion führt zum Thema Massenproduktion, über die unten noch zu sprechen sein wird. In der späten Republik entwickelte sich eine solche, die im Grundsatz arbeitsteilig or-

*Entwicklungen in der Landwirtschaft*

*Massenproduktion*

ganisiert sein konnte. Bestes Beispiel hierfür ist das sich an der Porta Maggiore in Rom befindende Grabmal des Bäckers Marcus Vergilius Eurysaces.

**Q**    **Inschriften auf einem dem Bäcker Eurysaces und seiner Frau gehörenden Grabmal**

ILS 7460 a–d

Offenkundig ist dies das Grabmal des Marcus Vergilius Eurysaces, Bäcker, Zulieferer. Atistia war meine Frau, ihre Lebensführung war die einer hervorragenden Gemahlin. Die Überreste ihres Körpers, die übrigblieben, liegen in diesem Brotkorb.

Dasselbe gemahnt nicht nur durch seine bauliche Gestalt an den Beruf seines Eigentümers, sondern es finden sich auf ihm auch bildliche Darstellungen des Produktionsprozesses von Brot, von der Anlieferung des Getreides bis zum Abtransport der fertigen Brotlaibe. Das Grabmal gibt im Verbund mit anderen Quellen Anlass zu der Vermutung, dass es sich bei der Massenproduktion von Brot um eine Innovation dieser Zeit handelte. Bis dahin pflegte man zumeist das Korn mahlen zu lassen, um das Brot dann in einem heimischen Kontext zuzubereiten. Für den innovativen Charakter der Massenproduktion von Brot mag auch das hohe Maß an **vertikaler Integration** des Produktionsprozesses sprechen.

**E**    **Vertikale Integration**

Vertikale Integration bedeutet die Verbindung von Operationen beziehungsweise Prozessen der Produktion in einem Betrieb. Werden Operationen beziehungsweise Prozesse bei der Herstellung eines Produkts unter Einschaltung des Marktes – etwa durch den Kauf von Zwischenprodukten – abgewickelt, spricht man von vertikaler Desintegration. (nach Silver, Anc. Soc. 39 (2009), 171–184)

*Innovation*    Auch auf technischem Gebiet machte die italische Wirtschaft der späten Republik einige Innovationen. Hervorhebenswert ist in diesem Kontext die Verwendung von Puzzolan-Erde bei der Herstellung von *opus caementitium*, einem Beton, der unter Wasser aushärtete.

*Arbeit*    Arbeit im Bereich der Produktion wurde sowohl durch unfreie als auch durch freie Individuen verrichtet. Generell wird auch und gerade die späte Republik als Inbegriff der oben bereits näher skizzierten Sklavenwirtschaft gesehen. Freie Arbeit wurde wie auch zuvor über die Institutionen der Lohnarbeit und der Verpachtung gewährleistet. Dabei konnten selbstverständlich Sklaven auch als Lohnarbeiter oder Pächter von ihren Eigentümern eingesetzt werden. Die Lebensbedingungen der Sklaven unterschieden sich deutlich, waren aber überwiegend bedrückend. Dies gilt insbesondere für den Einsatz von Sklaven im Bergbau, wo sie in den von den *publicani* betriebenen Bergwerksbezirken schufteten. Gleichwohl kam es in den Jahren zwischen 140 und 70 v. Chr. lediglich zu drei Massenaufständen von Sklaven, von denen zwei sich auf Sizilien konzentrierten. Nur der berühmte Aufstand des Gladiators Spartacus betraf das oben genannte Kerngebiet der Sklavenwirtschaft des tyrrhenischen Mittelitaliens. Alles in allem ist also die Sklaverei auch und gerade in der späten Republik als eine wesentliche Quelle von Arbeitskraft zu sehen. Gewiss ist dieselbe nicht oder jedenfalls nicht zwangsläufig als ein Zeichen mangelnder Effizienz oder fehlender Rationalität der spätrepublikanischen Wirtschaft zu vereinnahmen.

Ferner kann Sklaverei in keiner Weise als ein Hemmschuh technischer Entwicklung interpretiert werden. Beide Argumente finden sich häufig in der älteren, primitivistisch orientierten Forschung, werden aber zunehmend mit Skepsis betrachtet. Hinsichtlich der Sklaverei als einem Massenphänomen wird man lokale Differenzierungen berücksichtigen müssen. Wirtschaftlich interessant konnten Sklaven nur für die Oberschichten sein, die über die nötigen finanziellen Mittel zum Erwerb und zum Unterhalt von Sklaven verfügten. Die Rentabilität der Sklaverei muss jedoch gerade für die späte Republik eine offene Frage bleiben, da das Quellenmaterial nur sporadische Daten liefert, selbst wenn man Vergleiche mit anderen Epochen anstellt. Zieht man indes die Kaiserzeit zum Vergleich heran, dürfte sich vor allem der massenhafte Einsatz von Sklaven nur unter sehr spezifischen Umständen gelohnt haben.

Offenbar erfuhren auch der Handel beziehungsweise die Distribution von Waren im überregionalen Maßstab einen Aufschwung, wie jedenfalls die gegenüber den früheren Perioden größere Anzahl von archäologisch nachzuweisenden Schiffwracks nahelegt. Besonders spektakulär ist der Wrackfund von Mahdia in Tunesien. Das Schiff war reich mit Kunstwerken beladen, die entweder verhandelt werden sollten oder Beute darstellten. Weiterhin bildete Gallien ein lohnendes Ziel für den Export italischer Weine. Auf den Export von Keramik ist oben schon hingewiesen worden. Sowohl für den Westen als auch für den Osten der Mittelmeerwelt finden sich Belege für eine massive Präsenz italischer und römischer Händler innerhalb und außerhalb des römischen Herrschaftsgebiets. Hinweise hierfür liefert die Nennung des römischen Denars in einer Inschrift aus Boiotien um 100 v. Chr (IG VII 4148). Die testamentarische Überlassung des Reiches von Pergamon an die Römer im Jahr 133 v. Chr. und die spätere Errichtung der Provinz Asia führte zu einer massiven Präsenz römischer Händler vor Ort. Die Anwesenheit derselben in Gallien wurde durch den Bau der Italien und Hispanien verbindenden *via Domitia* und durch die Gründung einer römischen Kolonie in Narbonne (*Narbo Martius*) befördert. Kurz: Der Gesamteindruck, den man auf der Grundlage der zur Verfügung stehenden Quellen gewinnt, zeigt trotz der politischen Turbulenzen ein vergleichsweise positives Bild für den Handel.

Desgleichen sind im Dienstleistungssektor und hier wiederum im Bereich der Banken und der Tätigkeit auf dem Finanzmarkt in der Republik insbesondere auf dem Letzteren nahezu stürmisch zu nennende Entwicklungen festzustellen. Hier gilt es zunächst zu differenzieren. Das Bankgewerbe im eigentlichen Sinne agierte nur sehr eingeschränkt im Finanzgeschäft. Kern der Tätigkeit von Bankiers war der Wechsel von Geld und die Entgegennahme von Depositen. Darüber hinaus gaben sie kleinere Kredite, um Käufer in die Lage zu versetzen, Transaktionen in beschränktem Umfang zu tätigen. Gleichwohl waren die Banken in der Lage, einen Zahlungsverkehr auch über größere Distanzen zu gewährleisten. Die großen Summen für Kredite wurden jedoch von Mitgliedern der Oberschicht, also von Senatoren und Rittern, bereitgestellt. Hier standen freilich immense Summen zur Debatte, und zwar so gewaltige, dass sogar Staaten ins Wanken geraten konnten, deren Herrscher sich bei Mitgliedern der römischen Oberschicht verschuldet hatten. Ein bemerkenswertes diesbezügliches Beispiel liefert

Distribution/Handel

Dienstleistungen/
Geldwirtschaft

**95**

der römische Ritter Gaius Rabirius Postumus, der den zeitweise aus seinem Reich vertriebenen König von Ägypten, Ptolemaios XII. Auletes, mit Krediten versorgte. Ptolemaios war bei Rabirius so verschuldet, dass er nach seiner Rückkehr nach Ägypten denselben zum höchsten Funktionär seiner Finanzverwaltung machen musste. Rabirius wiederum hielt sich nun an den Staatsfinanzen Ägyptens schadlos, bis das Volk gegen ihn revoltierte. Die Mitglieder der Oberschicht liehen aber auch Geld an ihre Standesgenossen. Prominentester Schuldner war Gaius Iulius Caesar, der immense Summen in seine politische Karriere investierte, die er ausschließlich mit der Aufnahme von Krediten finanzierte. Das Kreditwesen erfüllte freilich noch eine weitere Funktion, da die Kredite als Zahlungsmittel eingesetzt wurden. So wurden große Summen, die von einer Person an eine andere, beispielsweise für den Erwerb eines Landguts, gezahlt werden mussten, nicht oder nicht nur in Bargeld – also Münzen – beglichen, sondern auch in Gestalt von Kreditpapieren (lat. Sg. *nomen,* Pl. *nomina*). Auf diese Weise kam diesen Papieren eine Geldfunktion zu.

**Q**    **Cicero schreibt im Mai (?) 46 v. Chr. an seinen Freund Atticus, wie der Transfer eines Schuldpapiers eines im Exil lebenden Anhängers des Pompeius beziehungsweise die Auszahlung des Betrages an ihn bewerkstelligt werden kann**
Cicero, Briefe an Atticus 12,3,2
Aber um diese Angelegenheit nicht zu übergehen, mit jenem Schuldpapier, das ich von Caesar habe (um es zu Geld zu machen), kann auf drei Arten verfahren werden: entweder Kauf bei einer Versteigerung. Lieber möchte ich Verlust machen, auch wenn ich glaube – abgesehen von der Schimpflichkeit – dass es genau auf einen Verlust heraus laufen wird. Oder Überschreibung (an mich) durch den Käufer nach einem Jahr. Wen aber gibt es, dem ich vertrauen könnte beziehungsweise wann wird dieses Jahr des Meto (eine sprichwörtlich lange Zeit, nämlich 19 Jahre) kommen? Oder die Zahlung der Hälfte nach den Bedingungen des Vettienus.

Dieses konnte freilich nur solange funktionieren, wie das Vertrauen der Inhaber solcher *nomina* in den Markt gewährleistet war. Inzwischen aber konnten *nomina* entweder als eine Form von Geld auf andere Inhaber übertragen oder aber verkauft werden. Dies bedeutet nichts anderes als die Existenz eines Kapitalmarkts in der späten römischen Republik, der sich wesentlich auf die persönliche Bekanntschaft seiner Protagonisten gründete, aber nichtsdestoweniger vorhanden war und sogar zu größeren gesamtwirtschaftlichen Turbulenzen führen konnte.

Konsum    Der Zustrom von Geld aus den Eroberungskriegen und aus den Provinzen nach Rom führte auf Seiten der Oberschicht zu einem Konsumverhalten, das der in der literarischen Überlieferung immer wieder betonten ‚Sitte der Väter' (*mos maiorum*) diametral entgegenstand. Dieser ‚*mos maoiorum*' verlangte ein Leben nach den altrömischen Tugenden in bäuerlicher Einfachheit, von der sich die Mitglieder der Oberschicht schon weit entfernt hatten. Legendäres Beispiel für einen solchen Verhaltenskodex war Cincinnatus, der persönlich seinen schmalen Acker bestellend vom Pflug weg zum Dictator berufen worden sein soll, den Staat gerettet und dann wieder auf sein kleines Gut zurückgekehrt sein soll. Eine derartig frugale Existenz führten die Großgrundbesitzer der ausgehenden Republik nicht. Realität der Lebensführung und immer wieder eingeforderter Bezug auf die ‚Sitte der Väter' standen unversöhnlich nebeneinander. Nicht ohne Grund baute Varro im Rahmen seines Agrarhandbuchs den Verhaltenskodex des *mos maiorum* zu einem regelrechten System aus und lotete aus, wie weit ein Angehöriger der römischen Oberschicht in der Veränderung seiner Lebensform gehen konnte, ohne Anstoß bei seinen Zeitgenossen zu erregen. Dies ist aber die literarische Sicht der Dinge. In der Praxis führte der Reichtum der Oberschicht zu einer ständig wachsenden Nachfrage nach Gütern des gehobenen Bedarfs, seien es aus der griechischen Welt importierte Kunstgegenstände, seien es kostbare Steine für die Ausstattung der eigenen Wohn- und Landhäuser, seien es Preziosen im weitesten Sinne. Solches ist auch beim Konsum von Nahrungsmitteln nachzuvollziehen. Hier entwickelte man etwa eine besondere Vorliebe für kostspielige Fische. Gleichzeitig wurden neue Nahrungsmittel aus dem Osten mitgebracht und in Italien heimisch, um zumindest auf die Tische der Oberschicht zu gelangen. So wurde die Pflaume, deren kultivierte Form man in Vorderasien kennenlernte, erst nach der Mitte des 2. Jahrhunderts v. Chr. in Italien angebaut. Mit dem in der Republik sich vollziehenden Wachstum der Stadt wurde Rom vor allem in Bezug auf Getreide immer mehr zu einem hochdefizitären Nahrungsmittelareal. Daher war man zunehmend auf Importe angewiesen. Mit Unterbrechungen verteilte der römische Staat seit den Gracchen gewisse Mengen an vergünstigtem beziehungsweise kostenlosem Getreide; diese Maßnahme diente nicht nur der politischen Akzeptanz, sondern auch der Stabilisierung des Getreidepreises. Dennoch blieb in den turbulenten Zeiten der Republik gerade die Versorgung mit diesem Grundnahrungsmittel eine delikate Angelegenheit, denn Störungen wie beispielsweise durch die Bürgerkriege konnten zu ernsthaften Versorgungsproblemen der stadtrömischen Bevölkerung führen. Hinzu trat der hemmungslose Einsatz künstlich herbeigeführter Getreideverknappungen als Waffe im politischen Kampf. Der archäologische Befund an Amphoren zeigt einen wachsenden Weinkonsum in Rom seit der Mitte des 2. Jahrhunderts v. Chr., der schließlich etwa 146–182 Liter pro Kopf und Jahr betragen haben wird. Diese Zahlen demonstrieren hinreichend die große Nachfrage nach Konsumgütern in Rom. Die ständigen Kriege der römischen Republik gegen auswärtige Feinde, insbesondere aber die Kämpfe der Armeen der römischen Feldherrn untereinander dürften auch zu einer erheblichen Nachfrage nach Metallprodukten (Waffen, Rüstungen, Schuhnägel etc.) und Kleidung geführt haben. Hinzu kam noch ein gigantischer Bedarf an Leder beispielsweise für Schuhwerk und Zelte. Mit der Ausstattung der Soldaten war mithin viel Geld zu verdienen. Wie sich der Konsum von Waren und das Konsumverhalten im restlichen römischen Italien entwickelte, ist in den Quellen kaum nachzuvollziehen.

Die Eroberungen, die daraus resultierende Beute und die Kontributionen, die man unterlegenen Feinden auferlegte, und der Tribut aus den Provinzen brachten dem römischen Staat gigantische Einkünfte, die es ihm schon 168 v. Chr. gestatteten, auf die Erhebung einer Bodensteuer in Italien zu verzichten. Letztlich resultierte aus dem wachsenden Imperium Roms ein neues System, das die mediterrane Welt auf Rom ausrichtete. Alte Zentren wie die Ägäis wurden zur Peripherie dieser neuen römischen Welt. Tribute flossen nach Rom, in ihrem Gefolge desgleichen Handelswaren. Auf der anderen Seite nahmen Römer und Italiker die mediterrane Welt immer mehr in ihre

*Staat und Wirtschaft*

Gewalt, sei es durch ihre Tätigkeit als Händler, die eine wachsende Nachfrage nach alltäglichen Bedarfsgütern und solchen des gehobenen Bedarfs nach Rom leiteten. Die Konsequenzen für die Provinzen dürften traumatisch gewesen sein, denkt man nur daran, dass Sizilien den zehnten Teil seiner Getreideproduktion an Rom abtreten musste. Allgemein betrachtete man die Provinzen als gerechte Beute des Staates, die es auszubeuten galt. Vor allem im Zuge der Bürgerkriege im Osten des Reiches lief man immer mehr Gefahr, die „Kuh, die man zu melken trachtete, zu schlachten". Die auf die Stadt ausgelegte staatliche Verwaltung war freilich nicht in der Lage, eine imperialen Aufgaben gewachsene Struktur auszubilden. Daher verlagerte man staatliche Aufgaben wie die Erhebung von Steuern und Zöllen auf Privatleute in Gestalt der bereits genannten *publicani*, die dabei nach dem Prinzip der Gewinnmaximierung verfuhren. Konfliktpotentiale zwischen den Steuerpächtern und den Städten einer Provinz ergaben sich auch, wenn der Senat in Rom oder Amtsträger vor Ort Privilegierungen oder Ausnahmen beschlossen, ohne Rücksicht auf die bereits verpachteten Steuern zu nehmen. Aus Sicht des römischen Staates funktionierte das System hervorragend, konnte die römische Staatskasse doch sofort nach der Versteigerung des Rechts der Steuereinziehung über Beträge verfügen; gleichzeitig war man nicht mit der Eintreibung derselben belastet. Für die Provinzialen barg das System einiges an Verdruss, wie zumindest die zahlreichen Klagen über die *publicani* zeigen. Zudem betrachteten die römischen Amtsträger in den Provinzen ihre Tätigkeit dort als exzellente Gelegenheit, sich persönlich zu bereichern. In diesem Kontext sind auch die tatkräftigen Hilfen zu sehen, die römische Amtsträger in den Provinzen den Publicanen sowie den römischen Händlern zuungunsten der enchorischen Bevölkerung angedeihen ließen. Eine Reaktion des Staates bestand in der Schaffung von Gerichtshöfen, vor denen die Beamten nach ihrer Amtszeit belangt und auf Herausgabe der widerrechtlich angeeigneten Gelder verklagt werden konnten, aber die Erfolgsaussichten solcher Klagen waren in der Regel gering. Größere staatliche Aufmerksamkeit genoss der sensible Bereich der Getreideversorgung Roms. Seit 123 v. Chr. wurde – mit einer Unterbrechung in sullanischer Zeit – verbilligtes Getreide an römische Bürger abgegeben. Beschaffung und Verteilung dieses Getreides wie überhaupt die Sicherstellung der stadtrömischen Getreideversorgung wurde Aufgabe verschiedener Magistrate, die dabei auch auf die Provinzen zurückgriffen.

 **Beschluss des Thessalischen Bundes über Getreidelieferungen an Rom aus den Jahren 150–130 v. Chr.**
HGIÜ 485
Da Quintus Caecilius Metellus, Sohn des Quintus, Agoranomos in Rom, ein tüchtiger und verdienter Mann, befreundet und wohlgesinnt unserem Ethnos, vor dem Synhedrion auftrat und die von seinen Vorfahren erwiesenen Wohltaten in Erinnerung rief und – da er gewählt war in das Ädilenamt und ihr (sc. der Römer) Land derzeit unter einer Mißernte litt – darum bat, dass von unserem Ethnos soviel Getreide geliefert werde an den Senat und das Volk, als verkäuflich (sc. oder: möglich) sei, beschlossen die Synhedrioi, dass man eingedenk der Wohltaten, die unserem Volk von Quintus und seinen Vorfahren sowie vom Volk der Römer erwiesen worden sind, nach Rom für den Senat und das Volk gemäß den Verhandlungen des Quintus 430.000 Kophinoi Weizen sende …

Erkennbar ist auch ein größeres Interesse an der Wirtschaft in der Gesetzgebung, wo die Rechtslage und -sicherheit für die Abwicklung von verschiedenen Geschäften deutlich verbessert wurde. Demgegenüber standen die willkürlichen Eingriffe in das Eigentum der Bürger durch staatlichen Terror im Rahmen der sullanischen Proskriptionen sowie der Proskriptionen unter den Triumvirn in den 40er Jahren des 1. Jahrhunderts v. Chr. Die Ansiedlung von Veteranenkolonien in bestehende Städte hinein bildete eine weitere schwere Hypothek für die Wirtschaft, wenn man einen italischen Blickwinkel einnimmt. Alles in allem hätten die Zeichen der Wirtschaft der römischen Republik gleichwohl auf Wachstum stehen können, hätten dies nicht die Bürgerkriege und die damit einhergehenden politischen Säuberungen, Veteranenansiedlungen, Schlachten und Belagerungen auf dem Boden Italiens wie in den Provinzen verhindert. Und nicht zuletzt war dieses mögliche Wachstum auf die römischen Expansion und der bisweilen rigoros erfolgenden Ausbeutung der Provinzen gegründet. Erst in der Kaiserzeit sollte durch eine Änderung des politischen Rahmens ein nachhaltiges Wachstum der Wirtschaft eintreten, das auch breiteren Schichten der römischen beziehungsweise der reichsrömischen Gesellschaft zugutekam.

# XII. Die Wirtschaft des Imperium Romanum

Der lange währende Bürgerkrieg nach der Ermordung Caesars im Jahr 44 v. Chr. und die Etablierung der Alleinherrschaft des Augustus brachten eine tiefgreifende Wandlung der Strukturen des römischen Staates und damit auch der Wirtschaft des Römischen Reiches mit sich. Das politische und religiöse staatliche Leben wurde zunehmend auf den regierenden Imperator ausgerichtet, der die militärische Macht im Reich monopolisiert hatte. Bei der mit hohem propagandistischem Aufwand in Szene gesetzten ‚Rückgabe des Staates' an Senat und Volk im Jahr 27 v. Chr. war es zu einer Aufteilung der Provinzen zwischen Senat und Augustus gekommen. Augustus verwaltete seinen Provinzen mit einer prokonsularen Befehlsgewalt, die ihn zum obersten Bezugspunkt der gesamten Administration machte. Seit 23 v. Chr. war seine Befehlsgewalt allen anderen Provinzverwaltern übergeordnet. Auf diese Weise wurde der Imperator in Rom nicht nur zu einer Instanz, an die sich die Provinzbewohner mit Beschwerden richten konnten, sondern er war zugleich den römischen Amtsträgern übergeordnet. Die Provinzen wurden in der Folge nicht mehr als Beute angesehen, die man ausweiden konnte, sondern der Kaiser und seine Statthalter in den sogenannten kaiserlichen Provinzen waren verantwortlich für das Wohlergehen der Provinzialen beziehungsweise für das Funktionieren der Institutionen in den Provinzen (also Städte, Heiligtümer usw.). Diese Haltung machten sich auch die Statthalter in den sogenannten senatorischen Provinzen zu eigen, die stets in enger Kommunikation und Interaktion mit dem Kaiser in Rom standen. Dieser Prozess ging freilich nicht von heute auf morgen vonstatten und auch in der frühen Kaiserzeit findet man in der Historiographie noch den Vorwurf, Statthalter hätten sich ungebührlich an ihrer Provinz bereichert.

**Q** | **Velleius Paterculus (* 20/19 v. Chr.) charakterisiert P. Quintilius Varus**
Velleius Paterculus, Römische Geschichte 2,117,2
Quintilius Varus stammte aus einer eher berühmten als vornehmen Familie. Er war ein Mann mit gelinder Begabung und ruhiger Lebensführung, sowohl hinsichtlich seines Verstandes als auch seines Körpers allzu unbeweglich, mehr an die Muße als an die Kaserne und das Kriegshandwerk gewöhnt, keinesfalls aber ein Verächter von Geld, wie Syrien beweist, dem er als Statthalter vorstand; er betrat das reiche Syrien als armer Mann und als reicher Mann verließ er ein armes Land.

Dieser Paradigmenwechsel der römischen Politik in Bezug auf die Provinzen brachte nicht nur eine immer weiter um sich greifende **Romanisation** mit sich, sondern schon in augusteischer Zeit wurde die Grundlage für die Entwicklung eines Reichsbewusstseins auf Seiten der Bevölkerung gelegt.

**E** | **Romanisation**
Mit Romanisation wird in der Forschung der Prozess bezeichnet, in dem die gesellschaftlichen Eliten in den Provinzen freiwillig die lateinische Sprache, die römische Kultur, die römischen Lebensformen und religiösen Praktiken annehmen beziehungsweise für sich adaptieren. Demgegenüber meint Romanisierung das Bemühen des römischen Staates, in den Provinzen römische Strukturen zu verbreiten. (Spickermann, DNP 10 (2001), 1121–1122)

Dieses Reichsbewusstsein und die mit ihm einhergehende Romanisation bildeten wesentliche Garanten für den inneren Frieden im Reich. Hinzu kam die Monopolisierung des Militärs in der Hand des Kaisers, was letztlich das Ende der Kämpfe innerhalb der Führungsschicht bedeutete. Freilich wurde der innere Frieden – die *pax Augusta* – immer wieder durch Aufstände und im Jahr 68–69 n. Chr. sowie nach dem Tod des Commodus am 31.12.192 durch einen Bürgerkrieg gestört, letztlich kann man aber dennoch mit großem Recht von einer über 250 Jahre währenden Periode inneren Friedens sprechen. Dieser Frieden wurde auch nicht durch äußere Feinde beeinträchtigt, ganz im Gegenteil behielt das Römische Reich bis zum Ende der Regierungszeit Trajans die militärische Initiative. Erst im 3. Jahrhundert n. Chr. war es stärkerem äußeren Druck ausgesetzt, dem die Grenzen nicht standhalten konnten. Gleichzeitig waren die Kaiser in der Lage, ein für vormoderne Verhältnisse hohes Maß an innerer Sicherheit herzustellen, obgleich Räubereien und Kleinkriminalität an der Tagesordnung waren. Vergleicht man das Römische Reich jedoch mit anderen vormodernen Staaten, kann man ein vergleichsweise hohe Sicherheit konstatieren. Dies zeigt sich auch bei der immer weiter voranschreitenden juristischen Fassung der institutionellen Rahmenbedingungen für die Wirtschaft. Auch wenn Korruption ein beständiges Phänomen war und im Reich verschiedene Rechtssysteme zur Anwendung kamen, garantierte das römische Recht gleichwohl ein gewisses Maß an Rechtssicherheit für die römischen Bürger. Da das römische Bürgerrecht immer weiteren Kreisen zuteil wurde, nahm auch die auf dem römischen Recht gegründete Verrechtlichung des Lebens weiter zu. Nicht ohne Grund gilt das frühe 3. Jahrhundert n. Chr. als eine Blütezeit der römischen Jurisprudenz. Der langanhaltende Frieden in weiten Teilen des Herrschaftsgebiets war eine günstige Voraussetzung für die positive Entwicklung, die das Römische Reich in der Zeit von etwa 27 v. Chr. bis 237 n. Chr. durchlief. Der Einfluss des Römischen Reiches bewirkte in manchen Regionen – wie beispielsweise in Kreta – sogar eine strukturelle Veränderung der Wirtschaft. Positiv wirkte sich auch der erwähnte Ausbau der Infrastruktur auf die Wirtschaft aus. Dieser Ausbau schuf nicht nur positive wirtschaftliche Anreize, sondern die bislang genannten Faktoren ermöglichten auch Ortsveränderungen von Individuen in einem bisher nicht dagewesenen Ausmaß. Diese regionale Mobilität von Einzelpersonen dürfte für eine weitere Verbreitung des Reichsbewusstseins gesorgt haben.

*Strukturelle Rahmenbedingungen*

Die Entwicklung eines solchen Reichsbewusstseins, die immer stärkere Romanisierung und Romanisation des Reiches und die offenkundig verbreitete Akzeptanz der römischen Herrschaft ist indes insbesondere als Frucht der sich seit Augustus entwickelnden Reichsgesellschaft zu betrachten. Die römische Gesellschaft – und dies ist eine Grundkonstante der römischen Sozialgeschichte – war auf das Prinzip der Ungleichheit gegründet. Jede Person im *Imperium Romanum* gehörte innerhalb des Reiches oder innerhalb seiner Stadt einer gesetzlich definierten Gruppe oder mehreren Gruppen an, die in einer klaren Hierarchie zueinander standen. Mit der Zugehörigkeit zu einer jeden Gruppe gingen bestimmte Rechte, aber auch Pflichten einher. Die Gruppen ihrerseits waren ebenfalls hierarchisch gegliedert, wobei sich der Standort eines Jeden nach Reichtum, Alter, Abkunft, Geschlecht, Beziehungen und den bekleideten Ämtern richtete. Dem antiken Denken entspre-

*Gesellschaft*

chend verwendeten die Römer für die Einteilung ihrer Gesellschaft auf vielerlei Ebenen ein zweigeteiltes Modell. Man unterschied Freie und Unfreie, römische Bürger und Peregrine, Städter und Landbewohner, Reiche und Arme, Zivilisten und Militärs. Für die Beschreibung und Analyse der gesellschaftlichen Bedingungen des Römischen Reichs in der Kaiserzeit sind in der Forschung verschiedene Modelle zur Anwendung gekommen, die jeweils unterschiedliche Sachverhalte in den Vordergrund stellen. Besonders einflussreich ist das Stände-Schichten-Modell von GÉZA ALFÖLDY, das insbesondere die überragende gesellschaftliche Bedeutung des Senatorenstandes (lat. *ordo senatorius*), des Ritterstandes (lat. *ordo equester*) und der sogenannten Dekurionen (lat. *ordo decurionum*) hervorhebt; letztere werden im Osten des Reiches als Bouleuten bezeichnet. Dekurionen und Bouleuten sind als die städtische Oberschicht im Reich zu charakterisieren. Für die Zugehörigkeit zum Senatorenstand, die erblich war, war ein Mindestvermögen von 1.000.000 HS (HS ist das Währungssymbol für den Sesterz) die Grundvoraussetzung. Demgegenüber war die Zugehörigkeit zum Ritterstand nicht erblich und das erforderliche Mindestvermögen war deutlich geringer, es betrug „nur" 400.000 HS. Senatoren- und Ritterstand bildeten nicht nur die gesellschaftliche Elite des Römischen Reiches, sondern waren auch das Reservoir, aus dem die Kaiser Offiziere für das Heer und Verwaltungschargen rekrutierten. Kann man den beiden ersten Ständen eine gewisse soziale Homogenität zusprechen, so gilt dies nur eingeschränkt für die Dekurionen, da deren soziale Realität und ihre wirtschaftliche Wohlsituiertheit je nach Stadt erheblichen Schwankungen unterworfen waren. Die Oberschicht in Gestalt der drei *ordines* dürfte etwa 1.200.000 Individuen reichsweit umfasst haben, also etwa 2 % der Gesamtbevölkerung des Reiches. Hinsichtlich der eigentlichen Führungsschicht des Reiches hat man für die augusteische Zeit eine Gruppe von etwa 160 Individuen veranschlagt, für das 2. Jahrhundert n. Chr. rund das Doppelte. Von dieser Oberschicht werden in dem Modell GÉZA ALFÖLDYS die Unterschichten abgegrenzt, die sich wiederum in Stadt- und Landbevölkerung gliedern beziehungsweise aufgrund der persönlichen Rechtsqualität in Freie, Freigelassene und Sklaven. Insofern waren die Unterschichten sehr viel heterogener als die Oberschichten, ihre Abgrenzung voneinander reflektierte aber eine sich im Verlauf der Kaiserzeit ergebende Entwicklung, im Zuge derer die Gesellschaft sich in ‚Ehrenhaftere' (lat. *honestiores*) und ‚Geringere' (lat. *humiliores*) aufspaltete. Die Geringeren wurden im römischen Recht mit deutlich schärferen Sanktionen belegt als die Ehrenhafteren. Neben diesem hier kurz skizzierten Modell sei noch auf ein anderes für die soziale Gliederung des Reiches hingewiesen, das von KARL CHRIST vorgeschlagen wurde. Dieses unterscheidet sich insofern fundamental von dem Modell GÉZA ALFÖLDYS, als KARL CHRIST die *ordines* nicht als eigene soziale Schicht betrachtete. KARL CHRIST unterschied fünf Schichten im Römischen Reich. An dessen Spitze stand die ‚imperiale Führungsschicht', zu der alle gehörten, die aktive Leitungsfunktionen in einer imperialen Dimension innehatten. Dazu zählten Kaiser und Kaiserhaus, die ehemaligen Konsuln, die höchsten ritterlichen Amtsträger, die Berater des Kaisers und schließlich die kaiserlichen Freigelassenen, die desgleichen hohe Verwaltungsfunktionen innehatten. Dieser Schicht ordnete er die ‚imperiale Oberschicht' unter, die aus allen nicht zur Führungsschicht gehörenden Senatoren, Rittern und den Primipilaren bestand, die die höchsten Unteroffiziersdienstgrade der römischen Legionen bildeten. Hierauf folgte eine ‚regionale und lokale Oberschicht', die leitende Funktionen auf städtischer und provinzialer beziehungsweise landschaftlicher Ebene ausübte. Zu dieser Schicht zählten Ritter, auf die diese Kriterien zutrafen, die Munizipalaristokratie in großen und mittelgroßen Städten, reiche freie römische Bürger, einzelne Intellektuelle und Spezialisten sowie Günstlinge und Freunde des Kaisers. Davon grenzte KARL CHRIST ‚heterogene Mittelschichten' ab, deren Existenzbasis selbständige Arbeit, eigenes Vermögen, Militärdienst oder besonders qualifizierte Dienstleistungen bildete. Zu diesem Personenkreis rechnete er den Großteil der freien römischen Bürger, die Angehörigen der Munizipalaristokratie kleinerer Städte, Centurionen und andere Unteroffiziere sowie Mannschaften des Militärs, die Prätorianer und die Angehörigen der hauptstädtischen Militärformationen, kaiserliche Freigelassene und einzelne Sklaven des Kaiserhauses. Den unteren Abschluss dieses Modells der römischen Gesellschaft bildeten die ‚heterogenen Unterschichten'. Bei ihnen dominieren Abhängigkeiten in verschiedenster Form, ihre Angehörigen fristeten ihren Lebensunterhalt durch unselbständige Arbeit und Dienste, als Nutznießer staatlicher Sozialleistungen, lebten von privater Freigebigkeit oder von Geldern ihrer Patrone, zu denen sie als **Klienten** in einem sozialen Abhängigkeitsverhältnis standen.

> **Klienten**
> Klienten sind freie Personen, die aufgrund ihrer niedrigeren sozialen Stellung und aufgrund ihrer geringen wirtschaftlichen Möglichkeiten in einem sozialen Abhängigkeitsverhältnis zu einem Patron standen. Diesem kam es zu, seine Klienten auch in materiellem Sinne zu unterstützen, wofür ihm die Klienten eine ihren Möglichkeiten entsprechende Unterstützung schuldeten. In der Kaiserzeit monopolisierten die Imperatoren Klientelbeziehungen weitgehend, obgleich dieselben auf anderen Ebenen, wenn auch in entpolitisierter Form, fortbestanden. (Lintott, DNP 3 (1997), 32–33)

Zu dieser Schicht gehörten demnach die sonstige Stadtbevölkerung, die Landbevölkerung, die Soldaten der Auxiliarformationen und der Flotten, die ärmeren Freigelassenen und der Großteil der Sklaven, die ihr Dasein in Bergwerken, Gruben, in der Landwirtschaft, in Werkstätten oder städtischen Haushalten fristeten. Es sind also grundsätzlich unterschiedliche Betrachtungsweisen der Sozialstruktur des *Imperium Romanum* möglich, von denen hier nur zwei näher betrachtet wurden. Beschäftigt man sich mit der Wirtschaftsgeschichte der Römischen Kaiserzeit, bietet das von KARL CHRIST vorgeschlagene Modell viele Vorteile, so dass es im Folgenden unter gewissen Modifikationen zugrunde gelegt wird. Unabhängig davon, welches Modell für die Betrachtung herangezogen wird, ein besonderes Charakteristikum der römischen Gesellschaft, durch das sie sich stets fundamental von anderen Gesellschaften der antiken Welt unterschied, war ihre weitgehende Durchlässigkeit. Dies beginnt mit der recht freizügigen Verleihung des römischen Bürgerrechts auch und gerade an Einwohner der Provinzen. Die Eliten des Reiches schlossen sich nicht nach unten ab, sondern sozialer Aufstieg war möglich und an der Tagesordnung. Überliefert sind spektakuläre Aufstiege aus der Unterschicht bis in die imperiale Führungs- und Oberschicht. Gewiss war die Kaiserzeit kein goldenes Zeitalter der Menschheitsgeschichte, zumal es scharfe gesellschaftliche Unterschiede gab. Aber die großen Möglichkeiten der sozialen Mobilität sowie die Performanz der römischen Wirtschaft, die überhaupt die Ausbildung lokaler Oberschichten und sozialer Gruppen, die man als Mittelschicht bezeichnen kann, auf einer breiteren Ebene ermöglichte, sind ohne Zweifel Strukturelemente, die das Römische Reich fundamental von anderen Reichen und Gesellschaften der Vormoderne unterscheiden.

**Wachstum**　In der Forschung ist man sich zur Zeit weitgehend einig, dass die günstigen Rahmenbedingungen und ein demographisches Wachstum ein Wirtschaftwachstum ermöglichten, das bis in die Mitte des 2. Jahrhunderts andauerte. Erst mit der ‚Antoninischen Pest‘, bei der es sich vermutlichum eine Pockenepidemie gehandelt hat, kommt es zu einem demographischen Rückgang. Gleichzeitig dürfte die Performanz der Wirtschaft auch zu einer Steigerung des Pro-Kopf-Einkommens auf einer breiteren gesellschaftlichen Ebene geführt haben, obgleich dies noch kontrovers diskutiert wird. Insofern steht die wirtschaftliche Gesamtentwicklung der Kaiserzeit in der Antike ohne Parallele dar. Bestimmender Sektor der Wirtschaft blieb freilich auch in dieser Epoche die Landwirtschaft. Die Ausdehnung des Reiches von Britannien im Nordwesten bis Ägypten im Südosten, von der Straße von Gibraltar im Westen bis zum Euphrat im Osten, bringt es mit sich, dass man nur schwer Allgemeingültiges in Bezug auf die agrarischen Bedingungen des Reiches als Ganzem sagen kann. Die geomorphologischen und hydrographischen Bedingungen in den einzelnen Regionen unterschieden sich gewaltig. Die einheimischen Gesellschaften wiesen gleichfalls deutliche Unterschiede auf, die erst im Verlauf eines langen Prozesses der Romanisierung und Romanisation auf Reichsebene nivelliert wurden.

**Landwirtschaft**　Dies hat zur Folge, dass die Agrarwirtschaft in den einzelnen Reichsteilen wesentliche Differenzen aufwies und unterschiedlichen strukturellen Bedingungen gehorchte. Insofern ist eigentlich nur ein regionaler Zugriff auf das Thema statthaft, zumal die Agrarproduktion in den einzelnen Regionen divergierenden Konjunkturen und Veränderungsprozessen unterlag. Das Bevölkerungswachstum Roms in der Kaiserzeit – man geht für diese Zeit von einer Einwohnerzahl von rund 1.000.000 Individuen aus – schuf eine gigantische Nachfrage, die keinesfalls nur aus dem Umland gedeckt werden konnte, sondern erhebliche Impulse für die Wirtschaft weiter Teile des Reiches setzte. Zu denken ist dabei beispielsweise an die Produktion von Olivenöl in der Baetica, dem heutigen Andalusien, ferner an die Herstellung von Wein in Gallien, der gleichfalls in großen Mengen nach Rom kam. Ja sogar Pökelfleisch aus Gallien fand seinen Weg in die Hauptstadt, so dass das Konsumzentrum Rom positive Impulse auf die Schweinezucht in Gallien ausübte. Dabei war es nicht nur die Kapitale, die wuchs, sondern das allgemeine Bevölkerungswachstum schlug sich selbstverständlich auch in den Städten des Reiches nieder. Gleichzeitig kam es im Westen des Imperiums zu einer ausgedehnten Urbanisierung der teilweise noch jungen Provinzen. Als wachsende Konsumzentren steigerten dieselben die Nachfrage nach agrarischen Gütern, was wiederum positive Auswirkungen für die landwirtschaftliche Produktion im Allgemeinen hatte. Die hier nur kurz angedeuteten Prozesse führten zu einem reichsweiten Landesausbau: Die Anbauflächen wurden deutlich vermehrt. Hinzu trat das an den Reichsgrenzen stationierte

Militär, das gleichfalls eine Stimulierung der Agrarproduktion vor allem im Hinterland der Reichsgrenzen bewirkte. Gleiches gilt aber auch für den Süden und den Osten des Reiches. So lässt sich der Landesausbau auch für die afrikanischen, kleinasiatischen und syrischen Gebiete des Reiches nachweisen. Wo die landschaftlichen Gegebenheiten und das soziale System es gestatteten, wurde die *villa rustica* zur üblichen Organisationsform landwirtschaftlicher Produktion. Gleichwohl waren die Verhältnisse im Römischen Reich auch in diesem Punkt vielschichtig. So waren beispielsweise die landwirtschaftlichen Betriebe Ägyptens anders organisiert, worauf unten noch zurückzukommen sein wird. Das Beispiel Kleinasiens zeigt, wie in der Kaiserzeit die Dörfer prosperierten, die unter anderem in Abhängigkeit von Großgrundbesitzern standen. Das untere Ende der Skala bildeten freilich die Klein- und Kleinstbauern, die im Wesentlichen für den Eigenbedarf und für sich selbst und für ihre Familien sorgen konnten. Gleichwohl waren auch solche Bauern zumindest auf einen gewissen Zugang zum Markt angewiesen, mussten sie doch ihren steuerlichen Verpflichtungen gegenüber dem römischen Staat zumindest teilweise durch die Zahlung von Bargeld nachkommen. In der Kaiserzeit setzte sich die Tendenz zur Bildung von Großgrundbesitz in Italien und den Provinzen fort; dieser Großgrundbesitz führte jedoch nicht zu plantagenartigen Produktionsflächen, sondern die vorherrschende Produktionseinheit blieb der Einzelbetrieb, der freilich mit dem größeren Ganzen in Verbindung stand. Dieser Großgrundbesitz war in der Kaiserzeit niemals in der Lage, kleine und mittlere Betriebe zu verdrängen. Auch dürfte auszuschließen sein, dass abgesehen vom Kaiser und möglicherweise Personen in seinem engsten Umfeld selbst Mitglieder der imperialen Führungs- und Oberschicht reichsweit als Grundeigentümer hervortraten. Sobald Senatoren auch aus den Provinzen rekrutiert wurden, dürfte sich ihr Eigentum an Land weitestgehend auf Rom, Italien und ihre Herkunftsprovinz beschränkt haben. Hinsichtlich der Agrarproduktion war weiterhin das mediterrane Quartett maßgebend, also der Anbau beziehungsweise die Produktion von Cerealien, Leguminosen, Wein und Öl. Insbesondere in stadtnahen Gebieten trat der Anbau verschiedenster Obstsorten hinzu. Eine wesentliche Bedeutung kam auch dem Gartenbau zu, also insbesondere dem Anbau von Blattgemüsen, Salatpflanzen und Kräutern. Selbstverständlich ergaben sich dabei angesichts der regionalen Vielfalt des Imperiums verschiedene örtliche Besonderheiten, was schon mit der Verwendung unterschiedlicher Getreidesorten begann, die den jeweiligen lokalen Gegebenheiten angepasst waren. Gleiches galt für die Produktion von Olivenöl, die in den nördlichen Provinzen selbstverständlich nicht möglich war. Auch die Viehzucht, insbesondere die Kleinviehzucht, war weit verbreitet. Schafe, aber auch Ziegen waren Lieferanten von Wolle, Milch und Fleisch. Gleichwohl wurde in der Hauptsache das Fleisch von Schweinen konsumiert, weswegen ihre Zucht in großem Stil, zumindest in der Umgebung von Rom, betrieben wurde und anderswo gleichfalls zu unterstellen ist. Die Rinderzucht diente vor allem zur Hervorbringung von Zugtieren, darüber hinaus fanden sie, wie auch die zuvor genannten Spezies, Verwendung als Opfertiere. Der Esel war das wohl am weitesten verbreitete Arbeitstier. Insbesondere für Bauern, die sich größere Zugtiere nicht leisten konnten, war der Esel die gegebene Alternative. Im Unterhalt war er vergleichsweise günstig, zumal wenn man sich genügsamere Rassen anschaffte. In den ariden Gebieten des Reiches war das Kamel als Lasttier verbreitet, so dass auch der Zucht desselben eine besondere ökonomische Bedeutung innewohnte. Das Spektrum der ökonomisch verwendbaren Tiere, die für den Markt gezüchtet wurden, wird noch durch verschiedene Geflügelsorten erweitert. Die Fischzucht, obgleich kostspielig und aufwendig, bot erhebliche Einnahmequellen, da besondere Fische hohe Preise erzielten. Solches galt nicht nur für die Zucht, sondern auch der Fischfang im Meer wie in Binnengewässern wurde vielfach betrieben. In Ostia, wo man ein im offenen Meer gesunkenes Fischerboot fand, existierte sogar eine eigene Berufsvereinigung der Fischer. Im kleinasiatischen Ephesos waren die Fischer immerhin so wichtig, dass sie in einer Inschrift sogar als Bauträger auftreten, und in Athen machte Hadrian den Fischhandel zum Gegenstand kaiserlicher Aufmerksamkeit. Doch zurück zur Landwirtschaft: Die Qualität der Bodenbewirtschaftung war in der Forschung lange Zeit Gegenstand von Debatten. Wurde früher über die auf dem Mangel an Dünger beruhende Erschöpfung der Böden und über eine nicht erfolgende Steigerung der Produktivität geklagt, ist man sich heute weitgehend darüber einig, die Landwirtschaft der Römischen Kaiserzeit positiver zu beurteilen. Sowohl die Steigerung der Produktivität als auch der Erträge ist nachzuweisen. Immerhin war man in der Kaiserzeit in der Lage, die in den ersten 200 Jahren ständig wachsende Bevölkerung mit Nahrungsmitteln zu versorgen. Auch technologische Neuerungen sind in diesem Kontext anzuführen, etwa die in der Forschung viel behandelte **gallo-römische Mähmaschine**.

**E**
### Gallo-römische Mähmaschine
Die gallo-römische Mähmaschine ist aus der antiken Literatur und aus bildlichen Darstellungen bekannt. Sie fand im gallischen und germanischen Raum Einsatz bei der Getreideernte. Es handelte sich um einen Kasten, der an der Schmalseite mit Rädern versehen war. Die Vorderseite war offen und mit Zähnen ausgestattet. An der Rückseite waren zwei Deichseln angebracht. Zwischen diesen konnten ein Esel oder ein Rindvieh angeschirrt werden. Das Tier schob die Konstruktion über den Getreideacker. Dabei wurde die Ähre vom Halm getrennt und fiel in den Kasten.

Auch neigte man in der älteren Forschung häufig dazu, die möglichen Erträge zu unterschätzen. Im Bereich des Anbaus von Weizen tendiert man gegenwärtig dazu, ein Verhältnis von Aussaat zu Ertrag von 1:6 bis 1:10 für möglich zu halten. Gleichwohl blieb die Landwirtschaft anfällig für klimabedingte Produktionsschwankungen, die zu lokalen Getreideknappheiten führten. Diese Knappheiten wurden noch durch die Landeigentümer verschärft, die Getreide horteten und es dann zu einem exorbitanten Preis auf den Markt brachten. Gegen solche Preistreibereien schritten römische Verwaltungsfunktionäre ein, indem sie Getreidevorräte deklarieren ließen und Höchstpreise festsetzten.

**Edikt des Lucius Antistius Rusticus, *legatus Augusti pro praetore* (kaiserlicher Statthalter) der Provinzen Kappadokien-Galatien, über den Verkauf von Getreide in Antiocheia in Pisidien aus dem Jahr 93 n. Chr.**
AE 1925, 126
Lucius Antistius Rusticus, legatus Augusti pro praetore des Imperator Caesar Domitianus Augustus Germanicus gibt bekannt: Da die Duoviri und Decurionen der

> höchst bedeutenden Kolonie Antiochia mir geschrieben haben, dass wegen der Grimmigkeit des Winters der Preis für Getreide extrem hoch ist, und das Gesuch an mich gerichtet haben, dass das Volk eine genügende Menge an Getreide kaufen könne, (befehle ich) zum guten Gelingen, dass alle, die das Bürgerrecht der Kolonie Antiochia besitzen oder in dieser wohnen, bei den Duoviri der Kolonie von Antiocheia innerhalb von dreißig Tagen, nachdem dieses mein Edikt veröffentlicht worden ist, deklarieren sollen, wieviel Getreide ein jeder hat und an welchem Ort es sich befindet und wieviel ein jeder für die Saat beziehungsweise für die ganzjährige Versorgung seiner Familie abzieht, (und ich befehle ferner,) dass ein jeder den Aufkäufern der Kolonie Antiochia die Möglichkeit einräumt, die gesamte Restmenge zu verkaufen. Als Termin setze ich den 1. August fest. Wenn aber irgendeiner nicht gehorcht, soll er wissen, dass ich, was auch immer entgegen meinem Edikt zurückgehalten worden sein wird, beschlagnahmen werde, wobei denen, die den Sachverhalt anzeigen, als Belohnung ein Achtel (sc. der Getreidemenge) festgesetzt wird. Da man mir aber versichert hat, dass vor dieser langen, grimmigen Winterzeit der Preis für einen Modius Getreide in der Kolonie acht oder neun As betragen habe, und es im höchsten Maße ungerecht ist, dass irgendjemand sich an dem Hunger seiner Mitbürger bereichert, verbiete ich, dass der Preis für einen Modius Getreide einen Denar (sc. = 16 As) übersteigt.

Hierdurch wie auch durch andere Mechanismen wurden die Getreideknappheiten abgefedert. Zu lokalen oder gar reichsweiten Hungersnöten scheint es jedoch – wenn überhaupt – nur in Ausnahmefällen gekommen zu sein. Hierin unterscheiden sich die antiken Verhältnisse fundamental von denen der folgenden Epochen.

Auch die handwerkliche Produktion nahm in der Kaiserzeit einen Aufschwung. Die Gründe hierfür liegen einerseits in dem schon unter Augustus geradezu reichsweit einsetzenden und bis in die ersten Dezennien des 3. Jahrhunderts n. Chr. reichenden Bauboom. Sowohl die Kaiser als auch die regionalen und lokalen Oberschichten traten hier mit zahlreichen Bauprojekten hervor, die der Infrastruktur und den öffentlichen Gebäuden in verschiedenster Form zugutekamen. Stellvertretend hierfür mag die mittelägyptische Gaumetropole Ptolemais Euergetis genannt sein, in der man sich – wohlgemerkt in Ägypten! – den Luxus eines Aquaedukts gönnte, der durch von Menschen und Tieren bediente Förderwerke beschickt wurde. Dieser Bauboom wirkte sich ferner befruchtend auf verschiedene Bereiche des Handwerks aus, insbesondere etwa auf die Herstellung von Ziegeln, die die komplexe römische Architektur ermöglichten. Förderlich für die handwerkliche Produktion waren des Weiteren der langanhaltende Frieden und die Urbanisierung des Reiches, insbesondere im Westen. Beides trug zur Entwicklung einer finanzkräftigen Konsumentenschicht in den Städten des Reiches bei, die sich nicht nur mit den Erzeugnissen der einheimischen Handwerker begnügte, sondern auch Produkte aus ferneren Regionen kaufte. Die Stationierung von Militär an den Grenzen des Reiches schuf Konsumzentren gerade dort, wo zuvor in der Regel ausschließlich Subsistenzwirtschaft betrieben worden war. Einerseits hatte die Armee selbst einen hohen, um nicht zu sagen für vormoderne Verhältnisse gigantischen Bedarf an handwerklichen Produkten, der zum allergrößten Teil durch zivile Handwerker gedeckt wurde. Dies leitete Geld aus den staatlichen Kassen zu den Handwerkern, auch wenn der römische Staat diese Produkte

Handwerk

**107**

wahrscheinlich unter dem Marktpreis, aber dennoch zu einem nicht ungerechtfertigten Preis ankaufte. Aber nicht nur die Armee als Institution konsumierte handwerkliche Produkte. Auch die Soldaten selbst, die nahezu die einzige Bevölkerungsgruppe bildeten, die über ein garantiertes ständiges Einkommen verfügte, waren eine zahlungskräftige Konsumentenschicht, die einen Anreiz für handwerkliche Produktion an den Grenzen des Reichs schuf. In bestimmten handwerklichen Bereichen kam es dabei auch zu Formen von Massenproduktion. Besonders gut ist dies bei der Herstellung von Terra Sigillata – einer Art antikes Porzellan – nachzuvollziehen. Der Brennofen für Töpferwaren La Graufensenque, einem der Zentren der Terra Sigillata-Produktion im Römischen Reich, konnte eine Anzahl von rund 30.000 Gefäßen fassen, die in einem Arbeitsgang zum Brennen in den Ofen gegeben werden konnten. Die Details dieser Massenproduktion werden in der Forschung noch diskutiert, gleichwohl zeichnet sich ein gewisses Bild ab. Demzufolge wurde die Massenproduktion gewährleistet, indem mehrere Töpfereien, die unabhängig voneinander arbeiteten, aber über eine zentrale Brennstelle verfügten. Die Töpfer waren dabei – soweit erkennbar – in der Regel nicht die Eigentümer der einzelnen Betriebe, sondern waren entweder abhängige Arbeitskräfte oder Pächter. Die Ausweitung der Produktion wurde hier also im Wesentlichen durch mehr Arbeitskräfte erreicht. Eine quantitative Ausweitung der Produktion wurde in der Kaiserzeit aber auch durch ein Mehr an Produktivität erreicht. Produktivitätssteigerungen konnten beispielsweise durch berufliche Spezialisierung erreicht werden. Ein diesbezüglich beredtes Beispiel ist der Nagelschmied. ADAM SMITH führte in seinem im späten 18. Jahrhundert erschienen Klassiker über den Wohlstand der Nationen aus, dass ein auf die Herstellung von Nägeln spezialisierter Schmied in der Lage war, an einem Tag erheblich mehr Nägel herzustellen als ein solcher, der das gesamte Produktspektrum des Berufes abdeckte (Der Wohlstand der Nationen. Eine Untersuchung seiner Natur und seiner Ursachen, München 1974, engl. London ⁵1789, 12). Solches darf man auch für die Antike annehmen. Bemerkenswerterweise gibt es nämlich erst in der römischen Kaiserzeit Hinweise auf die Existenz einer solchen beruflichen Spezialisierung, was mit der allgemeinen Wirtschaftslage zu erklären ist und aus dem großen Bedarf an Nägeln in dieser Zeit resultiert. Schließlich gibt es sogar Anzeichen für eine Erhöhung der Produktivität durch arbeitsteilig organisierte Herstellungsprozesse, beispielsweise bei der Herstellung von Brot oder von Feinschmiedeprodukten. Die Realitäten des Handwerks waren im Hinblick auf das ganze Imperium Romanum gewendet äußerst heterogen, sowohl was die Lage und Größe von Betrieben als auch was das Ausmaß des finanziellen Erfolges und der Teilhabe am öffentlichen Leben betrifft. Grundsätzlich ist die Allgegenwärtigkeit spezialisierten Handwerks sowohl in dörflichen als auch in städtischen Kontexten zu konstatieren. Dies gilt insbesondere für Schmiede und Berufe in der Textilproduktion, also vor allem für die Weberei. Städte boten wegen der größeren Anzahl an potentiellen Konsumenten ein breiteres Spektrum an verschiedenen Handwerken. Der Großteil aller handwerklichen Betriebe war dabei der lokalen Bedarfsdeckung verhaftet und man darf Exportorientiertheit handwerklicher Produktion zwar für einige Bereiche unterstellen, auf das Ganze des Reiches gesehen blieb sie aber eine seltenere Erscheinung. Ferner dürfte die handwerkliche Produktion in weiten Teilen eher Auftragswerk gewesen sein als Produktion für einen unbestimmten Markt. Gleichwohl waren Handwerker (und Händler) in den Städten des Reiches allgegenwärtig. Zwar lassen sich in einzelnen Fällen Tendenzen zu einer Konzentration bestimmter Gewerbe in einem Areal fassen, die Regel war dies indes nicht. Eindrucksvoll zeigt ein aus dem Ende des 2. Jahrhunderts n. Chr. beziehungsweise dem Beginn des 3. Jahrhunderts n. Chr. überlieferter, in Marmor gehauener Stadtplan von Rom – die *Forma Urbis Romae* –, dass das Vorhandensein von *tabernae*, also Räumlichkeiten für Handwerker (und Händler) im Erdgeschoss von öffentlichen Gebäuden und Mietshäusern, die Regel war. Den gleichen Eindruck vermittelt beispielsweise der archäologische Befund von Ostia und selbst in einer ruhigen kampanischen Landstadt wie dem antiken Pompeji sind Handwerksbetriebe in Gestalt der 650 bislang nachgewiesenen *tabernae* und anderer Produktionsstätten, die größere Installationen erforderten (zum Beispiel Walkereien, Getreidemühlen), überall zu finden.

> **Pachtanzeige auf einer Hauswand in Pompeji, vor dem 15.8.79**
> CIL IV 1136
> In den Besitzungen der Iulia Felix, Tochter des Spurius, werden ein höchst elegantes und bequemes Bad, Läden mit Räumen im Dachgeschoss und Wohnungen im Obergeschoss von den Iden des kommenden 15. August bis zum 1. August des 6. Jahres für 5 Jahre vermietet. Wenn der Zeitraum von 5 Jahren abgelaufen ist, endet der Vertrag ohne Übereinkunft.

**Q**

Viertelbezeichnungen in Rom, aber auch in anderen Städten des Reiches, legen eine Konzentration bestimmter handwerklicher Betriebe in einem Areal zwar nahe, sind aber gewiss nicht als Ausschließlichkeit zu verstehen. Auch wenn also ein Stadtviertel in Rom beispielsweise ‚Holzviertel‘ (lat. *vicus materiarius*) hieß, bedeutete dies nicht, dass hier ausschließlich holzverarbeitende Betriebe angesiedelt waren. Andererseits existierten öffentliche Baulichkeiten, die eine gewisse Konzentration von Handwerkern (und Händlern) bedingten und in gewisser Weise mit heutigen Einkaufszentren vergleichbar sind. Beispiel hierfür ist der Gebäudetypus des Macellum, der diese Funktionen erfüllte. Auch Heiligtümer konnten als Verkaufsorte genutzt werden, wofür das Sarapeion in der mittelägyptischen Gaumetropole Oxyrhynchos ein beredtes Beispiel liefert. Die Verpachtung von gewerblich nutzbaren Räumen im Eigentum von Städten oder Heiligtümern bot auch eine Möglichkeit für diese, Einkünfte zu erzielen. Bisweilen unternahmen die Städte sogar erhebliche Anstrengungen, um die Standortfaktoren für die handwerkliche Produktion in ihrem Bereich zu verbessern. So legte man im kaiserzeitlichen Antiocheia am Orontes für die Walker einen eigenen Kanal an, um die Versorgung dieses Gewerbes mit Brauchwasser zu verbessern.

Die Organisation von Arbeit und die dabei verwendeten Institutionen sind in der Landwirtschaft und der handwerklichen Produktion weitgehend gleich und unterscheiden sich zunächst einmal aufgrund der Größe des jeweiligen Betriebes. Sowohl für Kleinbauern als auch für kleine Handwerker war die Familie das wesentliche Reservoir an Arbeitskräften. Kinderarbeit war die Regel. Dies gilt nicht nur für die ärmeren Schichten, die eigene Kin-

*Arbeit/Arbeitsorganisation*

der im Arbeitsprozess einsetzten, sondern auch für die Oberschichten des Reiches, die abhängige Kinder zur Arbeit heranzogen. Mit steigender Größe der jeweiligen Betriebe wurden die Formen der Organisation von Arbeit komplexer und die zum Einsatz kommenden juristischen Institutionen vielfältiger. Lohnarbeit, in der Regel lediglich für überschaubare Zeiträume vereinbart, war eine Möglichkeit, Arbeitskraft hinzuzukaufen. Brauchte man längerfristig verfügbare Arbeitskraft, bot sich der Erwerb eines Sklaven oder einer Sklavin an, selbst wenn der Anschaffungspreis erheblich war und darüber hinaus der Unterhalt eines Sklaven eine finanzielle Belastung darstellte. Insofern dürfte der Einsatz von Sklaven im Produktionsprozess erst ab einer gewissen Betriebsgröße überhaupt rentabel gewesen sein. So hat man sich die Sklaverei zwar als ein allgegenwärtiges Phänomen vorzustellen, inwiefern sie aber ein hervorstechendes Charakteristikum der Wirtschaft der Römischen Kaiserzeit war, sei hier zunächst einmal dahingestellt. Dabei mussten Sklaven nicht zwangsläufig direkt im eigenen Betrieb zum Einsatz kommen. Nachzuweisen ist auch die Verdingung von Sklaven durch ihren Eigentümer gegen Lohn bei anderen Personen. Die Verwendung von Sklaven beschränkte sich nicht auf den eigentlichen Produktionsprozess, sondern sowohl Sklaven als auch Freie und Freigelassene fanden Verwendung als Verwalter. Dabei unterschied das römische Recht verschiedene Formen der Verwaltung. Insbesondere ist hier an das Institut des *institor* zu denken; hier konnten sowohl Sklaven als auch Freie als Verwalter agieren. Eine Tätigkeit als *procurator*, der gleichfalls in der Verwaltung von Vermögen tätig war, scheint Freien und Freigelassenen vorbehalten gewesen zu sein. Beide Rechtsfiguren haben ihre Heimat im römischen Recht, aber auch in der Osthälfte des Reiches finden sich Verwalter von größeren landwirtschaftlichen Betrieben. Ein diesbezüglich besonders prominentes Beispiel ist ein Herr namens Heroninos, über dessen Aktivitäten als Gutsverwalter eine Vielzahl von Urkunden informiert. Gleichzeitig demonstrieren die Texte den hohen Stand und die Komplexität, die bei der Buchführung und der Verwaltung von Großgrundbesitz im oben genannten Sinne zum Einsatz kam. Eine besondere, möglicherweise sogar herausragende Bedeutung für die Organisation von Arbeitsprozessen kam der Pacht beziehungsweise Verpachtung zu. Dies gilt sowohl für die landwirtschaftliche als auch die handwerkliche Produktion. Pachtverhältnisse konnten dabei je nach den Bedürfnissen und Geschäftsstrategien der beteiligten Parteien sehr verschiedene Ausformungen finden. Pächter brachten vor allem, aber nicht ausschließlich ihre Arbeitskraft als wesentliche Ressource ein. Je nach Ausgestaltung des Pachtverhältnisses brachte der Pächter unter Umständen weitere Ressourcen ein, beispielsweise finanzielle Mittel und Materialien. Landeigentümer stellten zunächst einmal Anbauflächen zur Verfügung. Aber auch hier ist die in den aus der Kaiserzeit überlieferten Verträgen durchscheinende Realität weit vielschichtiger. Je nach Vertragsschluss hatten die Verpächter unter Umständen ebenfalls Materialien zu stellen. Auch bot sich die Möglichkeit, einen Pächter durch den Verzicht auf den Pachtzins für eine gewisse Zeit finanziell zu entlasten, um ihn zur Durchführung von Sonderarbeiten wie beispielsweise die Melioration von Land oder die Anlage von Weingärten zu verpflichten. Mit diesen Möglichkeiten unterschiedlichster Ausgestaltung und Laufzeit boten die Pachtverhältnisse ein ausgezeichnetes Steuerungselement für Landeigentümer, mit denen sie ohne Investitionen in Sklaven oder das Eingehen längerfristiger Lohnverhältnisse die Bewirtschaftung von Land aufrecht und produktiv erhalten konnten. Gleichzeitig erreichten sie eine gewisse Minderung des eigenen ökonomischen Risikos durch die Verpachtung. Gleichwohl konnte das ökonomische Ergebnis eines Pachtverhältnisses einem Lohnverhältnis nahestehen. Solches gilt etwa für die Pacht von Arbeitsleistungen (gr. *misthôsis tôn ergôn*), ein Vertragsverhältnis, das zwar der Form nach einen Pachtvertrag darstellte, *de facto* aber die Zahlung eines Landeigentümers an ,Pächter' für die Ableistung von Arbeiten beinhaltete. Das eben Gesagte gilt unter etwas veränderten Bedingungen auch für die gewerbliche Produktion. Auch hier stellte die Verpachtung von Betrieben ein wichtiges Instrument zur Schöpfung von Arbeitskraft und zur Steuerung von Produktionsprozessen dar. Besonders deutlich wird dies in drei aus Ägypten stammenden Pachtverträgen, die jeweils die Verpachtung einer Töpferei seitens einer Landeigentümerin zum Gegenstand haben (P. Oxy. L 3595–3597). Die Bedingungen dieser drei Urkunden gestalten sich ähnlich. Letztlich lief es darauf hinaus, dass die Eigentümerinnen den Pächter durch die Lieferung von Materialien und die Bezahlung der hergestellten Gefäße in die Lage versetzten, Töpferwaren zu produzieren. Diese wurden freilich genau spezifiziert, so dass die Eigentümerinnen – ohne selbst direkt in den Produktionsprozess involviert zu werden – zumindest nach Vertragslage sicher sein konnten, zu einem gegebenen Zeitpunkt über die vereinbarten Töpferwaren verfügen zu können. Der Pächter wiederum konnte eigenes Personal einbringen, sei es in Gestalt von Lohnarbeitern, von direkt abhängigen Arbeitskräften oder in Gestalt von Unterverpachtungen. Einer der Verträge thematisiert die Verpachtung eines Viertels einer Töpferei, was eine Diversifikation der zum Einsatz kommenden Pächter bedeutet. Die genannten Hinweise, aber auch die vor allem in der papyrologischen Überlieferung erkennbare Verwaltung von Eigentum lassen ab einem gewissen ökonomischen Niveau eine komplexe Arbeitsorganisation erkennen. Es gab ein Nebeneinander von eigens bestellten Verwaltern unterschiedlichen Zuschnitts sowie von freien und unfreien Arbeitskräften bei der direkten Bewirtschaftung. Ferner war das Institut der Pacht ein Mittel zur Schöpfung und zur Steuerung von Arbeitskraft, das letztlich durch Risikovermeidung, durch die verschiedenen ökonomischen Interessen von Pächtern und Verpächtern und durch verschiedene Formen der Arbeitskraft charakterisiert war. Einen weiteren Vorteil bot die Pacht instutionellen Eigentümern von Immobilien, also dem römischen Staat, den Städten und Heiligtümern, denn diese wurden durch die Verpachtung erst in die Lage versetzt, Eigentum zu verrenten. Dabei ist im Verlauf der Kaiserzeit die Bemühung des Römischen Staates zu erkennen, die Rechte der Pächter gegenüber den Eigentümern einklag- und durchsetzbar zu machen.

Der lang anhaltende innere Friede, die Urbanisierung des Reiches, die Konzentration einer vergleichsweise zahlungskräftigen Schicht in Gestalt der Soldaten an den Grenzen des Reiches, ein allgemeines Bevölkerungswachstum und das damit verbundene **intensive Wirtschaftswachstum** führten zu einer Ausweitung und auch einer zahlenmäßigen Zunahme von Konsumenten in der römischen Welt.

**111**

**E** | **Intensives Wachstum**

Als intensives Wachstum wird ein solches bezeichnet, bei dem ein demographischer Aufschwung mit einer Steigerung des Pro-Kopf-Einkommens einhergeht. Ein solches Wachstum hat eine intensivere Landwirtschaft zur Folge, die es einem größeren Anteil der Bevölkerung erlaubt, nicht im Ackerbau tätig zu sein. Wachstum durch bloße Vermehrung der Bevölkerungszahl wird hingegen als extensives Wachstum bezeichnet.

*Konsum*

Damit ging auf das Reich gesehen eine generelle Steigerung der Nachfrage nach Waren und Dienstleistungen einher. Kurz gesagt, zumindest bis in das zweite Drittel des zweiten nachchristlichen Jahrhunderts wurden immer mehr Menschen in die Lage versetzt, Waren jenseits des Grundbedarfs zu konsumieren. Selbstverständlich ist hier nicht von einem Massenwohlstand im heutigen Sinne zu sprechen und bittere Armut blieb auch in der Kaiserzeit eine Grundkonstante menschlicher Existenz. Aber allein die Tatsache, dass sich auf Reichsebene Mittelschichten ausbilden konnten, die in der Lage waren zu konsumieren, stellte in der Antike ein Novum dar und sollte auch lange Zeit danach ohne Parallele bleiben. Auch die öffentliche Sicherheit, die Gewährleistung von Rechtssicherheit innerhalb der Grenzen des Reiches, der Ausbau der Verkehrsinfrastruktur und die Möglichkeit, reichsweit mit einem Zahlungsmittel zu agieren waren positive Impulse für die Distribution von Waren und für den Handel innerhalb und außerhalb des *Imperium Romanum*.

*Distribution/ Handel*

Sinnvollerweise wird man in Bezug auf Handel und Distribution innerhalb des Römischen Reiches zwischen einer lokalen und einer interregionalen Dimension zu unterscheiden haben. Ein weiterer Punkt sind die Austauschbeziehungen über die Grenzen des Reiches hinaus. Ohne Zweifel hat sich das Gros der Austauschbeziehungen auf den periodischen und permanenten Märkten in den unzähligen Dörfern und Städten des Reiches abgespielt. Bereits das Vorhandensein von Steuern, die in Form von Geld an den römischen Staat zu entrichten waren, bedeutete für nahezu alle Bewohner des Reiches die Notwendigkeit, am Marktgeschehen teilzunehmen und Erträge in Bargeld umzuwandeln. Die regionale Bedarfsdeckung dürfte dabei zunächst und vor allem aus dem Umland erfolgt sein. Der Einzugsbereich eines Marktes dürfte dabei einen Umkreis von etwa 15–20 km umfasst haben. Wollte man größere Territorien in ein System von Märkten einbeziehen, musste man in ungefähr diesen Entfernungen zumindest periodische Märkte etablieren. In der Tat war die römische Staatlichkeit genau hierauf bedacht. Aber auch die Städte des Reiches organisierten ihr Territorium, indem Märkte auch in den Dörfern etabliert wurden beziehungsweise eigene Marktsiedlungen innerhalb städtischer Territorien angelegt wurden, was insbesondere für den Osten des Reiches galt. Diese Märkte in den Territorien ermöglichten also den Warenaustausch auf lokaler Ebene in ihrem jeweiligen Einzugsbereich. Darüber hinaus erfüllten sie aber auch eine wichtige Funktion für die übergeordneten Städte insofern, als sie einen Sammelpunkt für das Umfeld bildeten, dessen Überschüsse auf diesem Wege konzentriert und in übergeordnete Siedlungszentren, also in die Städte selbst geleitet werden konnten. Dies gilt auch für den umgekehrten Weg, das heißt über dieses Netz von Märkten, das im städtischen Umfeld lag, konnten auch Waren aus den Zentralorten in diesem Territorium distribuiert werden. Natürlich sollte man den dörflichen Ökonomien nicht jede Orientiertheit an Oberzentren absprechen. Gerade das römische Ägypten mit seiner einzigartigen Dokumentation liefert Beispiele, inwiefern sich die dörfliche Produktion in ihren Austauschbeziehungen nicht etwa an einem nahe gelegenen Zentralort ausrichtete, sondern durch die Bedürfnisse eines weiter entfernt gelegnen Oberzentrums beeinflusst wurde. Die lokale Produktion und Distribution war nicht ausschließlich der lokalen Sphäre verhaftet. Hinzu kamen die periodischen Märkte, die häufiger in Verbindung mit religiösen Festen abgehalten wurden und die sowohl für die Käufer wie für die Händler eine überregionale Attraktivität aufwiesen. Auf diese Weise fanden überregionale Waren ihren Weg in die ländlichen Gebiete, häufig begünstigt von Verwaltungsfunktionären, die für die Abhaltung solcher Märkte Abgabenfreiheit gewährten. Das eben Gesagte gilt in noch größerem Ausmaß für die Städte des Reiches, die wegen der Konzentration von Konsumenten hochdefizitäre Nahrungsmittelareale darstellten und insbesondere auf eine funktionierende Austauschbeziehung mit ihrem Umland angewiesen waren. Interessant ist in dieser Wechselbeziehung zwischen Stadt und Land die Rolle der lokalen Oberschichten, bildeten diese doch in der Regel die größten Grundeigentümer der Gegend und gerieten als solche bisweilen in einen Interessenkonflikt zwischen eigener Gewinnmaximierung und ausreichender Nahrungsmittelversorgung ihres Gemeinwesens, wie die oben erwähnte Maßnahme des Antistius Rusticus zur Genüge demonstriert. Auf der anderen Seite ist auch das Bemühen eben dieser sozialen Schicht erkennbar, den Handel in der eigenen Stadt zu stimulieren und damit ein ausreichendes Warenangebot in der eigenen Stadt zu garantieren. Hierzu diente beispielsweise die Errichtung von Ladenlokalen, die dezidiert dem Handel gewidmet sein sollten, durch einen Wohltäter. Angehörige der lokalen Oberschicht übernahmen ggf. sogar gänzlich die an den Staat zu leistenden Abgaben und entlasteten den Warenverkehr. Letzteres machte die jeweilige Stadt wesentlich attraktiver für auswärtige Händler, waren diese doch damit der Zahlung von Zöllen und anderen Gefällen enthoben. Eines wird hierdurch deutlich: Distribution von Waren und Handel, auch überregionaler Art, hatten eine erhebliche Bedeutung für das durch die Städte wesentlich geprägte römische Reich, denn ohne beides waren die vielen Städte der römischen Welt schlicht nicht zu versorgen. Dies gilt in besonderem Maße für die Großstädte des Reiches, an erster Stelle für die Millionenstadt Rom, aber auch für Alexandria, Ephesos und Antiochia am Orontes. Die hohe Bedeutung derselben lässt sich bereits am Vorhandensein von Beamten in den Städten des Ostens des Reichs ablesen, denen die Versorgung ihrer Heimatstadt mit ausreichenden Mengen an Getreide oblag. Dazu mussten dieselben entweder auf dem Markt tätig werden oder aber in ihrer jeweiligen Heimat Anreize für Händler schaffen, ihre Ware genau dort auf den Markt zu bringen. Überhaupt war das ausreichende Vorhandensein von Waren auf dem eigenen Markt ein Anliegen jeder städtischen Administration. Dementsprechend liefern auch die zahlreichen beruflichen Spezialisierungen auf dem Gebiet des lokalen Handels ein Indiz für ein lebendiges Marktgeschehen. Gerade im lokalen Handel sind verstärkt Aktivitäten von Frauen nachzuweisen.

Das gerade Gesagte leitet in gewisser Weise zum interregionalen Handel beziehungsweise zur überregionalen Distribution von Waren innerhalb des

Inter-/Überregionaler Handel

Imperiums über. Diese konnten sehr unterschiedliche Dimensionen hinsichtlich ihrer geographischen Reichweite erreichen. Nachzuweisen sind Händler, die sich in einem vergleichsweise engen, aber überregionalen Umfeld bewegen, wie etwa in den drei griechischen Landschaften Thessalien, Aitolien und Boiotien.

**Q** | **Der 125 n. Chr. geborene Schrifsteller Apuleius von Madaura lässt in seinem Roman *Metamorphosen* einen Händler auftreten**
Apulueius, Metamorphosen 1,5,3–5
Ich bin Aristomenes, aus Ägion; hört auch, mit welchem Lebensunterhalt ich mich über Wasser halte: Ich wandere mit Honig und Käse und Waren dieser Art für Schenken in Thessalien, Aitolien und Boiotien hin und her. Als ich daher erfuhr, dass in Hypata, der bedeutendsten Stadt Thessaliens, frischer Käse von bekannt gutem Geschmack für einen durchaus angemessenen Preis verkauft werde, eilte ich sofort hin und wollte ihn insgesamt aufkaufen. Aber wie es nun einmal zu geschehen pflegt, täuschte mich, der ich mit dem linken Fuß aufgebrochen war, die Hoffnung auf den Profit. Am Tag zuvor nämlich hatte der Großhändler Lupus alles aufgekauft.

Bei weitem größere Strecken umfassten die Handelsfahrten eines Händlers namens Flavius Zeuxis aus Hierapolis in der kleinasiatischen Landschaft Phrygien, der sich in seiner Grabinschrift rühmte, nicht weniger als 72 Mal nach Italien gefahren zu sein (Syll.[3] 1229). Andere Händler widmeten sich ganz dem Handel über die Alpen oder nach Britannien. Spezialisierungen waren im interregionalen Handel demnach sowohl in Bezug auf die Ware (etwa Wein) als auch in Bezug auf die Handelsroute gegeben. Erfahrung sowie Kenntnis der jeweiligen Route und das Wissen um Absatzmöglichkeiten hinsichtlich von Waren und Kunden, das auf einem regelmäßigen Aufenthalt des Händlers oder aber seiner Beauftragten im Zielgebiet beruhte, waren die wesentliche Voraussetzung für die Abwicklung eines solchen Handels über weite Distanzen. In gewisser Weise waren sie auch ein den Umfang der Geschäfte begrenzender Faktor, wenn alles auf der Tätigkeit einer einzelnen Person beruhte. Wollte man Handel im größeren Stil betreiben, war die Beschäftigung von Agenten als Bevollmächtigten notwendig, die im Sinne des Händlers agierten und auch juristisch in irgendeiner Form an ihn gebunden waren. Hierbei ist zunächst und vor allem an seine eigene Familie zu denken, was in der Tat auch in den Quellen nachzuweisen ist. Darüber hinaus kamen aber bei solchen Unternehmungen und in der Landwirtschaft auch andere Bevollmächtigte zum Einsatz. Je nach Route, Ware und Absatzort waren dabei unter Umständen ganze Netzwerke erforderlich. Bevollmächtigte des Wareneigners mussten beispielsweise an neuralgischen Punkten der Route präsent sein, an denen etwa vom Land- zum Flusstransport oder vom Land zum Transport über See usw. übergegangen wurde. Ferner war auch die Anwesenheit solcher Agenten am Zielort der Waren wünschenswert, denn diese hatten in der Zwischenzeit genug Möglichkeiten, sich über Absatzmöglichkeiten und potentielle Kunden zu informieren. Gleichzeitig ermöglichte ein solches System die Kommunikation zwischen den einzelnen Agenten und dem Eigentümer der Waren. Konnte ein solches Netzwerk nicht unterhalten werden, gab es noch andere Möglichkeiten, das Informationsdefizit für einen Händler an einem fremden Ort zu vermindern. Eine Möglichkeit war die Versteigerung von Waren. So ist in Ostia beispielsweise ein auf Wein spezialisierter Versteigerer nachgewiesen (AE 1955, 165). Die Institution der Versteigerung erleichterte sowohl Käufern als auch Verkäufern die Teilnahme am Markt, da sich weder die eine noch die andere Seite viele Informationen besorgen musste. Nicht zuletzt werden die Berufsvereinigungen der Händler eine Rolle bei der Beschaffung und dem Austausch von Informationen gespielt haben, auch wenn dezidierte Nachweise hierfür bislang nicht überliefert sind. Welche Dimensionen der interregionale Handel innerhalb des Reiches hatte, ist aufgrund des Fehlens statistischer Angaben kaum eruierbar. Nachweisbar ist aber, dass selbst Orte wie Augst/Kaiseraugst in der Nähe von Basel in der heutigen Schweiz wirtschaftliche Verbindungen auf die iberische Halbinsel, nach Gallien, Italien und in den Osten des Reiches hatten. Manche Regionen entwickelten für bestimmte Produkte sogar eine dezidierte Exportorientierung. Dies galt beispielsweise für Kreta, dessen Weine Nordafrika, Italien, Gallien, die germanischen Provinzen, Britannien, Griechenland, die Westküste des Schwarzen Meeres, das westliche Kleinasien und Zypern erreichten. Sogar aus kleinsten regionalen Einheiten wie der südlich von Kos gelegenen kleinen Vulkaninsel Nisyros wurden Produkte exportiert, beispielsweise Mühlsteine dieser Insel, die sich in Nordwestgriechenland und Thasos fanden, beziehungsweise der Bimsstein dieser Insel, der in der gesamten römischen Welt begehrt war. Manche Ware fand sogar reichsweite Verbreitung. Pfeffer, der aus Indien in das *Imperium Romanum* importiert wurde, war nicht nur laut dem Kochbuch des Apicius eine selbstverständliche Zutat in verschiedensten Rezepten, sondern sein Verkauf wird sogar in den Texten aus dem römischen Lager Vindolanda in Britannien am nördlichsten Rand des Reiches erwähnt. Diese wenigen Beispiele lassen die Dimensionen des Handels zwar nur schemenhaft erahnen, demonstrieren aber deutlich die Alltäglichkeit von Warenverschiebungen auch über weite Strecken hinweg.

Dem Handel über die Grenzen des Reiches hinaus wohnte eine große Alltäglichkeit inne. Freilich darf man sich diese Grenzen auch nach der Errichtung von Wachttürmen, Wall- und Grabenanlagen wie beispielsweise in Britannien und Germanien sowie in Syrien und Nordafrika nicht als hermetisch abgeschlossen vorstellen, gerade was die wirtschaftlichen Kontakte anbelangt. Denn eine intensive wirtschaftliche Nutzung des Vorlandes des Limes ist durchaus festzustellen. Gerade aus diesem Grund ist es angebracht, sich zum Beispiel die Grenze zwischen dem *Imperium Romanum* und dem sogenannten ‚Freien Germanien' nicht als eine scharfe Linie, sondern als eine Grenzzone vorzustellen, in der neben den wirtschaftlichen auch vielfältige andere Kontakte auf sozialem und kulturellem Gebiet vonstattengingen. Dies gilt übrigens nicht nur für den Bereich von Rhein und Donau, sondern auch für den Osten des Reiches in Syrien und ist generell für alle Grenzzonen anzunehmen. Die römische Armee beutete in Germanien die Zone in der Tat wirtschaftlich durch Steinbrüche, Ziegeleien und möglicherweise auch durch Erzgruben aus, deren Nutzung durch Privatleute aus dem Reich ebenfalls nicht unmöglich erscheint. Darüber hinaus wurde die Grenzzone landwirtschaftlich genutzt, wie die Existenz von *villae rusticae* in verschiedenen Gebieten eindrücklich bezeugt. Aber auch römische Händler waren in Germanien zu finden, ja sogar in den Herrschaftsbereichen germanischer Völker, die sich mit Rom im Kriegszustand befanden.

Außen- und Fernhandel

Diese Händler konnten dabei sogar förmliche Rechtsbeziehungen mit germanischen Herrschern eingehen. Der Warenaustausch ging indes nicht ausschließlich auf römische Initiativen zurück, sondern auch die Angehörigen von germanischen Stämmen, die in der Grenzzone selbst beziehungsweise in ihrer Nähe lebten, hatten ein großes Interesse, mit der Reichsbevölkerung in eine wirtschaftliche Interaktion zu treten. Besonders augenfällig wird dies in den Markomannenkriegen von Mark Aurel (161–180 n. Chr.) und den von ihm mit den germanischen Völkern geschlossenen Friedensverträgen: Letztere wünschten dezidiert die Möglichkeit, zu festgesetzten Zeiten an festgelegten Orten mit den Bewohnern des Römischen Reiches Handel treiben zu dürfen. Das eben Gesagte gilt unter anderen Vorzeichen auch für die östlichen Grenzen des Reiches, auch wenn die Strukturen aufgrund der kulturellen und geomorphologischen Unterschiede selbstverständlich andere waren. Aber auch hier kann vor allem die Region des mittleren Euphrats als eine solche Grenzzone gesehen werden, in der Bewohner des Reiches mit Angehörigen anderer politischer Formationen in eine vielfältige Interaktion traten. Besonders gut wird dies durch Inschriften, Graffiti und Papyrus- beziehungsweise Pergamenturkunden aus Dura Europos dokumentiert. In den Texten aus dieser Stadt ist ein Aufeinandertreffen verschiedenster Kulturen zu fassen, dem durch wirtschaftliche Nutzung der Grenzzone und durch den Handel vielfältige ökonomische Dimensionen innewohnten.

**Indienhandel/China**     Vielfach in der Forschung beachtet wurden die nach Indien und bisweilen sogar bis in den chinesischen Einflussbereich reichenden Handelskontakte von Händlern aus dem *Imperium Romanum*. Dieser Handel wurde im Grundsatz auf zwei verschiedenen Routensystemen abgewickelt, die von unterschiedlichen Personenkreisen bedient wurden. Die eine Route nahm ihren Ausgang in Ägypten, wo Alexandria der Ausgangspunkt für die Distribution von Waren aus dem Osthandel ins Reich war. Alexandria wiederum war über den Nil und über Karawanenrouten in der östlichen Wüste Ägyptens mit den Häfen am Roten Meer verbunden. Eine besondere Rolle kam dabei dem Hafen Berenike zu, der den wesentlichen Ausgangs- und Zielpunkt für Fahrten nach Südarabien, Ostafrika und Indien bildete. Über das Rote Meer gelangten die Schiffe nach Äthiopien beziehungsweise Südarabien oder noch weiter in den Indischen Ozean, wo sie vor dem Süd-West-Monsun nach Indien (das heißt das heutige Pakistan und die Republik Indien) fuhren. Auch Fahrten nach Sri Lanka sind nachzuweisen, die hauptsächlichen Ziele der Schiffe waren gleichwohl Häfen im Nord-Westen beziehungsweise Süd-Westen des Subkontinents. Das zweite große Routensystem nahm seinen Ausgangspunkt an den Häfen Syriens, die schon seit Langem die Verbindung zwischen Mesopotamien und der mediterranen Welt darstellten. Über sie wurden die aus dem Osthandel stammenden Waren im Römischen Reich verhandelt. Dieselben waren über Handelswege wiederum mit der weiter im Osten liegenden Oasenstadt Palmyra verbunden. Der Karawanenhandel von hier an den Euphrat und über denselben bis herab an den Persischen Golf lag im Wesentlichen in der Hand von Palmyrenern. Diese unternahmen dann auch von den Häfen am Persischen Golf aus Handelsfahrten nach Indien. Abgesehen von diesen beiden Land- und Seerouten sind auch Handelsunternehmungen zu Lande über die Seidenstraße nachgewiesen, die aus dem Osten des Reiches über Zentralasien und das Tarim-Becken bis nach China führten. Aus dieser Tatsache lässt sich erklären, warum sich gewisse Vorstellungen über das Parther-Reich und das Römische Reich auch in den chinesischen Quellen finden. Über die Weihrauchstraße gab es auch eine ausschließliche Landverbindung nach Südarabien, auf der die Nabatäer die prominenteste Rolle spielten. Während in Südarabien der Weihrauch das hauptsächliche Interesse von Händlern aus dem Römischen Reich erregte, waren es in Indien insbesondere Pfeffer, Narde und Seide. Die Organisation des Handels mittels eines Netzwerkes von Agenten beziehungsweise Vertrauensleuten an den neuralgischen Punkten der jeweiligen Route lässt sich in den diesbezüglichen Quellen nachweisen, namentlich in einem im indischen Muziris geschlossenem Seedarlehensvertrag (SB XVIII 13167) und in den von den Palmyrenern gesetzten Karawaneninschriften (z.B. Inv. X 40). Freilich beteiligten sich nicht nur Personen aus dem Römischen Reich an diesem Handel, sondern das gesamte Gebiet des Roten Meeres, des Persischen Golfes und des Indischen Ozeans stellte eine Kontaktzone für die verschiedensten Kulturen dar, die hier in wirtschaftliche Interaktion traten. Dabei kamen beispielsweise Inder bis nach Ägypten. Und laut der chinesischen Hou Hanshu Chronik, einem chinesischen Geschichtswerk aus dem 5. Jahrhundert n. Chr., erreichten im Jahr 166 n. Chr. sogar römische Händler den Hof des Kaisers von China. Mit den Tätigkeiten im Fernhandel ließen sich offensichtlich bedeutende Gewinne erzielen.

> **Weihinschrift eines Seidenhändlers aus dem in der Nähe von Rom liegenden Gabii** **Q**
> CIL XIV 2793
> Für die Venus Vera Felix Gabina hat Aulus Plutius Epaphroditus, Mitglied der Zenturie der Amtsdiener und Seidenhändler, einen Tempel mit einem ehernen Standbild der Venus und weiteren vier Standbildern, die auf Nischen verteilt wurden, eherne Verzeichnistafeln und einem ehernen Altar und mit aller Ausstattung von Grund auf mit seinem Geld errichtet. Wegen seiner Weihung hat er an jeden einzelnen Dekurionen 5 Denare, ebenso an jedes Mitglied der 6-Männer-Kommission der Augustalen 3 Denare, ebenso an ihren Geschäften innerhalb der Mauern nachgehende Ladenbesitzer jeweils 1 Denar verteilt, der Stadt Gabii hat er 10.000 Sesterzen gespendet und zwar unter der Bedingung, dass aus den Zinsen der Summe jedes Jahr am 4. Tag vor den Kalenden des Oktober (= 28. September) am Geburtstag seiner Tochter Plutia Vera die Dekurionen und die Mitglieder der 6-Männer-Kommission der Augustalen öffentlich in seinem Speisezimmer das Mahl einnähmen; wenn sie aber dieser Verpflichtung nicht nachkämen, dass dann die 10.000 Sesterzen der Stadt Tusculum gehören sollten, die diese dann sofort einfordern soll. Der Ort (sc. für die Aufstellung der Inschrift) wurde auf Beschluss der Dekurionen gegeben. Geweiht an den Iden des Mai (= 15. Mai), in dem Jahr, da Lucius Venuleius Apronianus und Lucius Sergius Paullus beide zum zweiten Mal Konsul waren (= 168 n. Chr.).

Abgesehen vom Handel existierten in der kaiserzeitlichen Wirtschaft auch noch andere Tätigkeiten im Dienstleistungsbereich, also im tertiären Sektor. Insbesondere ist an die Tätigkeit von Bankiers zu denken, die wesentlich zur Abwicklung alltäglicher Geschäfte beitrugen. Einblicke in die Tätigkeit von römischen Bankiers liefern nicht nur die Papyrusurkunden aus Ägypten, sondern auch das ‚Archiv der Sulpicier' und die pompejanischen Urkunden,

*Dienstleistungen/ Banken*

die die Geschäfte eines gewissen L. Caecilius Iucundus illustrieren. Das Spektrum der Tätigkeiten der kaiserzeitlichen Bankiers, für die es im Griechischen und Lateinischen mehrere, unterschiedliche Tätigkeitsbereiche in den Vordergrund rückende Berufsbezeichnungen gab, war vielfältig. Eine der von Bankiers wahrgenommenen Funktionen bestand immer noch im Umtausch von Geld beziehungsweise im Wechsel einzelner Nominale untereinander. Auch engagierte man sich im Geldverleih; dabei wurde die Vergabe von Krediten unterschiedlichster Höhen insbesondere von Privatleuten betrieben, die hierfür einen erheblichen Zins von bis zu 12,5 % verlangen konnten. Gerade wenn bedeutende Summen zur Verleihung anstanden, engagierten sich die Mitglieder der Oberschichten. Professionelle Bankiers liehen eher geringe Beträge aus, etwa um bei Auktionen einem Käufer die Kaufsumme vorzustrecken. Bankiers vermochten Kredite, aus den bei ihnen hinterlegten, zu verzinsenden Depositen zu vergeben. Freilich existierte für einen Bankeinleger auch die Möglichkeit, sein Depositum von den Geschäften des Bankiers auszunehmen. Die Depositen wurden als Konten verwaltet, die Bankiers trugen also Ausgaben und Einnahmen auf einem Konto in einem Rechnungsbuch ein. Dabei kam es auch zu bargeldlosem Zahlungsverkehr innerhalb einer Bank sowie zwischen einzelnen, geographisch nicht allzuweit voneinander entfernten Banken. Inwieweit ein solcher bargeldloser Zahlungsverkehr auch über größere Entfernungen hinweg möglich gewesen ist, bleibt in der Forschung im höchsten Maße umstritten und ist in den Quellen bislang nicht eindeutig zu eruieren. Das Volumen der Bankgeschäfte war jedenfalls nicht unbeträchtlich. So wickelte das ‚Bankhaus der Sulpicier‘ Geschäfte bis zu einer Höhe von 120.000 Sesterzen ab. Banken wurden nicht nur von Privatleuten betrieben, im Osten des Reiches existierten auch öffentliche Banken, die eine Monopolstellung innerhalb der jeweiligen Stadt genossen und mit der Abwicklung öffentlicher Geschäfte betraut waren. Darüber hinaus agierten auch die großen Heiligtümer wie das Artemision von Ephesos als Banken. Die Bedeutung, die den Banken für die Wirtschaft zukam, wird schon aus ihrer flächendeckenden Verbreitung im *Imperium Romanum* ersichtlich. Man wird jedenfalls nicht fehl in der Annahme gehen, ihnen eine wesentliche Funktion in der erstaunlich weitreichenden Monetarisierung des Römischen Reiches zuzuschreiben.

Sonstige Berufe  Der tertiäre Sektor bot aber noch anderen Berufen ein Auskommen. Zu denken ist etwa an den Bereich der Bildung, in dem Lehrer auf verschiedenen Ausbildungsstufen für ein eher schmales Salär arbeiteten. Bildung wurde in der Kaiserzeit nur sehr, sehr bedingt als öffentliche Aufgabe angesehen, so dass Lehrer als Privatleute agierten. Gleiches gilt für Ärzte und Juristen, deren ökonomischer Erfolg gleichfalls sehr unterschiedlich war. Möglichkeiten des Auskommens bot darüber hinaus auch das Unterhaltungsgewerbe. Zu nennen sind schließlich noch Berufe im Bereich der unteren Stufen der öffentlichen Verwaltung, des Transportwesens und des Gastronomiewesens. Alles in allem zeigt sich an dieser doch recht breiten Auffächerung des tertiären Sektors, in dem unter Umständen auch ein erheblicher ökonomischer Erfolg möglich war, das intensive Wachstum, das der kaiserzeitlichen Wirtschaft zu eigen war. Er ermöglichte einer erheblichen, aber in ihrer Relation nicht quantifizierbaren Personenzahl ein Auskommen jenseits der Agrarproduktion. Jedenfalls gewinnt man den Eindruck, dass diese Personenzahl in der Kaiserzeit höher war als in den Zeitläuften zuvor.

Die Rolle, die der römische Staat beziehungsweise die Kaiser in dieser Entwicklung spielten, liegt im Schnittpunkt größerer Debatten der Forschung. So wird hinsichtlich der Geschichte der Kaiserzeit intensiv diskutiert, ob das Verhalten der genannten Akteure lediglich reaktiv war und inwieweit man überhaupt von der Existenz einer ‚Wirtschaftspolitik‘ sprechen kann. Einen genauere Betrachtung der Institutionengeschichte spricht durchaus für ein wirtschaftspolitisches Wirken der kaiserlichen Regierung und ihrer Verwaltung. Der Staat als Akteur setzte durch juristische Regularien den rechtlichen Handlungsrahmen für die Wirtschaft fest, schöpfte durch die Zölle, Steuern, Gebühren und Abgaben wirtschaftliches Agieren finanziell ab und schuf hierdurch nicht nur institutionelle Rahmenbedingungen, sondern setzte auch bestimmte Akzente in der Wirtschaft. So schuf die bestehende Kopfsteuerpflicht für den allergrößten Teil der Bevölkerung die Notwendigkeit, am Marktgeschehen teilzunehmen, um den fiskalischen Anforderungen nachkommen zu können. Gerade dies ist ein wesentliches Movens für die weitgehende Monetarisierung des Reiches gewesen. Ferner wurden durch diesen Zugang zum Markt im Laufe der Zeit mehr und mehr Personen in die Lage versetzt, Überschüsse in Form von Geld in den Erwerb von Konsumgütern zu investieren. Mehr noch: Die Erhebung von Steuern beförderte den Handel innerhalb des Reiches. In den Provinzen, in denen Steuern entrichtet wurden, die etwa zur Bezahlung in andere Provinzen transferiert wurden, mussten durch Besteuerung wirtschaftlicher Prozesse diese Steuersummen jährlich neu geschöpft werden. Dies war aber nur im Rahmen einer weitestgehend monetarisierten Wirtschaft denkbar. Auch wenn die Steuern also als Abschöpfung intendiert waren, hatten sie doch positive Auswirkungen auf das wirtschaftliche Geschehen im Allgemeinen. Aber es existierte auch die Hebung von Steuern in Form von Naturalien und die Verbringung derselben entweder an die Grenzen zur Versorgung der Armee beziehungsweise nach Rom, wie etwa im Falle des hispanischen Olivenöls, das sowohl an die in Germanien stationierten Legionen als auch an die Stadt selbst geliefert wurde. Die Bedürfnisse des Staates lieferten in diesem Falle einen Impuls für die Intensivierung der Produktion. Darüber hinaus etablierten sich im Gefolge solcher Lieferungen von Naturalsteuern auch noch Handelsverbindungen, die sich positiv auf die betroffenen Regionen auswirkten. Sowohl durch die Schaffung des juristischen Rahmens als auch durch die hier nur angedeuteten fiskalischen Strukturen trug staatliches Handeln also wesentliche Impulse zur wirtschaftlichen Entwicklung bei. Kaiser, Statthalter und Verwaltung begnügten sich freilich nicht mit der Schaffung eines Rahmens von allgemeinen Regularien, sondern sie griffen des Öfteren beherzt in die Wirtschaft ein. Dabei bildeten die kaiserliche Zentrale und die vor Ort agierenden Amtsträger nicht die einzigen öffentlichen Akteure, die Rahmenbedingungen für die Wirtschaft setzten und Einnahmen aus der Wirtschaft schöpften. Dies taten in gleicher Weise mit eingeschränkter Reichweite die Städte des Reiches und ihre Magistrate, die jedoch jederzeit vom Kaiser und seiner Verwaltung übersteuert werden konnten. So wies beispielsweise Kaiser Hadrian (117–138 n. Chr.) die Stadt Korinth an, ihre Rechnungsbücher einem Prokonsul offenzulegen, um her-

Staat und Wirtschaft

nach eine Entscheidung über Zahlungsverpflichtungen der Stadt treffen zu können (SEG LVI 1359 I). Überhaupt lässt sich seit dem 2. Jahrhundert n. Chr. das Bemühen der Kaiser erkennen, den Städten Haushaltsdisziplin aufzuerlegen, wozu auch die Einführung eines eigenen Amtsträgers diente, der in Städte mit finanziellen Problemen entsandt wurde. Sowohl Kaiser und Staat als auch die Städte traten gleichzeitig als am Wirtschaftsgeschehen beteiligte Subjekte auf. Der Kaiser war der größte Grundeigentümer im Reich und nannte alle Bergwerke, Minen und Steinbrüche sein Eigen. Staatliches und kaiserliches Eigentum wurden zunehmend als eine Einheit begriffen. Der Kaiser und seine Verwaltung mussten in irgendeiner Form dieses Eigentum in Wert setzten und gingen hierbei letztlich nicht anders vor als Privatleute. So wurden Bergwerke und Steinbrüche entweder direkt verwaltet oder verpachtet. Landwirtschaftliche Produktionsflächen in kaiserlichem Eigentum dürften in der Regel verpachtet worden sein. Kaiser und Staat waren aber nicht nur Produzenten auf einem reichsweiten Niveau, sie waren gleichzeitig auch die größten Konsumenten. Die immensen kaiserlichen Baumaßnahmen in Rom, Italien und den Provinzen verschlangen immense Summen und pumpten damit auf die eine oder andere Weise Geld in die Wirtschaft, wodurch wiederum größere Kreise in die Lage versetzt wurden, zu konsumieren. Dies gilt auch für den städtischen Bereich, denn die lokalen Oberschichten eiferten dem Kaiser nach und setzten ihrerseits ambitionierte Bauvorhaben ins Werk. Eine spezifische Form des Konsums seitens des Staates war die Besoldung des Militärs. Jahr für Jahr wurden mehrere 100 Millionen Sesterzen auf diese Weise an die Grenzzonen des Reiches transferiert, wodurch wiederum eine erhebliche Kaufkraft geschaffen wurde. Um es plastischer zu formulieren: Jahr für Jahr fand tonnenweise Silbergeld seinen Weg in die Randprovinzen des Reiches. Das Militär stellte gewiss den größten Ausgabeposten dar, dies zeigt aber exemplarisch etwas anderes auf. Wo der Staat konsumierte, wurden andere Konsumentenschichten erzeugt, im Falle von Militär und Verwaltung sogar solche, die im Gegensatz zu allen anderen Bewohnern des Römischen Reiches von einem steten Geldzufluss ausgehen konnten. Auch dies schuf letztlich die Voraussetzungen für ein intensives Wachstum in der Kaiserzeit. Hinzu kommt die Rolle der Grenzzonen als Bereich eines staatlichen Konsums in größtem Ausmaß. Gerade dieser Punkt widerspricht üblichen Auffassungen des Verhältnisses zwischen ‚Zentrum und Peripherie‘ in der heutigen Forschung zu ‚Imperien‘: Üblicherweise charakterisiert man diese Beziehung nämlich als Machtgefälle, das zu einer wirtschaftlichen Ausplünderung der Peripherie geführt habe. Für das *Imperium Romanum* ist allerdings genau das Gegenteil der Fall: Der Ausbau der Infrastruktur, die Gründung von Städten im Westen, die Versorgung der Armee mit Gebrauchsgütern und der enorme Geldfluss führten gerade zu einem Transfer von Kapital, Gütern, Technologie und Menschen aus dem Binnenbereich und dem Kern des *Imperium Romanum* an die Peripherie, die dadurch – zumindest in wirtschaftlicher Hinsicht – immer mehr dem Zentrum ähnelte. Dieses Charakteristikum des Reiches macht es aber auch schwer, das Konzept des ‚Weltsystems‘ auf es anzuwenden, wie es insbesondere in der Forschung zur Frühen Neuzeit vertreten wurde. Selbstverständlich strömten in Rom Waren aus dem gesamten Reich zusammen, schließlich war die Stadt mit ihren etwa 1.000.000 Einwohnern das größte Konsumzentrum des Reiches, das daher schon auf den Import von Grundnahrungsmitteln angewiesen war. Da es im Wesentlichen auch Sitz der imperialen Führungs- und Oberschicht war, war es auch das selbstverständliche Zentrum für den Konsum von Gütern des gehobenen Bedarfs. Eine Anforderung des Typus ‚Weltsystem' erfüllte das *Imperium Romanum* mit seiner Hauptstadt Rom aber eben nicht: Weder beutete es seine Peripherie in Gestalt der Grenzzonen als Rohstofflieferanten aus, noch existierten Waren, die aus dem Zentrum heraus reichsweit distribuiert wurden. Im Gegenteil: Das oben genannte Beispiel der Produktion von Terra Sigillata zeigt, dass die Produktion dieser in einem arbeitsintensiven Prozess hergestellten Fertigware sich aus dem Zentrum an die Peripherie verlagerte.

Ein wesentliches Kriterium für die Performanz einer Ökonomie wird heute darin gesehen, ob sie in der Lage ist, den Lebensstandard der in ihr agierenden Wirtschaftssubjekte zu heben. Obwohl der ‚Lebensstandard' in diesem Kontext auf den ersten Blick als ein ‚hartes' Kriterium erscheinen könnte, zeigt eine nähere Betrachtung doch die Relativität desselben auf, da er sich einer eindeutigen Definition entzieht und ihm jedenfalls individuelle und soziale Indikatoren innewohnen: sozial insofern, als der Lebensstandard wesentlich durch die ein Indivduum umgebende Gesellschaft und ihr Konsumverhalten sowie ihre kulturellen Prägungen bestimmt wird, individuell insofern, als er auch die Vorstellungen des Individuums über die Gestaltung seiner Existenz und seiner Umwelt umfasst. Weder lässt er sich einer empirischen Erfassung etwa durch Hausgrößen oder Umfang des Einkommens zuführen, noch lassen sich überhaupt allgemeine Grundlagen des Lebensstandards der Reichsbevölkerung formulieren, da diese Reichsbevölkerung bei aller Romanisierung und Romanisation deutliche kulturelle Unterschiede aufwies. Ferner sind angesichts der Tatsache, dass man zwar heutzutage auf nationaler und supranationaler Ebene minimale Lebensstandards beziehungsweise Armutsgrenzen statistisch zu definieren sucht, die Dinge für die Kaiserzeit komplizierter, da solche Definitionen in der Kaiserzeit selbstverständlich nicht existierten. Das eben Gesagte zeigt auch die Problematik auf, ‚Reichtum' und ‚Armut' genauer zu bestimmen. Armut wird in den Quellen der Kaiserzeit vor allem als soziales Beschreibungskriterium wahrgenommen beziehungsweise der Arme vor allem im Gegensatz zu den Reichen und Mächtigen gesehen. Damit wird eine weitere Problematik aufgezeigt. Armut ist nicht nur ein materielles Phänomen, sondern sie umfasst auch eine soziale und kulturelle Dimension. Daher herrscht in der Forschung auch weitgehend Einigkeit darüber, dass der ‚richtige' Armutsbegriff nicht existiert. Als Behelf bieten sich Begrifflichkeiten wie ‚absolute Armut' – also die Bedrohung der physischen Existenz aufgrund der Nichterfüllung der menschlichen Grundbedürfnisse Nahrung, Kleidung und Wohnung – sowie ‚relative Armut' an. Letztere bezeichnet den Umstand, dass eine Person über weniger Güter verfügt als eine andere. So kann beispielsweise ein Angehöriger des Senatorenstandes, der hinsichtlich seines Besitzes weit von der ‚absoluten Armut' entfernt war, sich selbst als relativ arm bezeichnen oder von seinen Standesgenossen so wahrgenommen werden. Beide Arten von Armut richten sich wesentlich nach materiellen Gegebenheiten. Armut hat aber auch eine soziale Dimension, denn der Arme galt – zumindest in den Augen der der Oberschicht angehörenden Literaten – als nie-

*Performanz*

drigstes Glied der Gesellschaft, das nahezu auf einer Ebene mit Sklaven stand. Aber auch der Status ‚relativer Armut' in den Oberschichten galt als Merkmal sozialer Diskriminierung. Die Beurteilung der Performanz der Wirtschaft der Kaiserzeit hängt also wesentlich von den Kriterien ab, die man an die Begriffe ‚Lebensstandard' und ‚Armut' heranträgt. Nichtsdestoweniger herrscht in der Forschung Einigkeit darüber, die Lebensumstände weiter Teile der reichsrömischen Bevölkerung als äußerst bedrängend zu charakterisieren. Von der Armut insbesondere bedroht waren die Kleinbauern, bei denen schon eine Missernte ausreichen konnte, um sie in eine wirtschaftliche Notlage zu bringen. Diese konnten sogar durch die Notwendigkeit, sich zu verschulden oder ihr Land zu verkaufen, in die Abhängigkeit der Oberschichten geraten. Gleiches gilt für Pächter ohne eigenes Grundeigentum, Tagelöhner und einfache Handwerker sowie insbesondere für Alte, Kranke, Witwen und Waisen. Die Situation der Armen beziehungsweise der von der Armut Bedrohten erfuhr noch eine Verschärfung durch das Fehlen jedweden Gedankens an eine Armenfürsorge. Eine Ausnahme bildeten hier der jüdische sowie der nach und nach wirksamer werdende christliche Glaube, denen der Gedanke an die Armenfürsorge innewohnte. Ansonsten fehlten soziale Sicherungssysteme völlig, ja Stiftungen, Verteilungen von Geld und Nahrungsmitteln sowie öffentliche Speisungen kamen gerade denen zugute, die nicht von absoluter Armut bedroht waren. Auswege aus der Armut zu finden oder doch zumindest die physischen Grundbedürfnisse zu decken, gestaltete sich auch unter den Bedingungen der Römischen Kaiserzeit schwierig. Militärdienst stellte einen solchen Weg dar, doch scheinen auch hier die Möglichkeiten begrenzt gewesen zu sein. Vielen Frauen und Männern blieb als Ausweg nur die Prostitution; auch hier wird man die Lebensverhältnisse für den überwiegenden Teil derer, die sich prostituieren mussten oder gar zur Prostitution gezwungen wurden, als erbärmlich bewerten müssen. Einen letzten Ausweg boten Kriminalität und damit verbunden die Landflucht. Das Entstehen größerer Räuberbanden, die der römische Staat mit harten Bandagen bekämpfte, ist gerade solchen bedrückenden Lebensumständen geschuldet. Am anderen Ende der Skala standen die Reichen, die zumindest in Teilen in der Lage waren, gigantische Vermögen anzuhäufen. Dies gilt nicht nur für die Angehörigen des Senatoren- und Ritterstandes, sondern offenkundig konnte auch mancher Freigelassene einen Besitz sein eigen nennen, neben dem Angehörige der ersten beiden Stände als relativ arme Gestalten erschienen. Auch wenn die Schere zwischen arm und reich im *Imperium Romanum* weit auseinanderklaffte, führten die strukturellen Rahmenbedingungen doch zur Ausbildung einer relativ breiten Mittelschicht, die zwar in Hinsicht auf die Größe ihres Vermögens weit von den Reichsten der Zeit entfernt, auf der anderen Seite aber doch den alltäglichen Sorgen über die Sicherung der Grundbedürfnisse enthoben war. Für eine Beurteilung der kaiserzeitlichen Wirtschaft lautet die Grundfrage in der Tat, wie groß der Anteil derjenigen an der Gesamtbevölkerung war, deren materielle Existenz einigermaßen gesichert war. Es ist schwierig, hier zu einigermaßen verlässlichen Schätzungen zu gelangen, da die Lücken in der Überlieferung groß sind und man dementsprechend auf verschiedene Schätzungen und Grundannahmen angewiesen ist. Klar ist, dass das Kaiserreich trotz des zu konstatierenden wirtschaftlichen Wachstums alles andere als ein allgemeiner Wohlfahrtsstaat gewesen ist, deutlich ist aber auch, dass seine strukturellen Eigenheiten einem größeren Anteil der Bevölkerung eine einigermaßen gesicherte Existenz geboten hat als dies in den vorhergehenden und nachfolgenden Epochen der Fall war.

Die Entwicklung der kaiserzeitlichen Wirtschaft verlief aber nicht ungestört innerhalb des gesamten Zeitraums von etwa 30 v. Chr. bis in die Epoche des Diokletian hinein, die den Übergang in die Spätantike bildet. Das 3. Jahrhundert n. Chr. wies Entwicklungen auf, die die strukturelle Integrität der reichsrömischen Wirtschaft erheblich belasten sollten. In der Forschung wurde und wird teilweise noch das 3. Jahrhundert als eine Zeit einer allumfassenden Wirtschaftskrise betrachtet. Eine solche Ansicht ist in dieser Absolutheit nicht mehr aufrechtzuerhalten. Sie basierte wesentlich auf der Annahme einer in der gesamten Zeit virulenten ‚Inflation‘ im Sinne eines beschleunigten Kaufkraftverfalls. Als Ursache für diese Inflation wird ein – nicht zu leugnender – abnehmender Silbergehalt in den Denaren verantwortlich gemacht. Gegen diese Sicht der Dinge sind insbesondere von KARL STROBEL völlig zurecht grundlegende Einwände formuliert worden. So blieb die gegenseitige Stellvertretbarkeit des römischen Währungssystems über eine lange Zeit im 3. Jahrhundert n. Chr. gewährleistet: Man erhielt also für 25 Denare (plus eventuelle Umtauschgebühr) weiterhin einen Aureus in Gold. Darüber hinaus zeigen die Preisangaben aus dem Imperium keinerlei Auffälligkeiten, die auf eine Inflation vor der Mitte der 70er Jahre des 3. Jahrhunderts schließen lassen könnten. Seit der Mitte der 70er Jahre ist dann allerdings in der Tat eine harsche Inflation im landläufigen Sinne festzustellen. Diese Inflation ist mit einem Verlust des Vertrauens und damit einhergehend mit dem Verlust der Geldillusion im Reich zu erklären. Durch die Inflation wurde der Zusammenbruch der Silberwährung herbeigeführt. Ursache hierfür waren monetäre Reformversuche des Kaisers Aurelian (270–275 n. Chr.), die zu einer Überbewertung von Silbermünzen führte, die von der Geldillusion nicht mehr zu tragen war. In der Tat ist es gerade der Währungssektor, dem während des Übergangs von der hohen Kaiserzeit in die Spätantike eine intensive Aufmerksamkeit der Kaiser gewiss war. Ein zweiter Problemkreis, der für eine allumfassende Wirtschaftskrise in der besagten Zeit häufig ins Gefecht geführt wird, ist ein rapider Bevölkerungsrückgang. Die Hinweise auf einen solchen in den Quellen sind aber höchst problematisch und sind deshalb als Argument für eine Wirtschaftskrise nicht zu vereinnahmen. Von einer Krise der Wirtschaft im eigentlichen Sinne ist erst mit dem Zusammenbruch der Währung unter Aurelian zu sprechen. Damit ist nicht gesagt, dass die positive wirtschaftliche Entwicklung im Reich ungebrochen weiterging. Vielmehr lassen sich belastende Momente ausmachen, etwa in Gestalt der Einfälle von germanischen Völkern und Sassaniden in das Reich, bei denen es zu Zerstörungen und Plünderungen kam. Die Ausgaben für das Militär stiegen generell aufgrund von Solderhöhungen und Geldgeschenken an die Soldaten seitens der Kaiser, deren Legitimation oft prekär war. Wie groß die aus den militärischen Operationen resultierenden finanziellen Belastungen in der Zeit der sogenannten ‚Soldatenkaiser‘ (235–284 n. Chr.) gewesen sind, ist letztlich nicht zu eruieren. Erkennbar ist indes das Bemühen des Staates, reichsweit konsequenter auf die Steuersubjekte zuzugreifen. Steuererhöhungen lassen sich wiederum kaum nachvollziehen. Fi-

3. Jh. n. Chr.

nanziell bedrängend dürften für die Bevölkerung die von den häufig wechselnden Herrschern zum Regierungsantritt eingeforderten Goldgeschenke gewesen sein, auch wenn deren Wirkung auf die ökonomische Situation für die Betroffenen in den Quellen nicht wirklich nachzuvollziehen ist. Die Bewegungen des römischen Militärs brachten gleichfalls Belastungen mit sich, da die Reichsbevölkerung in den betroffenen Provinzen Naturalabgaben zu leisten hatte. Auf der anderen Seite brachte die Anwesenheit von Soldaten eine erhebliche Kaufkraft in dieselben Gebiete, die hierdurch wirtschaftlich profitierten. Überhaupt lassen sich auch und gerade im 3. Jahrhundert Zonen im Reich nachweisen, die ohne Zweifel wirtschaftlich prosperierten. Dies gilt freilich nicht für diejenigen Provinzen, die gleichsam Frontgebiet waren und damit Plünderungen und Zerstörungen ausgesetzt waren. Gleichwohl gilt es auch hier zu fragen, wie flächendeckend solche Phänomene gewesen sind. Alles in allem spricht es sowohl für die wirtschaftlichen als auch die staatlichen und sozialen Strukturen des Römischen Reiches, dass es die krisenhaften Entwicklungen des 3. Jahrhunderts n. Chr. überstand. Zudem ist bei der wirtschaftlichen Entwicklung des Reiches am Ende der Hohen Kaiserzeit gerade die lokale Phasenvarianz zu beachten. Wirtschaftliche Prosperität, Rezession und Stagnation lassen sich öfters in benachbarten Regionen gleichzeitig beobachten. Von einer grundsätzlichen Krise der Wirtschaft ist dann erst ab der Regierungszeit Aurelians zu sprechen. Die Wirtschaftslage konnte in der Ära von Diokletian (284–305 n. Chr.) wieder stabilisiert werden. Nicht ohne Grund lassen sich Kontinuitäten bis in die Spätantike hinein feststellen, die hier freilich nicht mehr Gegenstand der Erörterung sein können.

# XIII. Schluss

Die diokletianische und kontantinische Zeit brachte zahlreiche Veränderungen der politischen und sozio-ökonomischen Strukturen mit sich. Obgleich man die Spätantike nicht als eine Epoche des Niedergangs betrachten kann und sich auch in ihr zahlreiche Beispiele für wirtschaftliche Prosperität finden, bleibt doch eines zu konstatieren: Das Niveau der wirtschaftlichen Entwicklung und die räumliche Dimension der Handelsbeziehungen während der Hohen Kaiserzeit wurden nach den unruhigen Zeitläuften des Übergangs vom 3. zum 4. Jahrhundert nicht wieder erreicht. Die römische Welt war erheblichen Veränderungen unterworfen. Aus einer Welt mit einem alles dominierenden Zentrum in Gestalt von Rom wurde durch die Verlagerung der Kaiserresidenzen in Richtung Peripherie (Mailand, Ravenna, Konstantinopel, Antiochia) beziehungsweise in diese selbst (Trier) eine polyzentrische Welt. Ohne in Niedergangsszenarien verfallen zu wollen, wird man jedenfalls vom Einsetzen einer Regionalisierung der Wirtschaft in dieser Zeit sprechen können. Andererseits sorgte erst der gänzliche Zusammenbruch des Reiches im Westen für eine fundamentale und alles ergreifende Veränderung der Wirtschaft, die in das westliche Mittelalter beziehungsweise die byzantinische Welt hinüberführte. Dies waren Prozesse der Transformation wirtschaftlicher Strukturen, die sehr viel langfristiger als diejenigen der politischen Geschichte vonstatten gingen. Dementsprechend sei erwähnt, dass aufgrund strukturgeschichtlicher Erwägungen für den französischen Historiker HENRI PIRENNE erst mit der arabischen Expansion nach Nordafrika und auf die iberische Halbinsel die Antike wirklich endete.

Wie dem auch sei, will man die wirtschaftliche Entwicklung in der griechisch-römischen Antike insgesamt beurteilen, so kann man in der *longue durée* von einer Zeit des Wachstums sprechen, die in den zur Debatte stehenden Regionen im langsamen Gang einer vormodernen Wirtschaft von der Frühen Eisenzeit beziehungsweise der griechischen Archaik bis in die Hohe Kaiserzeit reichte. Aufgrund seiner strukturellen Rahmenbedingungen fand die wirtschaftliche Gesamtentwicklung hier einen Höhepunkt. Das *Imperium Romanum* war offenkundig in der Lage, in einem für die Vormoderne ungekanntem Ausmaß einen nicht in der Landwirtschaft tätigen Bevölkerungsanteil zu ernähren. Es sah gleichfalls eine Urbanisierung in vorher nicht gekanntem Ausmaß: Auf dem Gebiet des Reiches existierten rund 2.000 Städte, die Bevölkerungsgröße der frühen und hohen Kaiserzeit wurde im europäischen Teil frühestens im 12./13. Jahrhundert, im afrikanischen Teil und der Levante erst im 19. Jahrhundert wieder erreicht. Bemerkenswert ist ferner die Fähigkeit der griechischen und römischen Ökonomien, trotz dieser vergleichsweise großen Bevölkerungszahlen und des relativ großen Anteils städtischer Bevölkerung Hungersnöte zu vermeiden, obgleich Nahrungsmittelknappheiten periodisch auftauchten. Damit sollen die Schattenseiten der griechischen und römischen Gesellschaften sowie der ihnen zugrunde liegenden Wirtschaft nicht ausgeblendet werden. Auch wenn sich in der Kaiserzeit so etwas wie eine Mittelschicht bilden konnte, kann man in keiner Weise irgendeine Form von Massenwohlstand in der

*Spätantike*

*Wachstum in der griechischen und römischen Welt*

Antike ausmachen. Der Krieg mit all seinen Begleiterscheinungen blieb der ständige Begleiter der wirtschaftlichen Entwicklung und bedingte diese in weiten Teilen. Bittere Armut und Reichtum blieben nebeneinander bestehen, Sklaverei – in welchem Ausmaß auch immer – war und blieb eine Alltäglichkeit in der gesamten Antike (und weit darüber hinaus). Und doch dürften in der Römischen Kaiserzeit gerade die Gesamtheit der die Wirtschaft bedingenden und charakterisierenden Strukturen, der technische Entwicklungsstand beispielsweise in der Trinkwasserversorgung der Städte, das Ausmaß des unter einer Herrschaft stehenden Raumes, der reichsweite Frieden sowie der Transfer von Geld, Menschen, Kaufkraft und Know-How aus dem Zentrum an die Peripherie dazu beigetragen haben, nicht nur die gewisslich unter Schmerzen in das Reich vereinnahmte hellenistische Welt dazu zu bringen, in diesem Reich eine notwendige, nicht wegzudenkende Universalmonarchie zu sehen, sondern auch dazu geführt haben, das *Imperium Romanum* zu einem europäischen beziehungsweise westlichen Paradigma zu machen. So besehen stand das Römische Reich in der römischen Kaiserzeit am Ende einer Entwicklung von rund einem Jahrtausend, deren Leistungen sowohl im griechischen als auch im römischen Bereich ganz wesentlich von den zugrunde liegenden Ökonomien bedingt und beeinflusst wurden. Insofern trägt die Analyse der Wirtschaft ganz wesentlich zum Verständnis der politischen Geschichte und der Kulturgeschichte bei. Wirtschaftsgeschichte ist damit nicht nur ein faszinierende Gegenstand, sondern auch ein notwendiger Bestandteil historischer Analyse.

# Literaturhinweise

## Gesamtdarstellungen

M.I. Finley, The Ancient Economy, Berkeley-Los Angeles [2]1985 (dt.: Die antike Wirtschaft, München 1977).

D. Foraboschi, Economie antiche, Mailand 2000.

F.M. Heichelheim, Wirtschaftsgeschichte des Altertums vom Paläolithikum bis zur Völkerwanderung der Germanen, Slaven und Araber, Bd. 1–3, Leiden 1938 (ND Leiden 1969).

P. Horden, N. Purcell, The Corrupting Sea. A Study of Mediterranean History, Oxford-Malden 2000.

H. Kloft, Die Wirtschaft der griechisch-römischen Welt. Eine Einführung, Darmstadt 1992.

Th. Pekáry, Die Wirtschaft der griechisch-römischen Antike, Wiesbaden 1976.

B. Schefold (Hrsg.), Wirtschaftssysteme im historischen Vergleich, Stuttgart 2004 (Schriften der Wissenschaftlichen Gesellschaft an der Johann Wolfgang Goethe-Universität Frankfurt am Main, Nr. 18).

W. Scheidel, I. Morris, R. Saller (Hrsg.), The Cambridge Economic History of the Greco-Roman World, Cambridge 2007.

M. Silver, Economic Structures of Antiquity, Westport-London 1995.

U. Wilcken, Griechische Ostraka aus Aegypten und Nubien. Ein Beitrag zur antiken Wirtschaftsgeschichte. Erstes Buch, Leipzig-Berlin 1899.

## Überblicksdarstellungen zur griechischen Wirtschaftsgeschichte

A. Bresson, L''économie de la Grèce des cités (fin VIe–Ier siècle a.C.) I. Les structures et la production, Paris 2007.

A. Bresson, L'économie de la Grèce des cités (fin VIe–Ier siècle a.C.) vol. II. Les espaces de l'échange, Paris 2008.

A. Bresson, P. Rouillard (Hrsg.), L'emporion, Paris 1993.

A. Eich, Die politische Ökonomie des antiken Griechenland (6.–3. Jahrhundert v. Chr.). Köln – Weimar – Wien 2006 (Passauer historische Forschungen 14).

J. Hasebroek, Staat und Handel im alten Griechenland. Untersuchungen zur antiken Wirtschaftsgeschichte, Tübingen 1928 (ND Hildesheim 1966).

M.I. Rostovtzeff, The Social and Economic History of the Hellenistic World vol. I–III, Oxford 1941.

## Überblicksdarstellungen zur römischen Wirtschaftsgeschichte

G. Alföldy, Römische Sozialgeschichte, Stuttgart [4]2011.

P.F. Bang, The Roman Bazaar. A Comparative Study of Trade and Markets in a Tributary Empire, Cambridge 2008.

A. Bowman, A. Wilson (Hrsg.), Quantifying the Roman Economy. Methods and Problems, Oxford 2009.

F. Carlà, A. Marcone, Economia e finanza a Roma, Bologna 2011.

F. De Martino, Wirtschaftsgeschichte des Alten Rom, München [2]1991.

H.-J. Drexhage u.a., Die Wirtschaft des Römischen Reiches (1.–3. Jahrhundert). Eine Einführung, Berlin 2002.

R. Duncan-Jones, The Economy of the Roman Empire. Quantitative Studies, Cambridge [2]1982.

R. Duncan-Jones, Structure and Scale in the Roman Economy, Cambridge 1990.

R. Duncan-Jones, Money and Government in the Roman Empire, Cambridge 1994.

T. Frank (Hrsg.), An Economic Survey of Ancient Rome vol. I–V, Baltimore 1933 ff.

H.W. Pleket, Wirtschaft, in: W. Fischer, J.A. van Houtte, H. Kellenbenz, I. Mieck, F. Vittinghoff (Hrsg.), Handbuch der europäischen Wirtschafts- und Sozialgeschichte Bd. 1, Stuttgart 1990, 25–160.

M. Polfer (Hrsg.), L'artisanat romain: évolutions, continuités et ruptures (Italie et provinces occidentales). Actes du 2e colloque d'Erpeldange (26–28 octobre 2001), organisé par le Séminaire d'Études Anciennes du Centre Universitaire de Luxembourg et Instrumentum, Montagnac 2001 (Monographies instrumentum 20).

M.I. Rostovtzeff, The Social and Economic History of the Roman Empire vol. I–II, Oxford [2]1957.

K. Strobel (Hrsg.), Die Ökonomie des Imperium Romanum. Strukturen, Modelle und Wertungen im Spannungsfeld von Modernismus und Neoprimitivismus. Akten des 3. Trierer Symposiums zur Antiken Wirtschaftsgeschichte, St. Katharinen 2002 (Pharos XVII).

## Überblicksdarstellungen zur Wirtschaft des Alten Orients

M.E. Aubet, The Phoenicians and the West. Politics, Colonies and Trade, Cambridge 1993.

L. Graslin-Thomé, Les échanges à longue distance en Mésopotamie au Ier millénaire. Une approche économique, Paris 2009.

M. Jursa, Aspects of the Economic History of Babylonia in the First Millennium BC. Economic Geography, Economic Mentalities, Agriculture, the Use of Money and the Problem of Economic Growth. Veröffentlichungen zur Wirtschaftsgeschichte Babyloniens im 1. Jahrtausend v. Chr. Bd. 4, Münster 2010 (AOAT 377).

H. Koch, Verwaltung und Wirtschaft im persischen Kernland zur Zeit der Achaimeniden, Wiesbaden 1990 (TAVO Beih. B 89).

M. Silver, Economic Structures of the Ancient Near East, London-Sydney 1985.

J. Wiesehöfer, Beobachtungen zum Handel des Achämenidenreiches, MBAH I 1 (1982), 5–14.

## Epochenübergreifende Einzeldarstellungen

J. Andreau, V. Chankowski (Hrsg.), Vocabulaire et expression de l'économie dans le monde antique, Bordeaux 2007.

H. Bolkestein, Wohltätigkeit und Armenpflege im vorchristlichen Altertum. Ein Beitrag zum Problem „Moral und Gesellschaft", Utrecht 1939.

A. Chaniotis (Hrsg.), From Minoan Farmers to Roman Traders. Sidelights on the Economy of Ancient Crete, Stuttgart 1999 (HABES 29).

R.I. Curtis, Ancient Food Technology, Leiden-Boston-Köln 2001 (Technology and Change in History).

L. de Ligt, P.W. de Neeve, Ancient Periodic Markets: Festivals and Fairs, Athenaeum 66 (1988), 391–416.

B. Dignas, Economy of the Sacred in Hellenistic and Roman Asia Minor, Oxford 2002.

M. Eichenauer, Untersuchungen zur Arbeitswelt der Frau in der römischen Antike, Frankfurt a.M. u.a. 1988.

P. Garnsey (Hrsg.), Non-slave Labour in the Graeco-Roman World, Cambridge 1980.

P. Garnsey, Famine and Food Supply in the Graeco-Roman World. Responses to Risk and Crisis, Cambridge 1988.

P. Garnsey, Food and Society in Classical Antiquity, Cambridge 1999.

P. Garnsey, K. Hopkins, C.R. Whittaker (Hrsg.), Trade in the Ancient Economy, London 1983.

P. Garnsey, C.R. Whittaker (Hrsg.), Trade and Famine in Classical Antiquity, Cambridge 1983.

M. Garrido-Hory (Hrsg.), Routes et marchés d'esclaves, Paris 2002.

E. Herrmann-Otto, Sklaverei und Freilassung in der griechisch-römischen Welt, Hildesheim 2009.

D.J. Mattingly, J. Salmon (Hrsg.), Economies beyond Agriculture in the Classical World, London-New York 2001.

St. Mrozek, Lohnarbeit im klassischen Altertum. Ein Beitrag zur Sozial- und Wirtschaftsgeschichte, Bonn 1989.

M. Prell, Sozialökonomische Untersuchungen zur Armut im antiken Rom. Von den Gracchen bis Kaiser Diokletian, Stuttgart 1997 (Beiträge zur Wirtschafts- und Sozialgeschichte 77).

Ch. Schuler, Ländliche Siedlungen und Gemeinden im hellenistischen und römischen Kleinasien, München 1998 (Vestigia 50).

L. Schumacher, Sklaverei in der Antike. Alltag und Schicksal der Unfreien, München 2001.

S. von Reden, Money in the Ancient Economy: A Survey of Recent Research, Klio 84 (2002), 141–174.

S. von Reden, Money in Classical Antiquity, Cambridge 2010.

## Zu Kapitel II

J. Andreau, M. Rostovtseff et le «capitalisme» antique vu de Russie, Pallas 33 (1987), 7–17.

P. Cartledge, The Economy (Economies) of Ancient Greece, Dialogos 5 (1998), 4–24.

L. Capogrossi Colognesi, Max Weber und die Wirtschaft der Antike, Göttingen 2004 (Abh. Akad. Wiss. Göttingen, Phil.Hist. Kl., Dritte Folge Bd. 259).

J.K. Davies, Ancient Economies: Models and muddles, in: H. Parkins, Chr. Smith (Hrsg.), Trade, Traders and the Ancient City, London-New York 1998, 225–256.

U. Fellmeth, „Eine wohlhabende Stadt sei nahe ..." Die Standortfaktoren in der römischen Agrarökonomie im Zusammenhang mit den Verkehrs- und Raumordnungsstrukturen im römischen Italien, St. Katharinen 2002.

P.A. Garnsey (Hrsg.), A.H.M. Jones. The Roman Economy. Studies in Ancient Economic and Administrative History, London 1974.

H. Graßl, Marktorganisation und Preisbildung in der römischen Kaiserzeit, in: R. Rollinger, Chr. Ulf (Hrsg.), Commerce and Monetary Systems in the Ancient World: Means of Transmission and Cultural Interaction. Proceedings of the Fifth Annual Symposium of the Assyrian and Babylonian Intellectual Heritage Project Held in Innsbruck, Austria,

October 3rd-8th 2002, Stuttgart 2004 (Melammu Symposia V), 352-365.

W.V. Harris, Between Archaic and Modern: Some Current Problems in the History of the Roman Economy, in: W.V. Harris (Hrsg.), The Inscribed Economy. Production and Distribution in the Roman Empire in the Light of instrumentum domesticum, Ann Arbor 1993 (JRA Suppl. 6), 11–29.

H. Kloft, Makroökonomik, Mikroökonomik und Alte Geschichte. Ein alter Hut und neue Fransen, in: K. Strobel (Hrsg.), Die Ökonomie des Imperium Romanum. Strukturen, Modelle und Wertungen im Spannungsfeld von Modernismus und Neoprimitivismus. Akten des 3. Trierer Symposiums zur Antiken Wirtschaftsgeschichte, St. Katharinen 2002 (Pharos XVII), 67–85.

E. Lo Cascio, La „New Institutional Economics" e l'economia imperiale romana, in: M. Pani (Hrsg.), Storia romana e storia moderna. Fasi in prospettiva, Bari 2005, 69–83.

J.G. Manning, I. Morris (Hrsg.), The Ancient Economy. Evidence and Models, Stanford 2005.

H. Schneider, s.v. Bücher-Meyer-Kontroverse, DNP 13 (1999), 551–556.

H. Schneider, Die Erforschung der antiken Wirtschaft vom Ende des 18. Jahrhunderts bis zum Zweiten Weltkrieg: Von A.H.L. Heeren zu M.I. Rostovtzeff, in: V. Losemann (Hrsg.), Alte Geschichte zwischen Wissenschaft und Politik. Gedenkschrift Karl Christ, Wiesbaden 2009 (Philippika 29), 337–385.

M. Tschirner, Moses I. Finley. Studien zu Leben, Werk und Rezeption, Phil. Diss. Marburg 1994.

B. Wagner-Hasel, Hundert Jahre Gelehrtenstreit über den Charakter der antiken Wirtschaft. Zur Aktualität von Karl Büchers Wirtschaftsanthropologie, Historische Anthropologie 17 (2009), 178–201.

## Zu Kapitel III

S.E. Alcock, Graecia capta. The Landscapes of Roman Greece, Cambridge 1993.

G. Audring, K. Brodersen, Oikonomika. Quellen zur Wirtschaftstheorie der griechischen Antike, Darmstadt 2008.

A. Ben-David, Talmudische Ökonomie. Die Wirtschaft des jüdischen Palästina zur Zeit der Mischna und des Talmud, Bd. 1, Hildesheim-New York 1974.

F. Beyer, Geldpolitik in der Römischen Kaiserzeit. Von der Währungsreform des Augustus bis Septimius Severus, Wiesbaden 1995.

R. Bichler, Herodot und die Macht des Geldes, in: R. Rollinger (Hrsg.), Reinhold Bichler. Historiographie – Ethnographie – Utopie. Gesammelte Schriften, Teil 1: Studien zu Herodots Kunst der Historie, Wiesbaden 2007 (Philippika 18,1), 11–26.

J. Bodel, Epigraphy and the Ancient Historian, in: ders. (Hrsg.), Epigraphic Evidence. Ancient History from Inscriptions, London-New York 2001, 1–56.

R. Bogaert, s.v. Geld (Geldwirtschaft), RAC 9 (1976), 797–907.

L. Capasso, I fuggiaschi di Ercolano. Paleobiologia delle vittime dell'eruzione vesuviana del 79 d.C., Roma 2001.

H.M. Cotton, W.E.H. Cockle, F.G.B. Millar, The Papyrology of the Roman Near East: A Survey, JRS 85 (1995), 214–235.

S. Diederich, Römische Agrarhandbücher zwischen Fachwissenschaft, Literatur und Ideologie, Berlin-New York 2007 (Untersuchungen zur antiken Literatur und Geschichte Bd. 88).

M. Elster, Die Gesetze der mittleren römischen Republik. Text und Kommentar, Darmstadt 2003.

D. Flach, Die Gesetze der frühen römischen Republik. Text und Kommentar, Darmstadt 1994.

K. Greene, The Archaeology of the Roman Economy, Berkeley-Los Angeles 1986.

W. Habermann, Zur chronologischen Verteilung der papyrologischen Zeugnisse, ZPE 122 (1998), 144–160.

D. Hagedorn, Papyrologie, in: H.-G. Nesselrath (Hrsg.), Einleitung in die griechische Philologie, Stuttgart-Leipzig 1997, 62–71.

W.V. Harris, A Revisionist View of Roman Money, JRS 96 (2006), 1–24.

W.V. Harris (Hrsg.), The Monetary Systems of the Greeks and Romans, Oxford 2008.

A. Kreuz, Landwirtschaft im Umbruch? Archäobotanische Untersuchungen zu den Jahrhunderten um Christi Geburt in Hessen und Mainfranken, BRGK 85 (2004), 97–293.

H. Lohmann, Quellen, Methoden und Ziele der Siedlungsarchäologie, in: T. Mattern, A. Vött (Hrsg.), Mensch und Umwelt im Spiegel der Zeit. Aspekte geoarchäologischer Forschungen im östlichen Mittelmeergebiet, Wiesbaden 2009 (Philippika 1), 27–74.

St. Martin-Kilcher, Verbreitungskarten römischer Amphoren und Absatzgebiete importierter Lebensmittel, MBAH XIII 2 (1994), 95–121.

T. Mattern, A. Vött (Hrsg.), Mensch und Umwelt im Spiegel der Zeit. Aspekte geoarchäologischer Forschungen im östlichen Mittelmeergebiet, Wiesbaden 2009 (Philippika 1).

A.J. Parker, Ancient Shipwrecks of the Mediterranean and the Roman Provinces, Oxford 1992.

D.P.S. Peacock, D. F. Williams, Amphorae and the Roman Economy: An Introductory Guide, London-New York 1986.

P. Reynolds, Hispania and the Roman Mediterranean, AD 100–700. Ceramics and Trade, London 2010.

H.-A. Rupprecht, Kleine Einführung in die Papyruskunde, Darmstadt 1994.

W. Szaivert, R. Wolters, Löhne, Preise, Werte. Quellen zur römischen Geldwirtschaft, Darmstadt 2005.

A. Tchernia, Le vin de l'Italie romaine: essai d'histoire économique d'après les amphores, Paris 1986.

R. Zoepffel, Aristoteles. Oikonomika. Schriften zu Hauswirtschaft und Finanzwesen, Berlin 2006 (Aristoteles. Werke in deutscher Übersetzung Bd. 10.II).

**Zu Kapitel IV**

A.T. Grove, O. Rackham, The Nature of Mediterranean Europe. An Ecological History, New Haven-London 2001.

H.-J. Gehrke, Jenseits von Athen und Sparta. Das Dritte Griechenland und seine Staatenwelt, München 1986.

K. Rother, F. Tichy, Italien, Darmstadt ²2008.

R. Sallares, The Ecology of the Ancient Greek World, London 1991.

L. Thommen, Umweltgeschichte der Antike, München 2009.

F. Tichy, Geographisch-klimatologische Bedingungen der europäischen Geschichte, in: W. Fischer, J.A. van Houtte, H. Kellenbenz, I. Mieck, F. Vittinghoff (Hrsg.), Handbuch der europäischen Wirtschafts- und Sozialgeschichte, Bd. 1: Europäische Wirtschafts- und Sozialgeschichte in der römischen Kaiserzeit, Stuttgart 1990, 1–15.

G. Uggeri, s.v. Italia, DNP 5 (1998), 1153–1159.

**Zu Kapitel V**

R. Bagnall, B.W. Frier, The Demography of Roman Egypt, Cambridge 1994.

K.J. Beloch, Die Bevölkerung der griechisch-römischen Welt, Leipzig 1886.

P.A. Brunt, Italian Manpower 225 B.C.-A.D. 14, Oxford 1971.

W. Clarysse, D.J., Thompson, Counting People in Hellenistic Egypt vol. 2. Historical Studies, Cambridge 2006.

W. Scheidel (Hrsg.), Debating Roman Demography, Leiden-Boston-Köln 2001 (Mnemosyne Suppl. 211).

W. Schmitz, Haus und Familie im antiken Griechenland, München 2007 (Enzyklopädie der griechisch-römischen Antike Bd. 1).

M. Trümper, Wohnen in Delos. Eine baugeschichtliche Untersuchung zum Wandel der Wohnkultur in hellenistischer Zeit, Rahden/Westf. 1998 (Internationale Archäologie 46).

**Zu Kapitel VI**

U. Büntgen u.a., 2500 Years of European Climate Variability and Human Susceptibility, Science 2011 (Science DOI: 10.1126/science.1197175 [01.02.11]).

W. Habermann, Brennstoffe im griechisch-römischen Ägypten (und darüber hinaus) I: Brennholz, in: R. Eberhard, H. Kockelmann, St. Pfeiffer, M. Schentuleit (Hrsg.), „… vor dem Papyrus sind alle gleich!". Papyrologische Beiträge zu Ehren von Bärbel Kramer (P. Kramer), Berlin-New York 2009 (APF Beih. 27), 32–71.

S. Hong, J.-P. Candelone, C.C. Patterson, C.F. Boutron, Greenland Ice Evidence of Hemispheric Lead Pollution Two Millennia Ago by Greek and Roman Civilizations, Science 265 (1994), 1841–1843.

S. Hong, J.-P. Candelone, C.C. Patterson, C.F. Boutron, History of Ancient Copper Smelting Pollution During Roman and Medieval Times Recorded in Greenland Ice, Science 272 (1996), 246–248.

B. Kramer, Arborikultur und Holzwirtschaft im griechischen, römischen und byzantinischen Ägypten, APF 41 (1995), 217–231.

A. Marcone, L'agricoltura antica: progresso tecnico, sviluppo economico e letteratura scientifica, Technai 1 (2010), 13–21.

E. Lo Cascio (Hrsg.), Innovazione tecnica e progresso economico nel mondo romano. Atti degli Incontri capresi di storia dell'economia antica (Capri 13–16 aprile 2003), Bari 2006 (Pragmateiai 1).

M. Nenninger, Die Römer und der Wald. Untersuchungen zum Umgang mit einem Naturraum am Beispiel der römischen Nordwestprovinzen, Stuttgart 2001 (Geographica Historica 16).

J.P. Oleson (Hrsg.), The Oxford Handbook of Engineering and Technology in the Classical World, Oxford 2008.

H. Schneider, Einführung in die antike Technikgeschichte, Darmstadt 1992.

**Zu Kapitel VII**

C. Adams, Land Transport in Roman Egypt. A Study of Economics and Administration in a Roman Province, Oxford 2007.

P. Arnaud, Les routes de la navigation antique. Itinéraires en Méditerranée, Paris 2005.

E. Bremer, Die Nutzung des Wasserweges zur Versorgung der römischen Militärlager an der Lippe, Münster 2001 (Veröffentlichungen der Altertumskommission für Westfalen Bd. XII).

L. Casson, Ships and Seamanship in the Ancient World, Princeton ²1986.

K. Freitag, Die schiffbaren Flüsse im antiken Griechenland, MBAH XVII 1 (1998), 78–89.

A. Kolb, Transport und Nachrichtentransfer im Römischen Reich, Berlin 2000 (Klio Beih. NF 2).

M. Polfer, Der Transport über den Landweg – Ein Hemmschuh für die Wirtschaft der Römischen Kaiserzeit?, Helinium 31/2 (1991), 273–295.


**Zu Kapitel VIII**

F. Eckstein, Handwerk Teil I. Die Aussagen des frühgriechischen Epos, Archaeologia Homerica II (1990).

M.I. Finley, Die Welt des Odysseus, Frankfurt-New York 1992.

J. Haubold, Homer's People. Epic Poetry and Social Formation, Cambridge 2000.

G. Kopcke, Handel, Archaeologia Homerica II (1990).

W. Richter, Die Landwirtschaft im homerischen Zeitalter, Archaeologia Homerica II (1990).

D.W. Tandy, W.C. Neale, Hesiod's Works and Days. A Translation and Commentary for the Social Sciences, Berkeley-Los Angeles-London 1996.

Chr. Ulf, Die homerische Gesellschaft. Materialien zur analytischen Beschreibung und historischen Lokalisierung, München 1990 (Vestigia 43).

Chr. Ulf, Troia, Europa und Kilikien. Zur Debatte um »Homers Heimat« von Raoul Schrott, Freiburger Universitätsblätter 181 (2008), 87–113.

Chr. Ulf, The World of Homer and Hesiod, in: K.A. Raaflaub, H. van Wees (ed.), A Companion to Archaic Greece, London 2009, 81–98.


**Zu Kapitel IX**

W. Ameling, Landwirtschaft und Sklaverei im klassischen Attika, HZ 266 (1998), 281–315.

M.-C. Amouretti, Le pain et l'huile dans la Grece antique, Paris 1986.

F. Bernstein, Konflikt und Migration. Studien zu griechischen Fluchtbewegungen im Zeitalter der sogenannten Großen Kolonisation, St. Katharinen 2004 (MAS V).

J.H. Blok, A.P.M.H. Lardinois (Hrsg.), Solon of Athens. New Historical and Philological Approaches, Leiden-Boston 2006 (Mnemosyne Suppl. 272).

R. Bogaert, Banques et banquiers dans les cités grecques, Leiden 1968.

F. Braudel, Geschichte und Sozialwissenschaften – Die »longue durée«, in: H.-U. Wehler (Hrsg.), Geschichte und Soziologie, Köln 1972, 189–215.

A. Bresson, La cité marchande, Bordeaux 2000 (Scripta Antiqua 2).

P. Cartledge, E.E. Cohen, L. Foxhall (Hrsg.), Money, Labour and Land. Approaches to the Economies of Ancient Greece, London-New York 2002.

C. Carusi, Il sale nel mondo greco (VI a.C.–III. d.C.). Luoghi di produzione, circolazione commerciale, regimi di sfruttamento nel contesto del Mediterraneo antico, Bari 2008 (Pragmateiai 15).

Chr. Chandezon, L'élevage en Grèce (fin v$^e$ – fin I$^{er}$ s. a.C.). L'apport des sources épigraphiques, Paris 2003.

E.E. Cohen, Athenian Economy and Society: A Banking Perspective, Princeton 1992.

D.T. Engen, Honor and Profit. Athenian Trade Policy and the Economy and Society of Greece, 415–307 B.C.E., Ann Arbor 2010.

R.M. Errington, Geschichte Makedoniens. Von den Anfängen bis zum Untergang des Königreiches, München 1986.

L. Foxhall, Olive Cultivation in Ancient Greece. Seeking the Ancient Economy, Oxford 2007.

V. Gabrielsen, Die Kosten der athenischen Flotte in klassischer Zeit, in: F. Burrer, H. Müller (Hrsg.), Kriegskosten und Kriegsfinanzierung in der Antike, Darmstadt 2008, 46–73.

F. Gschnitzer, Griechische Sozialgeschichte. Von der mykenischen bis zum Ausgang der klassischen Zeit, Wiesbaden 1981.

St. Hodkinson, Property and Wealth in Classical Sparta, London-Swansea 2000.

S. Isager, J.E. Skydsgaard, Ancient Greek Agriculture. An Introduction, London-New York 1992.

H. Klees, Sklavenleben im klassischen Griechenland, Stuttgart 1998 (Forschungen zur antiken Sklaverei XXX).

S. Lauffer, Die Bergwerkssklaven von Laureion, Wiesbaden ²1979 (Forschungen zur antiken Sklaverei XI).

W.T. Loomis, Wages, Welfare Costs and Inflation in Classical Athens, Ann Arbor 1998.

J. Malitz, Der Preis des Krieges. Thukydides und die Finanzen Athens, in: F. Burrer, H. Müller (Hrsg.), Kriegskosten und Kriegsfinanzierung in der Antike, Darmstadt 2008, 28–45.

A. Moreno, Feeding Democracy. The Athenian Grain Supply in the Fifth and Fourth Centuries BC, Oxford 2007.

J. Spielvogel, Wirtschaft und Geld bei Aristophanes. Untersuchungen zu den ökonomischen Bedingungen in Athen im Übergang vom 5. zum 4. Jh. v. Chr., Frankfurt a.M. 2001 (FAB 8).

B. Wells (Hrsg.)., Agriculture in Ancient Greece, Stockholm 1992.

K.-W. Welwei, s.v. Heloten/Helotie, Handwörterbuch der Antiken Sklaverei Lieferung I–II (2008).

**Zu Kapitel X**

G.G. Aperghis, The Seleukid Royal Economy. The Finances and Financial Administration of the Seleukid Empire, Cambridge 2004.

Z.H. Archibald, J.K. Davies, V. Gabrielsen, G.J. Oliver (Hrsg.), Hellenistic Economies, London-New York 2001.

Z.H. Archibald, J.K. Davies, V. Gabrielsen (Hrsg.), Making, Moving and Managing. The New World of Ancient Economies, 323–31 BC, Oxford 2005.

Z.H. Archibald, J.K. Davies, V. Gabrielsen (Hrsg.), The Economies of Hellenistic Societies, Third to First Centuries BC, Oxford 2011.

R. Bichler, ‚Hellenismus'. Geschichte und Problematik eines Epochenbegriffs, Darmstadt 1983 (Impulse der Forschung Bd. 41).

T. Boiy, Late Achaemenid and Hellenistic Babylon, Löwen 2004 (Orientalia Lovaniensia Analecta 136).

H. Cadell, G. Le Rider, Prix du blé et numéraire dans l'Égypte lagide de 305 à 173, Brüssel 1997 (Pap. Brux. 30).

R. Descat (Hrsg.), Approches de l'économie hellénistique, Saint-Bertrand-de-Comminges 2006.

R.M. Errington, A History of the Hellenistic World 323–330 BC, Malden-Oxford-Victoria 2008.

Th. Kruse, Das jüdische politeuma von Herakleopolis in Ägypten. Zur Methode der Integration ethnischer Gruppen in den Staat der Ptolemäer, in: V.V. Dement'eva, T. Schmitt (Hrsg.), Volk und Demokratie im Altertum, Göttingen 2010 (Bremer Beiträge zur Altertumswissenschaft 1), 93–105.

J.G. Manning, The Ptolemaic Economy, Institutions, Economic Integration, and the Limits of Centralized Political Power, in: R. Descat (Hrsg.), Approches de l'économie hellénistique, Saint-Bertrand-de-Comminges 2006, 257–274.

J.G. Manning, Land and Power in Ptolemaic Egypt. The Structure of Land Tenure, Cambridge 2003.

L. Migeotte, Kriegs- und Verteidigungsfinanzierung in den hellenistischen Städten, in: F. Burrer, H. Müller (Hrsg.), Kriegskosten und Kriegsfinanzierung in der Antike, Darmstadt 2008, 151–160.

C. Préaux, Époque hellénistique, in: Troisième Conférence Internationale d'Histoire Économique, München 1965, Section VIII: The Ancient Empires and the Economy, Paris 1969, 41–74.

C. Préaux, L'économie royale des Lagides, Bruxelles 1939.

C. Préaux, Le monde hellénistique. La Grèce et l'Orient (323–146 av. J.-C.), Paris 1978.

G. Reger, Regionalism and Change in the Economy of Independent Delos 314–167 B.C., Berkeley-Los Angeles 1994.

G. Reger, The Economy, in: A. Erskine (Hrsg.), A Companion to the Hellenistic World, Malden-Oxford-Carlton 2003, 331–353.

S. von Reeden, Kulturbegegnung und wirtschaftliche Transformation in den ersten Generationen ptolemäischer Herrschaft, in: G. Weber (Hrsg.), Alexandreia und das ptolemäische Ägypten. Kulturbegegnungen in hellenistischer Zeit, Berlin 2010, 30–54.

**Zu Kapitel XI**

L. Aigner-Foresti, Die Etrusker und das frühe Rom, Darmstadt 2003.

E. Badian, Zöllner und Sünder. Unternehmer im Dienst der römischen Republik, Darmstadt 1997.

K. Bringmann, Die Agrarreform des Tiberius Gracchus. Legende und Wirklichkeit, in: J. Kobes, P. Scholz (Hrsg.), K. Bringmann. Ausgewählte Schriften, Frankfurt 2001 (FAB 6), 165–185.

K. Bringmann, Das ‚Licinisch-Sextische' Ackergesetz und die gracchische Ackerreform, in: J. Kobes, P. Scholz (Hrsg.), K. Bringmann. Ausgewählte Schriften, Frankfurt 2001 (FAB 6), 187–200.

P.A. Brunt, Italian Manpower 225 B.C. – A.D. 14, Oxford 1971.

J. Carlsen, E. Lo Cascio (Hrsg.), Agricoltura e scambi nell'Italia tardo-repubblicana, Bari 2009 (Pragmateiai 16).

V.V. Dementyewa, Die römische „Meritokratie" und die Entwicklung politischer Repräsentation. Untersuchungen zur modernen Theoriebildung und Historiographie, in: dies., T. Schmitt (Hrsg.), Volk und Demokratie im Altertum, Göttingen 2010 (Bremer Beiträge zur Altertumswissenschaft 1), 107–141.

F. Kolb, Rom. Die Geschichte der Stadt in der Antike, München 1995.

E. Lo Cascio, Recruitment and the Size of the Roman Population from the Third to the First Century BCE, in: W. Scheidel (Hrsg.), Debating Roman Demography, Leiden-Boston-Köln 2001 (Mnemosyne Suppl. 211), 111–137.

U. Malmendier, Societas publicanorum. Staatliche Wirtschaftsaktivitäten in den Händen privater Unternehmer, Köln-Weimar-Wien 2002 (Forschungen zum Römischen Recht 49).

D. Rathbone, The Slave Mode of Production in Italy, JRS 73 (1983), 160–168.

N.K. Rauh, Senators and Business in the Roman Republic, Phil. Diss. Chapel Hill 1986.

N.K. Rauh, Finance and Estate Sales in Republican Rome, Aevum 63 (1989), 45–76.

E.M. Štaerman, Die Blütezeit der Sklavenwirtschaft in der römischen Republik, Wiesbaden 1969.

A. Tchernia, Italian Wine in Gaul at the End of the Republic, in: P. Garnsey, K. Hopkins, C.R. Whittaker (Hrsg.), Trade in the Ancient Economy, London 1983, 87–104.


**Zu Kapitel XII**

M. Alpers, Das nachrepublikanische Finanzsystem. Fiscus und Fisci in der frühen Kaiserzeit, Berlin-New York 1995 (UaLG 45).

J. Andreau, Les affaires du Monsieur Jucundus, Rom 1974.

J. Andreau, La vie financière dans le monde romain. Les métiers de manieurs d'argent (IV$^e$ siècle av. J. C. – III$^e$ ap. J. C.), Rom 1987 (BEFAR 265).

J.-J. Aubert, Business Managers in Ancient Rome. A Social and Economic Study of Institores. 200 B.C. – A.D. 250, Leiden 1994.

A. Ben-David, Talmudische Ökonomie. Die Wirtschaft des jüdischen Palästina zur Zeit der Mischna und des Talmud, Bd. 1, Hildesheim-New York 1974.

K. Christ, Grundfragen der römischen Sozialstruktur, in: ders., Römische Geschichte und Wissenschaftsgeschichte Bd. 2, Geschichte und Geschichtsschreibung der römischen Kaiserzeit, Darmstadt 1983, 152–176.

L. de Ligt, Fairs and Markets in the Roman Empire. Economic and Social Aspects of Periodic Trade in a Pre-Industrial Society, Amsterdam 1993.

H.-J. Drexhage, Preise, Mieten/Pachten, Kosten und Löhne im römischen Ägypten bis zum Regierungsantritt Diokletians, St. Katharinen 1991.

H.-W. Drexhage, Wirtschaftspolitik und Wirtschaft in der römischen Provinz Asia in der Zeit von Augustus bis zum Regierungsantritt Diokletians, Bonn 2007 (Asia Minor Studien 59).

G. Fülle, The Internal Organization of the Arretine Terra Sigillata Industry: Problems of Evidence and Interpretation, JRS 87 (1997), 111–155.

G. Fülle, Die Organisation der Terra sigillata-Herstellung in La Graufesenque. Die Töpfergraffiti, MBAH XIX 2 (2000), 62–99.

G. Fülle, Die Organisation der Terra sigillata-Herstellung in La Graufesenque. Die Herstellersignaturen, Laverna XI (2000), 44–70.

H. Graßl, Sozialökonomische Vorstellungen in der kaiserzeitlichen griechischen Literatur (1.–3. Jh. n. Chr.), Wiesbaden 1982.

Th. Grünewald, Räuber, Rebellen, Rivalen, Rächer. Studien zu den latrones im römischen Reich, Stuttgart 1999 (Forschungen zur Antiken Sklaverei 31).

R. Günther, Frauenarbeit – Frauenbindung. Untersuchungen zu unfreien und freigelassenen Frauen in den stadtrömischen Inschriften, München 1987.

W.V. Harris, Poverty and Destitution in the Empire, in: ders. (Hrsg.), Rome's Imperial Economy. Twelve Essays, Oxford 2011, 27–54.

J.E. Hill, Through the Jade Gate to Rome. A Study of the Silk Routes During the Later Han Dynasty 1$^{st}$ to 2$^{nd}$ Centuries CE. An Annotated Translation of the Chronicle on the ‚Western Regions' in the Hou Hanshu, o.O. 2009.

J. Hoffmann-Salz, Die wirtschaftlichen Auswirkungen der römischen Eroberung. Vergleichende Untersuchung der Provinzen Hispania Tarraconensis, Africa Proconsularis und Syria, Stuttgart 2011 (Hist.-E. 218).

K. Hopkins, Taxes and Trade in the Roman Empire (200 B.C.–A.D. 400), JRS 70 (1980), 101–125.

F. Jacques, J. Scheid, Rom und das Reich in der Hohen Kaiserzeit 44 v. Chr.–260 n. Chr. Bd. I. Die Struktur des Reiches, Stuttgart-Leipzig 1998.

A. Jördens, Überlegungen zur Römischen Agrargeschichte. Eine Besprechung des Handbuches von Dieter Flach, APF 39 (1993), 49–81.

A. Jördens, Sozialstrukturen im Arbeitstierhandel des kaiserzeitlichen Ägypten, Tyche 10 (1995), 37–100.

W.M. Jongman, Rome: The Political Economy of a World-Empire, Medieval History Journal 6 (2003), 303–326.

D.P. Kehoe, Law and the Rural Economy in the Roman Empire, Ann Arbor 2007.

J.-U. Krause, Witwen und Waisen im Römischen Reich Bd. I: Verwitwung und Wiederverheiratung, Stuttgart 1994 (HABES 16).

J.-U. Krause, Witwen und Waisen im Römischen Reich Bd. II: Wirtschaftliche und gesellschaftliche Stellung von Witwen, Stuttgart 1994 (HABES 17).

A. Mac Mahon, J. Price (Hrsg.), Roman Working Lives and Urban Living, Oxford 2005.

A.W. Mees, Organisationsformen römischer Töpfer-Manufakturen am Beispiel von Arezzo und Rheinzabern unter Berücksichtigung von Papyri, Inschriften und Rechtsquellen Teil 1–2, Mainz 2002 (Römisch-Germanisches Zentralmuseum, Monographien Bd. 52, 1–2).

R. Meiggs, Roman Ostia, Oxford $^2$1973.

H. Mouritsen, The Freedman in the Roman World, Cambridge 2011.

S. Mratschek-Halfmann, Divites et praepotentes. Reichtum und Soziale Stellung in der Literatur der Prinzipatszeit, Stuttgart 1993 (Hist.-E. 70).

St. Mrozek, Prix et rémunération dans l'occident romain (31 av. n.è. – 250 de n.è.), Danzig 1975.

St. Mrozek, Faenus. Studien zu Zinsproblemen zur Zeit des Prinzipats, Stuttgart 2001 (Hist.-E. 139).

L. Neesen, Untersuchungen zu den direkten Staatsabgaben der römischen Kaiserzeit (27 v. Chr.–284 n. Chr.), Bonn 1980 (Antiquitas 32).

J. Nollé, Nundinas instituere et habere. Epigraphische Zeugnisse zur Einrichtung und Gestaltung von ländlichen Märkten in Afrika und in der Provinz Asia, Hildesheim-Zürich-New York 1982.

W. Petermandl, Kinderarbeit im Italien der Prinzipatszeit. Ein Beitrag zur Sozialgeschichte des Kindes, Laverna 8 (1997), 113–136.

F. Quass, Die Honoratiorenschicht in den Städten des griechischen Ostens. Untersuchungen zur politischen und sozialen Entwicklung in hellenistischer und römischer Zeit, Stuttgart 1993.

M. Polfer, L'artisanat romain: évolutions, continuités et ruptures (Italie et provinces occidentales). Actes du 2$^e$ colloque d'Erpeldange (26–28 octobre 2001), organisé par le Séminaire d'Études Anciennes du Centre Universitaire de Luxembourg et Instrumentum, Montagnac 2001 (Monographies instrumentum 20).

D. Rathbone, Economic Rationalism and Rural Society in Third-Century A.D. Egypt. The Heroninos Archive and the Appianus Estate, Cambridge 1991.

J. Remesal Rodríguez, Heeresversorgung im frühen Prinzipat. Eine Art, die antike Wirtschaft zu verstehen, MBAH XXI 1 (2002), 69–84.

G. Rickman, The Corn Supply of Ancient Rome, Oxford 1980.

P. Rothenhöfer, Die Wirtschaftsstrukturen im südlichen Niedergermanien. Untersuchungen zur Entwicklung eines Wirtschaftsraumes an der Peripherie des Imperium Romanum, Rahden 2005 (KSARP 7).

K. Ruffing, Friedliche Beziehungen. Der Handel zwischen den römischen Provinzen und Germanien, in: H. Schneider (Hrsg.), Feindliche Nachbarn. Rom und die Germanen, Köln-Wien-Weimar 2008, 153–165.

K. Ruffing, Die Wirtschaft, in: K.-P. Johne (Hrsg.), Die Zeit der Soldatenkaiser. Krise und Transformation des Römischen Reiches im 3. Jahrhundert n. Chr. (235–284), Berlin 2008, 817–841.

Z. Safrai, The Economy of Roman Palestine, London-New York 1994.

M. Sartre, L'orient romain. Provinces et sociétés provinciales en Méditerranée orientale d'Auguste aux Sévères (31 avant J.-C.–235 après J.-C.), Paris 1991.

Chr. Schäfer, Spitzenmanagement in Republik und Kaiserzeit. Die Prokuratoren von Privatpersonen im Imperium Romanum vom 2. Jh. v. Chr. bis zum 3. Jh. n. Chr., St. Katharinen 1998 (Pharos X).

W. Scheidel, Grundpacht und Lohnarbeit in der Landwirtschaft des römischen Italien, Frankfurt a.M. u.a. 1994.

W. Scheidel, S.J. Friesen, The Size of the Economy and the Distribution of Income in the Roman Empire, JRS 99 (2009), 61–91.

G. Schörner (Hrsg.), Romanisierung – Romanisation. Theoretische Modelle und Fallbeispiele, Oxford 2005 (BAR Int. Ser. 1427).

H. Schwarz, Soll oder Haben? Die Finanzwirtschaft kleinasiatischer Städte in der Römischen Kaiserzeit am Beispiel von Bithynien, Lykien und Ephesos (29 v. Chr.–284 n. Chr.), Bonn 2001.

M. Silver, Glimpses of Vertical Integration/Disintegration in Ancient Rome, Anc. Soc. 39 (2009), 171–184.

K. Strobel, Inflation und monetäre Wirtschaftsstrukturen im 3. Jh. n. Chr. Zu Daniel Sperbers Bild der wirtschafts- und währungsgeschichtlichen Krise, MBAH VIII 2 (1989), 10–31.

H.-U. Wiemer, Das Edikt des L. Antistius Rusticus: eine Preisregulierung als Antwort auf eine überregionale Versorgungskrise, Anatolian Studies 47 (1997), 195–215.

L. Wierschowski, Heer und Wirtschaft. Das römische Heer der Prinzipatszeit als Wirtschaftsfaktor, Bonn 1984.

Chr. Witschel, Krise – Rezession – Stagnation? Der Westen des römischen Reiches im 3. Jahrhundert n. Chr., Frankfurt a.M. 1999 (FAB 4).

R. Wolters, Nummi Signati. Untersuchungen zur römischen Münzprägung und Geldwirtschaft, München 1999.

G.K. Young, Rome's Eastern Trade. International Commerce and Imperial Policy, 31 BC–AD 305, London-New York 2001.

# Register

## 1. Personennamen bedeutenderer antiker Persönlichkeiten

Alexander III. („d. Gr.") 30; 73; 75; 83
Antigonos Monophtalmos 81
Apuleius 114
Aristophanes 15
Aristoteles 18; 96
Augustus 21; 90; 100; 101
Aurelian 123f.

Caesar 18; 100
Cato (d. Ältere) 18; 91
Cicero 96
Cincinnatus 96
Claudius 45
Commodus 19

Demosthenes 66
Diokletian 5; 123f.

Gracchus/Gracchen 97

Hadrian 119
Hannibal 90
Herodot 15; 17
Hesiod 6; 51f.

Kambyses 16
Kleopatra VII. 24
Konstantin 6

Lysias 66

Marcus Antonius 24
Marc Aurel 19; 116

Nikias 66

Philipp II. 56; 73; 75
Philodemos 18
Platon 17; 65; 67
Plautus 16
Pompeius 96
Ptolemaios II. Philadelphos 78
Ptolemaios XII. Auletes 96

Schapur 22

Sokrates 17
Solon 57f.; 61
Spartacus 94
Statius 17
Sulla 31

Tacitus 16
Trajan 46

Varro 18

Xenophon 17; 18; 55; 61; 65

## 2. Geographisches Register (Länder- und Ortsnamen)

Afghanistan 81
Africa 91
Ägäis 29; 63; 67; 68
Ägypten 6; 9; 15f.; 23; 28; 30; 33; 34; 35; 42; 43; 44; 57; 67; 76ff.; 83; 96; 104; 105; 107; 111; 113; 116; 117
Äthiopien 116
Aigina 26
Aitolien 63; 114
Akarnanien 63
Alexandria (Ägypten) 43; 113; 116
Andalusien 104
Antiocheia am Orontes 109; 113; 125
Antiocheia in Pisidien 106f.
Apulien 31
Arles 37
Arretium/Arezzo 93
Asia 46
Askra 51
Athen 18; 20; 21; 25; 26; 27; 28; 41; 42; 45; 53; 54;55; 56; 57ff.; 63; 64; 66; 68; 69; 70; 71; 72; 74
Attika 21; 30; 63; 66
Augst 115

Babylon/Babylonien 5; 6; 82
Baetica 44; 104
Barbegal 37

Basel 115
Berenike 116
Berezan 21
Boiotien 30; 95; 114
Britannien 22; 32; 104; 115

Centumcellae/Civitavecchia 46
Chalkidike 70
China 116f.
Cosa 45

Delos 21; 34; 68; 91
Dura Europos 22; 23

Eleusis 21
England 9; 20
Emporion/Empúries 29
Ephesos 46; 82; 113; 118
Epirus 63
Etrurien 90
Euboia 41

Fayum 23
Frankreich 29; 44

Gabii 117
Gallatien 106
Gallien 32; 38; 90; 91; 95; 104; 115
Germanien 16f.; 32; 38; 44; 115; 119
Griechenland 6; 8; 9; 15; 29f.; 63; 115
Grönland 38
Günzburg 37

Herakleia am Pontos 55
Herakleopolis 23
Hermopolis 23; 77
Hessen 27
Hierapolis 37
Hirsalık 47
Hispanien 90; 115; 119

Indien 13; 115; 116f.
Ionien 63
Israel 81
Italien 29; 31f.; 46; 53; 90; 91; 93; 94; 97; 115; 120

**135**